日本人は英語をどう学んできたか

英語教育の社会文化史

江利川春雄 著

研究社

経験と歴史が教えることは、人民や政府はかつて歴史から何も学ばなかったということであり、歴史から引き出される教訓に従って行動したこともなかったということである。

（ヘーゲル『歴史哲学講義』）

はしがき

日本の英語教育をどうすべきか。進むべき方向を見定めるためには、日本人が英語をどう学んできたかの歴史を謙虚にふり返り、その足跡を確かめるしかない。そうしないならば、現にしばしば目にするように、「改革」は歴史と現実を無視した「思いつき」の域を出ないのではないだろうか。

必修化が決まった小学校英語を例にとれば、本書の第1章で示したように、教員の研修と資質向上、中学校との連携、教授法の不備、国語教育との関係など、今日抱えるさまざまな問題点が明治期にほとんど出つくしていた。さらには、音声・コミュニケーション重視も、入試制度改革も、日本という特異な言語環境にふさわしい勉強の仕方も、みな明治期から試行錯誤を重ねてきた。本書では、そうした先人たちの豊かな経験から、現在のさまざまな問題を解決するためのヒントを得ようと思う。歴史は智恵の宝庫である。そのことを、読者は再認識されるだろう。

タイトルは「日本人は英語をどう学んできたか」としたが、狭義の学習法だけではなく、「学び」を成立させる教授法、指導法、教科書論、教師論、教育環境、言語政策などについても踏み込んでいる。また、外国語学習を通じての人間形成の意味や、それが踏みにじられた負の歴史についても述べた。なぜ外国語を学ぶのかを原点から考え直したいからである。そのために、幕末から現在に至る英語教科書については、題材論の視点を交えて特に詳しく考察した。教科書は英語教授と英語学習の実態を示す動かぬ証拠であり、日本人の対外観や人格形成にまで影響を及ぼしたからである。

本書で意識的に追求したように、英語教育の歩みには各時代の社会文化状況が鏡のように反映されている。また逆に、日本人は英語の学びを通じて西洋文化を摂取し、近代日本の社会文化史を主体的に形成してきた。副題を「英語教育の社会文化史」としたのはその二重の意味からである。

第1章「英語教育の歴史から学ぶ」では、小学校英語、少人数学級、受験英語、異文化理解などのテーマ別に、先人たちの格闘のあとをたどり、今日的な示唆を述べる。

第2章「英語教科書の歴史から学ぶ」では、英語教科書に映し出された英語教育の内容と変遷をテーマ別、時代別に考察する。とりわけ未解明な点が多かった太平洋戦争期と敗戦占領下の教科書については重点的に述べる。日本軍中国占領地の教科書や「墨(すみ)ぬり」教科書など、知られざる多くの一次史資料にもとづき、時代の激変の中で英語教育の何が否定され、何が指向されたのかを解明する。

第3章の「英語教科書の図像学(ずぞうがく)」では、教科書の挿絵という切り口から英語教育の社会文化史をたどってみる。正面から取り上げられることの少なかった英語教科書の挿絵が、実は雄弁な歴史の語り部であることを読者は発見されるだろう。

最後の第4章「英語教育の忘れられた先駆者たち」では、地方の、あるいは学校教育以外の知られざる教育実践家たちに焦点を当てることで、国民的な営みとしての英語教育の裾野の広さを明らかにしたい。

歴史をふり返れば解決の糸口が見つかるのに、それもしないで失敗をくり返す。行政だけでないようだ。英語教師は未来志向・外国志向が強いので、過去の日本の英語教育の経験には関心がない人も多い。なんと損なことだろう。子どもたちへの責任を果たすために、われわれ自身が生徒になって、先人たちの囁きに耳を傾けてみよう。現在の英語教育が抱えているさまざまな問題点を指摘し、解決の手がかりを与えているのだから。

2008年8月

江利川 春雄

目 次

【凡例】

一、引用文の旧字体漢字は、人名を除き、原則として新字体に改めた。
一、引用の原文がカタカナ表記の場合は、原則としてひらがな表記に改めた。
一、引用文には適宜、句読点・濁点を補い、一部の漢字をひらがなに改めた。なお、一部の表記を現代風に改めた場合には、その旨を明記した。
一、引用文の一部には今日の観点からすると差別的な表現も含まれるが、史料的な価値からそのまま引用した。
一、図版の原資料のうち、筆者所蔵以外のものは所蔵者を明示した。
一、人名の敬称は原則として省略した。

第1章
英語教育の歴史から学ぶ

文明開化を導いた明治初期の英語教材（『英字訓蒙図解』1871：明治４年）

第 1 節
小学校英語教育のゆくえ

問題点は明治に出つくしていた

2008（平成 20）年 3 月の学習指導要領によって、小学校における外国語活動の必修化が決まった。政府サイドはグローバル化時代に対応する国際人養成のためなどと大見得を切っているが、公立小学校の英語教育は何ら目新しいものではない。明治時代から実施され、試行錯誤を重ねてきた。教員の英語力問題、中学校との連携など、現在直面しているほとんどの問題が、実は明治期に出つくしている。まずは新聞記事を見てみよう。

> **全国小学校に英語科を新設**
> **だが、先生からが英語を知らず　といって英語教師を雇えば金がいる！**
> 　このたび文部省は小学校の教科に英語を加えてもよいと通達したが、英語を教えられる教員がいない。専門の英語教員を雇うにも予算がない。そのため、現行の教員を研修させ、英語の授業を担当させることにした。

これは 2010 年の記事。というのはウソで、本当は 1884（明治 17）年に『郵便報知』に載ったものだ（本節では引用の表現を現代風に改変）。120 年以上も前に、英語教育界は今と同じ問題を抱えていたのである。

小学校での英語教育は明治初期から一部で実施されていたが、1886（明治 19）年に高等小学校制度が発足すると、都市部を中心に一気に広がった。選択科目で、週 2〜3 時間が多かったようだ。高等小学校は 4 年制の尋常科に接続し、現在の小 5〜中 2 にあたる学齢だったが、1908（明治 41）年に尋常科が 6 年制に延長されると、中学生と同じ学齢になった。1920年代からは英語を課す小学校が増え、東京では英語担当教員が「東京初等英語研究会」を組織し、1925（大正 14）年に『東京市高等小学校新入学児童一万人に就き調査せる日本語化せる英語』を刊行している。

英語教員の資質問題

いきなり英語を教えろと言われても、一朝一夕にはできない。まして、入門期の指導は重要で困難な仕事である。未熟な先生に習ったら中学校で矯正する

図1–1　明治期の小学校用英語教科書

のが大変だ――明治期にはこんな批判も出された。東京の例を見てみよう。

> 生徒の成績が少しも上がらず、教授法もバラバラ、発音もアクセントも変則的。中学生になってこの悪習慣を矯正するのが困難なため、保護者などから批判が相次いでいる。このため、これを全廃してはどうかの議論が起こっている。　（『教育学術界』第17巻1号、1908：明治41年）

結局、東京では中等学校の英語免許を持つ教員を採用することにした。しかし、なおも批判が続く。東京高等師範学校教授で英語教育界の総帥だった岡倉由（よし）三郎は、こう指摘している。

> 教師の点から考えても、外国語の学習を小学校から始めるのはよくない。初歩の英語教授は最も大切であるから、しかるべき教師でない者が、幼稚なる学生に対して中途半端な教え方を行うならば、後になって矯正するのが甚だ困難だ。　（『英語教育』1911：明治44年）

いま日本では英語教員の養成や研修の体制が整わないまま、小学校で英語活動が行われている。ALTの外国人任せも危険だ。岡倉らの1世紀前の警告に耳を傾ける必要がありそうである。

小・中の連繋の不備

小学校で英語を習った子と、そうでない子が混ざると、中学校の先生は大変だ。レベル設定が難しく、双方からブーイングがくる。明治期もそうだった。

中学教員の山本良吉は「新入生に英語の力のある者とない者とが混合しているよりは、むしろ全く英語の力のない者のみの方が、教授にも管理にも都合がよい」と嘆いている(『教育時論』第646号、1903: 明治36年)。文部省も頭を悩ませていた。

> 高等小学校における英語科は随意科目のため、土地の状況によって教えるところと教えないところがある。その結果、中学校入学後の学力に甚だしい不統一を来すという弊害があり、文部省は今後これを必須科目とするか、あるいは全廃するかについて調査研究中である。
>
> (『教育時論』第836号、1908: 明治41年)

結果は悲惨だった。小学校の英語科は1912(明治45)年に廃止され、商業科に併呑されたのである。この時期には、尋常小学校から直接中学進学が可能になったために、高等小学校は傍系の庶民向け完成教育機関に変質し、英語は実業教育の付随物とされた。こうして、英語を教える小学校は全国で200校台(2%程度)にまで激減した。上級学校との連繫を断たれると、教科の活力が落ちるようだ。

その後の盛んな復活要求により、英語は1919(大正8)年度から再び教科に戻る。1932(昭和7)年度のピーク時には全国1,842校(9.9%)の高等小学校が英語を教えていた。こうした庶民階層への英語教育の浸透が、戦後の英語教育の一挙的な大衆化を可能にしたといえよう。

しかし、アジア・太平洋戦争期には英語教育が低迷し、中国侵略に呼応して「満州語」や「支那語」を教える小学校もあった。

まず国語力を

ひらがな、カタカナ、膨大な漢字。日本語の習得は大変だ。その上に、言語体系のまったく異なる英語を外国語(EFL)として獲得するのは至難の業。まずは国語力をしっかりつけさせるのが先決ではないか——今も根強いこの意見は、明治期にも論じられていた。再び岡倉由三郎に登場してもらおう。

> 外国語の教授は、母国語の知識の堅固にできていない者には甚だ困難を感じる。小学校では、もっぱら国語の知識を正確にし、その運用に習熟させるよう力を注ぐのが妥当であって、それがやがて外国語を習得する根底と

なるのだから、間接に外国語教授の効果を大きくしているのである。
（『英語教育』1911：明治44年）

母語でコミュニケーションできない子が、英語でできるはずがない。優れた日本語学者でもあった岡倉の意見には、説得力がありそうだ。

もちろん、反論もあった。たとえば伊藤長七は、「上級くらいの児童は語学の学習にきわめて堪能であって、他人の発音を模倣すること、記憶力の強いことなどはかえって中学生にも勝っている」として、小学校の英語教育に賛成している（『英語教授』1909年4月号）。もっとも、伊藤は「英語が使える日本人」を性急に作ろうなどとは考えていない。「実用的な効果を発揮しなくても、わが国民の間に英語習得の水平線を高めるという効果をあらわす」と冷静だった。現在の文科省よりも見識がありそうだ。

いま、上からの「教育改革」に引き回され、学校現場の危機が広がっている。だからこそ、一人で悩むよりも、頼りになる大先輩たちに相談してはいかがだろうか。歴史は知恵の宝庫なのだから。

第2節
教え子を戦場に送った英語教育

教え子がイラクという戦地に送り込まれる時代。

日の丸・君が代という踏み絵を強制される時代。

いつから、なぜ、こうなったのだろうか。

あやまちをくり返さないためには、過去のあやまちを直視する必要がある。ところが英語科では、それがあまり行われていないようだ。

「平和と国際理解」の教育実践を深めるために、「戦争と国際不理解」の教材を省みてみよう。いつから、なぜ、そうなったのかを考えるために。

すでに日清戦争から

鎖国から解放された近代日本にとって、外国語は世界を知る窓であり、先進文化の伝達者だった。だが、日本の近代は富国強兵の歴史だったから、たえず暗い影が付きまとっている。その姿を英語教科書は鏡のように映し出す。

図 1–2　日清戦争での日本軍を描いた教材
神戸直吉著 *Kambe's English Readers 3*（1897年訂正再版）

図 1–2 の教科書は日清戦争 (1894–95 年) の直後の、国産の検定英語教科書が定着し始めた時期に刊行された。図は中学 3 年用の第 1 課 War の挿絵で、中国人の牙城に突撃する日本兵を描いている。本文には次のような一文があり、国家のために命を捨てる覚悟を生徒たちに迫っている。

> Let me tell you that when your country needs you to fight against other country or countries, you must be so brave as to go through fire and water so as to die a glorious death, and thus to win glory for your country.

もちろん、 教材は当時の歴史的な文脈の中に置いて考察しなければならず、今日の視点だけから断罪してはならない。 だが、 日清戦争による日本人のナショナリズムの一挙的な昂揚に、 英語教育も一役かっていたことは確かである。

その後の日露戦争 (1904–05 年)、 第一次世界大戦 (1914–19 年)、 日中戦争 (1937–45 年)、 太平洋戦争 (1941–45 年) などもすべて英語教材になっている。戦車、潜水艦、飛行機などの新兵器が登場すると、すかさず教科書に載った。

英作文や文字指導にまで

図 1–3 は自由英作文の教材である。生徒たちはハイテク兵器とその意義について、自分の考えを表明しなければならなかった。

1931 (昭和 6) 年の「満州事変」の後には「満州国」(Manchukuo) に関する教材が増え、 日中戦争が始まると戦時教材が特に目立つようになる。 斎藤静著 *Present-day English Readers 3* (1939 年訂正 6 版) ではヒットラーやムッソリー

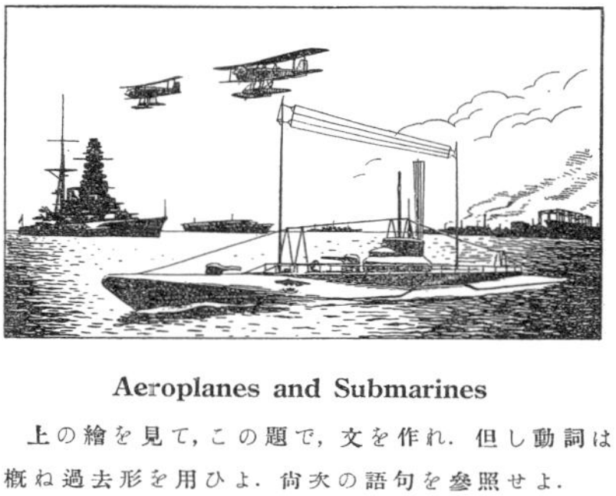

図 1–3　武信由太郎著 *Easy Composition 1*（1933 年訂正 10 版）

図 1–4　飯島東太郎著 *New Japan Readers 1*（1939 年訂正再版）

ニが教材化され、日英対訳の「愛国行進曲」が楽譜付きで掲げられている。同じ年に刊行された図 1–4 の教科書では、文字指導にまで大砲や戦車が登場している。

もとの教材に戦時色を盛り込んで改変した例もある。下の教材は、南に帰っていく鳥たちに別れを告げる詩情豊かな作品で、森巻吉著 *Girls' Royal Readers 1*（1927 年）などの教科書に好んで載せられた。ところが、太平洋戦争末期の 1944（昭和 19）年に刊行された準国定の『英語 1』（中学校用）では、〔　〕内のような、南方戦線に送られた兵士への思いが書き加えられている。一部を抜粋してみよう。

> Good-bye, dear birds, good-bye!
> You are on your way to the south.
> 〔*There you will see our soldiers and sailors.*
> *Please tell them how thankful we are to them.*〕
> Soon winter will be here.
> You will be glad to get away from the snow.
> Please come back to us in spring.
> We shall be glad to see you again〔*and we hope you will bring us the message from our soldiers and sailors fighting in the South.*〕
> Good-bye, dear birds, good-bye!

なお、敗戦占領下の「墨（すみ）ぬり」英語教科書[1]では、戦時下で挿入された部分が再び以下のように書き換えられた（下線部）。進駐軍の目を恐れたのだろう。

> There you will see a lot of green islands. Please tell the islanders that we are living in peace.
> and we hope you will bring us the message from our neibours〔neighbours の誤記〕in the South.

ちなみに最後の下線部は、筆者所蔵の別の「墨ぬり」版では “brothers and sisters working” と書き換えられており、訂正が現場教員の采配に任されていたことがわかる（詳しくは第2章第5節参照）。それにしても、戦時版の the South を Iraq と読み替えれば、不気味な現実味を帯びてくる。

まずは「道徳心」の強調から

戦前の英語科では学習指導要領のような厳しい縛りはなく、戦争教材は著者や出版社の判断で載せられた。ということは、戦争教材を載せた方がよく売れる、という面があったようだ。この点が最も怖い。米国などでは戦争を始めると大統領の支持率が急上昇するが、戦争を支えるナショナリズムは平時からじわじわと形成されるのである。

日本では、政府が「戦意高揚の英語教材を載せよ」と言い出したのは太平洋戦争になってからである（第2章第4節参照）。それ以前に英語教育界に求めたのは、道徳心の育成だった。1916（大正5）年の第3回英語教員大会で、文部省は英語教育で生徒の道徳心をどう育成したらよいかを諮問した。教員側は「教材中の道徳理想を徹底させること」などを答申している。

2002年度から文科省は国定教材である『心のノート』を配り、教育基本法を変えて「愛国心の涵養」や「道徳性の育成」を盛り込んだ。2008（平成20）年3月に告示された小・中学校の学習指導要領では、英語を含む全教科で道徳的な内容を教えるよう指示し、その中には「日本人としての自覚をもって国を愛し、国家の発展に努める」ことや、「奉仕の精神をもって、公共の福祉と社会の

---

[1] 大阪府立北野中学校の生徒だった池田彰宏が使用した『英語1』の複製版（石渡延男編『平和教育実践資料集』1995年）。なお、池田は校舎防衛の任に就いていた1945年6月15日に焼夷弾の直撃を受け死亡した。

発展に努める」ことなどが盛り込まれている。

だが戦前、国家が上から「愛国心」や「道徳性」を押しつけた結果、何が起こっただろうか。教育基本法改変問題でも、「お国のために命を投げ出す日本人を生み出す」ことをめざすと本音を漏らした国会議員がいる。

戦後の英語教育は、「平和的な国家及び社会の形成者」の育成をめざした教育基本法の下で進められ、戦争を鼓舞する教材は許されなかった。その防壁が崩されたならば、私たちは「教え子を再び戦場に送る」英語教育をさせられるかもしれない。

そうさせないために、ときには反面教師として、歴史から学ぶことは多いのではないだろうか。

第３節
少人数クラスを求めて

くり返し求められてきたのに、一向に改善しない。歴史をふり返ると、そんな事例がワンサと出てくる。他方で、知恵を出し合い、制約を乗り越えた実践もある。少人数クラス問題を見てみよう。

少人数クラス要求の歴史

個に応じた指導を充実させ、英語力を伸ばすためには、少人数クラスが不可欠だ。先輩の英語教師たちは、それをずっと訴え続けてきた。

1909（明治42）年に文部省に提出された「中等学校に於ける英語教授法調査報告」には、「一学級の生徒数はなるべく少数なるを可とす」と記されている。

1916（大正5）年の英語教員大会で、神戸高等商業学校の小久保定之助は「25人程度のクラスでdebateさせると生徒の話す機会が増加し、英語を話す習慣が身につく」と自らの実践を報告している。

1925（大正14）年に英語教授研究所が主催した全国英語教授研究大会で、文部省は「中等学校における英語教授をいっそう有効にする方法」を諮問した。当時の文部省は英語教員たちに直接問いかけ、意見を求めていたのである。これに対する教師側の答申は驚くほど今日的だ。まず、英文解釈中心の「入学試験の改善」を訴え、入試にリスニングやスピーキングを導入すべきだと主張している。大学入試センター試験へのリスニングの導入は、この答申から80年後である。また、教授法改革のための「比較的緊要な」措置として、次の要求を出している。[2]

> (1) 学級の生徒定員を30名以下に限る。
> (2) 上級用教科書には、外国発行の書籍を認める。
> (3) 教員の学力増進を目的とする常設講習会を文部省内に設置する。
> (4) 巡回指導に当たる外国人教師の傭聘を各府県に奨励する。

どれもが、21世紀の現在の問題と同じである。

少人数学級の要求は、その後もくり返し文部大臣に提出された。1928(昭和3)年の第5回英語教授研究大会では、「語学教授における学習能率増進のため1級25人までで学級を編制すること」[3] とする決議が満場一致で採択されている。

しかし、学級定員は減らず、逆に英語の時間数だけが減らされていった。

そんな教育行政に一大転機が訪れた。敗戦である。

文部省の決意表明はどこへ?

1947(昭和22)年度からは新制中学校が発足し、事実上すべての国民に外国語教育の機会が保障された。その最初の指針である『学習指導要領英語編(試案)』(1947年)には、次の一文がある。

> 英語で考える習慣を作るためには、忠実にまねることと、何度もくり返すこととたくさんの応用とが必要である。そのために、一学級の生徒数が30名以上になることは望ましくない。(中略)毎日一時間週六時間が英語学習の理想的な時数であり、一週四時間以下では効果が極めて減る。

戦後復興のカギは教育だった。焼け跡と食糧難のなかで、文部省は「30人以下の学級と週6時間の授業が必要だ」と自ら訴えていたのである。その理想は、いまどこへ行ったのだろうか。

---

[2] 櫻井役(1936)『日本英語教育史稿』敞文館、pp. 228〜229
[3] 英語教授研究所(1928)「第五回英語教授研究大会記録」*The Bulletin* 第48号附録、p. 9

経済大国となっても、改善は遅々たるものだった。そこで、1972（昭和 47）年には英語教育関係の諸団体が日本英語教育改善懇談会を結成し、3 年後には「英語教育の改善に関するアピール」を文部省に提出した。それには次のように述べられている。

> 効果的な語学教育の見地から、1 学級の生徒数は 20 名を上限とすること。ただし、現状に即して考えれば、1 学級の生徒数を漸減する措置を続けて、多くとも 35 名をこえることのないようにすること。

それでも、40 人学級の壁を崩すことはできない。それどころか、1980 年代には中学校の外国語の時数が週 3 時間に削減され、いわゆる「落ちこぼれ」問題が深刻化した。1998 年改訂の中学校学習指導要領もこの誤りをくり返した。太平洋戦争下ですら週 4 時間だったから、史上最も少ない時間数にされたのである。

少人数制の実践から学ぶ

戦前には、少人数クラスによる英語教育を実践していた学校もわずかにあった。どこだろう？

太平洋戦争が敗戦色濃厚になると、勤労動員などで英語の授業どころではなくなった。ところが、その学校は 1945（昭和 20）年 8 月の敗戦直前まで英語の授業を少人数制で実施していたのだ。それは、なんと陸軍幼年学校である。軍の中枢幹部を養成するエリート校で、今の中 2 から高 1 に相当する生徒たちに、1938（昭和 13）年度から仙台校で、翌年から熊本校で英語を教えていた。筆者の聴き取り調査によれば、「授業は生徒との質疑応答を含むコミュニカティヴなもので、生徒からの質問に丁寧に答えてくれた」とのことである。それを可能にしたのが、クラスを 2 分割した 25 名程度の少人数編制だった。[4]

しかし、この方式の元祖は陸軍ではない。いち早く採り入れ、成果を挙げていた公立学校があった。それが、「湘南プラン」[5] で有名な神奈川県立湘南中学校（現、湘南高校）である。同校は H. E. Palmer のオーラル・メソッドと旧来の

[4] 江利川春雄（2006）『近代日本の英語科教育史――職業系諸学校による英語教育の大衆化過程』（東信堂）第 7 章「陸海軍系学校の英語科教育」参照。

[5]「湘南メソッド」という呼称もある。詳しくは庭野吉弘（2008）『日本英学史叙説――英語の受容から教育へ』（研究社）第 3 部第 4 章「オーラル・メソッド『湘南プラン』の実際」参照。

図 1–5 少人数編制で成果をあげた湘南中学校（1930 年代）

方式とを組み合わせた独自の指導法で全国に名を馳せ、1939（昭和 14）年には権威ある岡倉賞を受賞した。成功のカギは少人数編制だった。1928（昭和 3）年度の新入生から英語のクラスを 2 分割し、20〜25 名の少人数で、きめ細かな指導を徹底したのである。[6]

加えて、校長の赤木愛太郎や英語科主任の松川昇太郎を中心にした教員集団のチームワークが抜群だった。授業を互いに参観し、気軽に批評し合うことで、全体のレベルアップを図ったのである。1934（昭和 9）年に同校を見学した東京高等師範学校教授の寺西武夫は、感動を次のように伝えている。

> ここでは教師はみな親しい友だちで互いに助け合っている。もし教師が互いの仕事に無関心であったなら、このように一律に能率をあげることはできない。もしまた教師が互いに競争し合うならば、そしてそこに一種の醜い功名心が湧いて来るならば、そしてさらに醜い敵意嫉妬が生じて来たりするならば、伸びゆく少年の身心に必ずや一抹の暗い陰を投ずるであろう。互いに手をとりあって、一人の功名を全体が分かちもつ、その心的態度が湘南の英語科の今日をあらしめ、更に明日をも約束する。
>
> （英語教授研究所 *The Bulletin* 3–1. 1934 年）

今日の協同学習で重視される教師の同僚性（collegiality）が、湘南中では確立されていた。少人数編制と教師の同僚性との結合。これこそが成功の秘密だったのである。

ところが平成のいま、流れは逆だ。文科省は英検準 1 級や TOEIC 730 点といった点数で教員を評価し、優良教員と不適格教員とに選別しようとしている。過重な 40 人学級制は放置したままで、教師をスコア競争に駆り立て、習熟度別編制や一斉学力テストで生徒たちをもバラバラにしようとしている。こ

[6] 松川昇太郎（1973）「湘南中学の英語教育――回想」神奈川県高等学校教科研究会英語部会『英語教育研究』第 8 号、pp. 8–11 参照。

れは、寺西が最も恐れた「醜い敵意嫉妬」をかき立てる道ではないだろうか。

そんなやり方は必ず失敗する。湘南中学校の成功は、それと正反対の実践によって導かれたのだから。歴史から元気と確信をもらおう。

第 4 節
「英語が使える日本人」幻想

駅前に林立する英会話学校、魔法の英語教材を売り込む新聞広告。そして、財界と政府主導の「英語が使える日本人」育成の戦略計画 (2003–07 年度)。独立国の国民が、これほど英会話熱に浮かされ、共同幻想に取り憑かれている国は、あまり例がないだろう。「使える英語」をめぐる歴史を検証してみよう。

英語力衰退の経緯

数学などの教科を英語で教えるイマージョン教育が注目されている。しかし、この方式は明治前期の高等教育機関や一部の中学校ではあたり前だった。西洋の学問は御雇い外国人などが英語で教え、教科書も答案も英語だったのである。そうした環境の中から、夏目漱石、新渡戸稲造、斎藤秀三郎などの英語名人が出たのも当然だ。

明治後半になると、大学の講義も日本語になった。英語は教育言語である必要がなくなり、外国語 (EFL) として教科目の枠内に収まったのである。当然、生徒の英語力は低下した。文明批評家でもあった漱石は、透徹した分析を行っている。

> 英語の力の衰えた一原因は、日本の教育が正当な順序で発達した結果で、一方からいうと当然のことである。なぜかというに、われわれの学問した時代は、すべての普通学はみな英語でやらせられ、地理、歴史、数学、動植物、その他いかなる学科もみな外国語の教科書で学んだが、(中略) 国家生存の基礎が堅固になるにつれて、以上のような教育は自然勢いを失うべきが至当で、また事実として漸々(ぜんぜん)その地歩を奪われたのである。
>
> (「語学養成法」1911：明治 44 年)

22 THE FIRST READER.

(1) *The teacher.*	*The student.*
(2) *The student.*	*The teacher.*
Who is he?	He is my father.
Who is she?	My mother.
Who are you?	I am Yamada Tarō.
Who is she?	She is my sister.
Who are they?	They are my brothers.

He is my father.	He is my father.
She is my mother.	She is my mother.

図1–6 会話力の向上をめざした『正則文部省英語読本』巻1（1889年）

さらに、明治30年代からの「受験英語」の台頭は、「聞く・話す」の側面を特に低下させていった。

コミュニケーション能力向上の試み

もちろん、英会話能力を高める努力も続けられた。早くも1889（明治22）年には『正則文部省英語読本』が刊行されている。だが、1・2巻はパターン・プラクティスによる会話練習が延々と続き、飽きてしまう（図1–6）。結局は米国舶来の *New National Readers* などに押されて、人気が出なかった。

ラフカディオ・ハーンのような外国人教師を雇った学校も珍しくなかった。昭和初期の中学校には、3校に1人の割合で外国人教師がいた。英会話の検定教科書も戦前に38種類43巻が発行されている（「明治以降外国語教科書データベース」）。ALTもオーラル・コミュニケーションも戦前にルーツがあるのである。

入試の改善も試みられた。1924（大正13）年には、全国共通だった高等学校の入試問題にアクセント記号を付ける問題が出された。音声重視を象徴する新機軸だったが、まぐれ当たりが多いなどの批判にさらされ、わずか2年で中止された。

この1920年代は音声指導の変革期だった。1922（大正11）年にはIPA（国際音標文字）を採用した岡倉由三郎『英語小発音学』と豊田實『英語発音法』、それに『袖珍コンサイス英和辞典』が、翌年には市河三喜『英語発音辞典』が出された。1922（大正11）年にはH. E. Palmerが来日し、文部省内の英語教授研究所を拠点にオーラル・メソッドの普及に努める。

1934（昭和9）年にはラジオで「英語会話講座」が放送され、場面に応じた定型表現を中心に、実践的コミュニケーション能力の育成が図られた。

戦後の英会話ブームでも

戦後の英語教育は、空前の英会話ブームから始まった。1945（昭和20）年9月に発売された『日米会話手帳』は360万部も売れた。ラジオの「カムカム英語」も聴取率32%を記録するなど、茶の間で大人気だった。1947（昭和22）年の新制中学校の発足で、英語の学習人口は爆発的に増加する。

それなのに、「英語が使える日本人」はなかなか育たない。日本経営者連盟は、1956（昭和31）年に「役に立つ英語」を求める要望書を出す。同年にはアメリカ財界の資金援助を受けてELEC（日本英語教育研究委員会）が発足し、C. C. Friesらが来日してオーラル・アプローチが一世を風靡した。

1960年代にはテープレコーダーやLL教室などのハイテクも導入された。テレビの英語番組も人気で、早大教授の五十嵐新次郎がヒゲの壮士姿で英語教育の大衆化に努めた。しかし、その五十嵐ですら「英語が使える日本人」を育てる困難さは自覚していた。彼は次のように述べている。

> われわれはなぜ外国語に弱いか。理由は実に簡単である。われわれにとって、外国語は生活の必需品ではないからである。（中略）筆者は、ある少数の才能にめぐまれ、外国語の負担にも耐えられる人たちに徹底した語学教育をしてみてはと思う。（『文藝春秋』1971年6月号）

実にストレートな主張だ。たしかに、高度成長で国力が増大し、日本語で不自由なく暮らせる状況では、外国語学習の意欲が低下していった。広島大学英語教育研究室の調査によれば、「英語を知らなくても日常生活に困らないから英語を勉強する必要はない」という項目に賛成と答えた高校生の割合は、1966年の6.7%から、76年11.7%、88年14.2%、96年17.4%へと上昇し続けている。

1974（昭和49）年には政府与党から「外国語教育の現状と改革の方向」（いわゆる平泉プラン）が出され、平泉渉は成果が上がらない理由と対策を次のように述べている。

> 理由は第一に学習意欲の欠如にある。わが国では外国語の能力のないことは事実としては全く不便を来さない。(中略) わが国民の約五%が、外国語、主として英語の実際的能力をもつことがのぞましい。
> (『英語教育大論争』1975年)

漱石、五十嵐、平泉ともに、英語力低下の要因を英語の必要に迫られない日本の社会環境に求めている。いかにグローバル化が進んだとはいえ、そうした環境は基本的に変わらない。

「英語が使える日本人」戦略計画の表と裏

だから、文科省が「戦略計画」で掲げた「中・高等学校を卒業したら英語でコミュニケーションができる」いう目標設定は、歴史と実情を踏まえない空虚な幻想である。自らの学習指導要領すら踏まえていない。語彙を比べても、指導要領では中学校で約900語、高校までで約2,700語だが、「戦略計画」が中学卒業時の到達目標とする英検3級は約2,100語、高校卒業時の英検2級は5,100語である。

支離滅裂だが、本気のようだ。その真の意図を見抜くヒントは、先の五十嵐と平泉の引用中にある。つまり、表向きは「英語が使える日本人」だが、実は「国民の約五%」程度の「少数の才能にめぐまれた」英語エリートを育成することが本音である。だから、英語の苦手な生徒への言及が皆無なのだ。

政策を批判的に検討するために、歴史から知恵とヒントをもらおう。

第5節
消された英語教材たち

カラフルな挿絵。陽気な登場人物。はずむ会話。厳しい現実の世界とは裏腹に、英語教科書の世界では教材たちが天下太平を謳歌している。

だが、苦難の歴史があった。

「満州国」で消された教材

消された教材の代表といえば敗戦直後の「墨ぬり」教科書だろうが、それについては第2章第5節で詳しく述べるとして、まず「満州国」での実態を見てみたい。日本人が他の民族に英語教材の削除を命じていた事実については、あまりに知られていないからである。

「満州国」(1932〜45年) は日本の支配下にあった中国東北部の傀儡(かいらい)国家で、五族共和の建前とは裏腹に、中国民衆にとっては過酷な植民地支配の体制だった。そのことは、この地で消された英語教材を見ても明らかである。

満州国の文教部編審官室編『教科書審査報告書』(1937年) によれば、中国人が著した15冊の英語教科書が認可されなかった。理由は「支那的教材を過多に含む」が10冊と圧倒的で、「反満反日的教材を含む」が3冊、「三民主義的教材を含む」「その他」が各1冊である。たとえば、次のような英文が不適切とされた。中国人民のナショナリズムを極端に恐れていた様子がわかる。

> The Republic of China covers about one fourth of Asia, and is larger than all Europe. China is rich in mineral resources too. But they are still undeveloped. Hence she is not a poor country after all.
>
> The Chinese are a wonderful people. They are clever and hard-working. (中略) They are patient, peace-loving, and broad-minded. So there is great hope for China. (沈彬『新中学混合英語』第三冊、1925年)

太平洋戦争下で消された教材

満州国で始まった教材抹殺は、華北などの日本軍占領地を経て、日本国内にも及んだ。商業学校用の上條辰蔵著 (上條次郎補訂) *Standard Commercial School Composition 2* を例に見てみよう。1943年版を1936年版と比較すると、次のような部分が削除され空白のままになっている (図1–7)。一部を抜粋しよう。

> 1. 英国大使は日光に避暑のため本月一日帝都を去りました。
> 2. 米国観光団が昨日早朝大洋丸で当地に着いた。
> 3. 香港は何時から英領になりましたか、千八百四十二年から英領となりました。

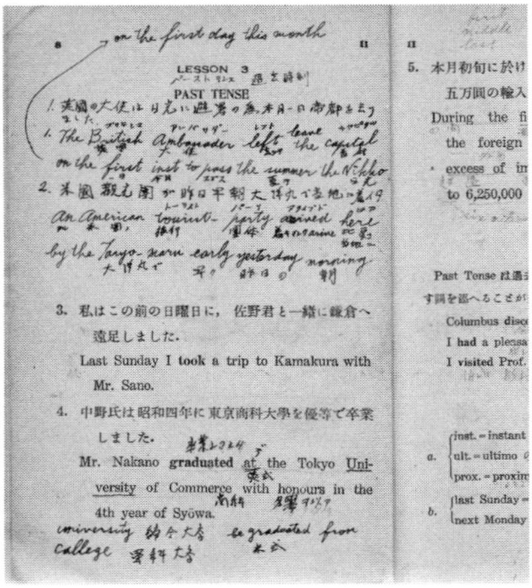
LESSON 3

PAST TENSE

3. 私はこの前の日曜日に，佐野君と一緒に鎌倉へ遠足しました．

Last Sunday I took a trip to Kamakura with Mr. Sano.

4. 中野氏は昭和四年に東京商科大學を優等で卒業しました．

Mr. Nakano graduated at the Tokyo University of Commerce with honours in the 4th year of Syōwa.

5. 本月初旬に於け…

五万圓の輸入…

During the fi…

the foreign…

excess of in…

to 6,250,000…

Past Tense は過…

す詞を認へることが…

Columbus disc…

I had a pleasa…

I visited Prof. …

a. inst. = instant

ult. = ultimo

prox. = proxim…

b. last Sunday = …

next Monday …

図1–7　太平洋戦争下で削除された英語教材（上條辰蔵著 *Standard Commercial School Composition 2* より）＊削除部分は手書きで追記されている。

> 4. 支那の外国貿易の主なる取引先は英国、印度及び北米合衆国なり。
> 5. 月給が安いのだから、有為な人物を得ることはむつかしい。

敵国となった英国・米国・中国に言及した部分が神経質なまでに削除されている。また、5のように「月給が安い」などと不平を言うのは、「欲しがりません勝つまでは」の戦時下にあっては「非国民」だというのだろうか。

1944（昭和19）年1月には帝国議会で英語教科書が攻撃された。やり玉にあげられたのは *The New King's Crown Readers* 修正15版（1943年）である。「英米崇拝的」などと非難されたあげくに、たとえば巻3ではペリー来航をテーマにした第8課の The New Japan as Seen through an American Eye が削除された。王冠をあしらった表紙も破り取られ、奥付の“KING'S CROWN”の2文字が墨で塗りつぶされた。事件の直後に改訂された16版（1944年4月検定認可）は、その名も *The Kanda's English Readers* に改められた。Kandaとは初版以来の著者だった神田乃武（ないぶ）のこと。彼は事件の20年前に他界していたから、地下で苦笑いしたことだろう。

戦後に消された英語教材

いまわしい戦争の時代が終わり、平和と民主主義の戦後教育が始まった。もう教科書から教材が削除される時代は来ない。誰もがそう思った。

ところが、人々がバブル景気に浮かれていた1988年に、事件は起きた。すでに検定に合格していたにもかかわらず、高校用の*First English Series II*の教材Warが一部の国会議員らの攻撃によって差し替えさせられたのである（第2章第6節参照）。事件の経緯と問題点については、当事者による総括である中村・峯村（2004年）をぜひ読んでいただきたい。人間教育としての英語科教育における教科書、とりわけ題材の重要性をこれほど根本から論じた本は他にないだろう。

それにしても、戦後民主主義の時代に、なぜこんなことが許されたのだろうか。私たち英語教師は、なぜ許してしまったのだろうか。

敗戦直後の教科書への「墨ぬり」は、英語教育界が戦争に協力したことへの真摯な反省の材料を塗り隠すものだった。そうした態度が、三十数年後のFirst事件の遠因とはいえないだろうか。

> 罪の有無、老幼いずれを問わず、われわれ全員が過去を引き受けねばなりません。（中略）過去に目を閉ざす者は結局のところ現在にも盲目となります。非人間的な行為を心に刻もうとしない者はまたそうした危険に陥りやすいのです。　（ヴァイツゼッカー『荒れ野の40年』1986年）

題材への批判的な目を

墨ぬり、「満州」、戦時下、そしてFirst事件。4つの事件のすべてに共通するのは、攻撃にさらされた対象が「題材」だった点だ。まさに題材こそが、いかなる人間を育てるかの生命線だからである。

題材にはイデオロギーや政治性が含まれる。たとえば、戦後直後の教科書に登場したJackやBettyは、親米国民の育成に寄与した。現行教科書のハンバーガー・ショップでの会話教材には、食事の洋風化とファーストフードを是認するイデオロギーが含まれている。

日本の英語教育がスキル第一主義に走る時代だからこそ、題材内容に対する批判的な目を養い、人間教育としての英語科教育を再確立することが求められているのではないだろうか。

歴史の教訓から、英語科教育の原点をいま一度考えてみよう。

第6節 受験英語の昔と今

コートの襟を立て、せわしく単語帳を繰る受験生。入試は冬の風物詩だ。入試来たりなば春遠からじ。「どうか頑張って」と声をかけたくなる。

受験と英語。その歴史をふり返ってみよう。

英学の終焉から受験英語へ

明治維新による規制緩和によって武士の特権が廃止されると、資力と学力さえあれば誰もがエリート市場に新規参入できるようになった。1886（明治19）年に帝国大学を頂点とする学校序列体系が確立し、翌年に官吏任用試験制度ができると、帝大卒業生だけに高等文官への無試験任用の特権が与えられた。こうして、学歴の獲得が立身出世の必須条件となっていく。

帝大へは旧制高校の卒業生だけが無試験で入学できたから、大志を抱く中学生は第一高等学校（現、東大教養学部）を頂点とする旧制高校の入試に挑んだ。続く序列は、官立の海軍兵学校や機関学校、陸軍士官学校、実業や外国語の専門学校、高等師範学校などで、いずれも厳しい入試が待ちかまえていた。「入学試験」という言葉が文部省法令に登場するのは1894（明治27）年である。

中学生が急増したにもかかわらず、大正中期までは高等学校をほとんど増設しなかったから、平均入試倍率は1895（明治28）年の1.5倍から1916（大正5）年の4.8倍に跳ね上がった。浪人が増え、高校入学者の平均年齢は1909（明治42）年に20.2歳に達した。命運を決する科目は英語だった。

こうした動きと歩調を合わせるかのように、文明開化が一段落した明治中期以降になると高給取りの御雇い外国人が日本人教師に置き替えられていった。1903（明治36）年には、東京帝国大学英文科でラフカディオ・ハーンの後任に夏目漱石が就任した。英文科ですら日本人教師の手で担えるまでになったのである。英語を通じて欧米の先進的な文物を摂取する「英学時代」の終焉を象徴する事件だった。

奇しくもその1903年に、本格的な受験参考書の先駆けの一つとなる『難問分類英文詳解』（図1–8）が刊行された。著者の南日恒太郎（なんにちつねたろう）は、ハーンの弟子にしてハーン研究家だった田部隆次（たなべりゅうじ）の実兄だった。同書は過去の入試問題や教科書から難解な熟語やフレーズを含む短冊状の文章を1,189題も集めて体系化

図 1–8　南日恒太郎著『難問分類英文詳解』（1903：明治 36 年）

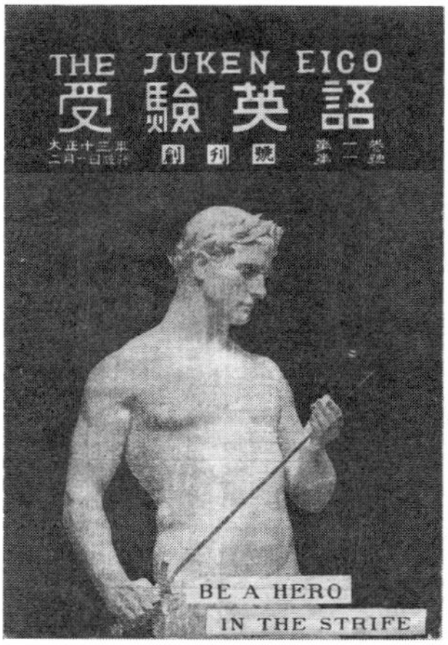

図 1–9　雑誌『受験英語』創刊号（1924：大正 13 年）

し、その改訂版である『英文解釈法』（1905 年）などに引き継がれて英語参考書の「南日時代」を築いた。

ただし、入試英語の本格的な参考書としては早くも 1894（明治 27）年に井上十吉英訳・磯辺弥一郎註釈『実用和文英訳教授書』（全 2 巻）が出ており、難句を分類・訳解したものとしては中村宗次郎著『受験必携英和難句詳解』（1898 年）などが先行していたから、日本における本格的な受験用英語参考書が登場したのは 19 世紀末だったといえる。

こうして、世紀の変わり目とともに、英語学習者の力点は原書の読破から頻出問題の暗記へとシフトする。実学的な英学の時代が終わろうとしたそのとき、英語教育は「受験英語」に活路を見出したのである。

受験雑誌のあれこれ

では、「受験英語」という言葉はいつごろ登場したのだろうか。明らかなのは、その名もズバリ『受験英語』という雑誌が 1916（大正 5）年 9 月に創刊されていることである。主幹は明治大学教授の山崎寿春（としはる）で、彼は翌年に東京高等受験講習会を開設した。これが駿台予備学校へと発展する。

同誌は 3 年ほどで廃刊になるが、1924（大正 13）年には再び『受験英語』（主筆・湯山清）という別の雑誌が創刊され、斎藤秀三郎や市河三喜らの大御所が寄稿している。大正期には「受験英語」という言葉が完全に認知されていた様子がわかる。関東大震災の翌年に出された創刊号（図 1–9）には、「今年の受験生は地震と火事についての和文英訳を一通りやっておく必要があろう」として「日本には地震が多い、この欠点さえなければ日本はよい国だが」などの練習問題を載せている。受験英語にも時代が反映しているのである。

戦前の受験雑誌といえば、1918（大正 7）年に研究社から刊行された『受験と学生』が有名だ。「本年度の入学試験問題の研究と明年度の準備法」などというコーナーもあり、受験生の心をとらえた。1932（昭和 7）年に欧文社（現、旺文社）から出た『受験旬報』は他誌を圧倒するようになり、1940（昭和 15）年には『螢雪時代』へと発展する。軍国主義が強まるなか、1930 年代には『受験戦線』（実力増進会）や『受験戦』（英語通信社）といった勇ましい雑誌も登場した。1941（昭和 16）年に太平洋戦争に突入すると、旺文社社長の赤尾好夫は出版報国団副団長となり、『螢雪時代』誌上で若者に戦争協力を呼びかけ続けた。これが災いして同社は戦後「戦犯出版社」の嫌疑をかけられ、赤尾も一時は公職追放となった。[7]

通信教育とラジオ講座

筆者が大学受験生だった 1970 年代には近くに予備校などなかったから、通信添削とラジオ受験講座は実にありがたい存在だった。ましてや、経済的事情から進学をあきらめざるをえなかった戦前の、とりわけ地方の若者たちにとっては、通信教育は立身の夢をかなえる頼みの綱だったともいえよう。

こうした英語通信教育の歴史も意外に古く、すでに 1886（明治 19）年には鴨池宣之講述『通信講授録　英語篇』がスタートしている。現在の「実況中継」ものにあたる講義録のルーツは明治中期までさかのぼるのである。磯辺弥一郎は 1892（明治 25）年から『英文学講義録』を、井上十吉は 1897（明治 30）年から『英語学講義録』を出版している。井上の甥の柴山格太郎は 1924（大正 13）年に「井上通信英語学校」を設立し、本格的な通信添削を始めた。研究社も明治の末には「大日本国民英語学会」という壮大な名前で「英語講義録」を発行し、1924（大正 13）年には「研究社英語通信講座」へと発展した。[8] 旺文社の発

[7] 赤尾好夫追憶録刊行委員会編（1987）『追憶　赤尾好夫』旺文社、および菅原亮芳編（2008）『受験・進学・学校――近代日本教育雑誌にみる情報の研究』学文社、第 1 章第 3 節『螢雪時代』参照。

[8] 研究社社史編集室編（2007）『研究社百年の歩み』研究社、p. 74（庭野吉弘（2008）『日本英学史叙説――英語の受容から教育へ』研究社、p. 418 に再録）。

端も 1931（昭和 6）年の欧文社通信添削会だった。

この 1931 年には、ラジオで「受験英語講座」が開始されている。英文解釈と和文英訳が中心で、受験界のカリスマだった佐川春水や小野圭次郎らが担当した。

明治・大正の高校入試は英検 1 級レベル !?

戦前の高校・専門学校入試英語のレベルを見てみよう。一つの指標は明治・大正期の頻出教材だった『ユニオン第 4 リーダー』の語彙数だ。教科書を計量的に分析した小篠敏明・江利川春雄編著『英語教科書の歴史的研究』（辞游社、2004 年）によれば、同リーダーの累計異語数（語彙数）は第 4 巻までで 11,131 語。なんと現在の英検 1 級レベルに相当する。語彙力不足で第一高等学校に落ちた生徒の悲劇を、作家の久米正雄はリアルに描いている。

> 受験の結果は彼が見事に入っていながら、私はすっかり失敗していた。それは彼と僕との単なる英語の単語一つ知る知らぬから生じたらしい。あの英語の第一問にあった、呪うべき Promotion という単語の訳し方一つに、彼と私との運命の差が生じたのだ。私はこの字を知らなかった。（中略）そのために、言いようのない屈辱の半年を過ごした。父には叱られた。母には泣かれた。義兄、姉妹たちにまで軽蔑の目を以て見られた。
>
> （「受験生の手記」1918：大正 7 年）

入試英語のレベルは時代が進むにつれて低下していく。そして現在、大学入試センター試験の語彙数は二千語台にまで落ちている。

コミュニケーション能力重視の入試も

日本で文法訳読式が根強いのは受験英語のせいだ、と思い込んでいる人が多いようだ。たしかにその側面はあるが、「聞く」「話す」のコミュニケーション能力を重視していた入試もあった。

『商業学校入学試験問題答案』（1891 年）によれば、すでに 1889（明治 22）年度の高等商業学校予科（一橋大学の前身）の入試問題には、英文和訳、英作文、英文法などと並んで、英語の音読、書取〔dictation〕（約 250 語）、英会話（5 題）が課されている。商業系の学校では、貿易取引の関係から実用的な英語を重視したのだった。

外国語学校（現、東京外国語大学）もそうだった。同校教授だった村井知至（ともよし）は次のように語っている。

> 官立学校入学試験の英語科はおもに書取、英文和訳、和文英訳の3つになっていますが、外国語学校はその他に口頭会話の試験があります。書取は第一の関門であって、これをくぐらなければ入学できない。大きい学校になればなるほど書取で淘汰して、それから英文和訳・和文英訳をやるようです。外国語学校ではそうして淘汰した上に会話に廻して試験して採用することになっています。（中略）口頭会話の試験は一人一人呼び出しています。目の当たりに接してみると英語全体に関する力がよくわかる。それに口の使い方なども親しく注意することができるから、この生徒を入学させて養成したならば見込みがあるか否かについての判断がつきやすいわけです。（「受験者に告ぐ」『英語世界』1913年3月増刊号）

このように、100年ほど前の入試では受験生一人ひとりの資質を直接見極めていた。こうした「書取」や「口頭会話」が入試から消えた一因には、学校のマスプロ化もあるだろう。しかし、個を重視する教育が求められているいま、入試においても受験生一人ひとりの資質を見きわめるために、かつてのような細やかな入試制度が必要ではないだろうか。そのためには、人員と予算が不可欠である。受験英語を非難するだけではなく、試験制度や試験内容の質的向上に、もっと目を向けてみる必要がありそうだ。

そうした関心から、次に入試英語問題の変遷を見ていこう。

第7節
入試英語問題の変遷史

明治の文明開化を担った実学としての英学の時代は終わり、明治30年代からは学歴エリートになるための「受験英語」が中学校英語教育の主要目的となった。そうなると、入試の出題傾向が中学校の学習内容を左右するようになる。

英語問題の出題内容と出典

筆者の手元に「明治三十七年高等学校大学予科入学者選抜試験問題」の現物があるので、「英文解釈」（甲）と「国文英訳」を見てみよう。なお、この時期の官立校は統一試験だった。

（1）It is hard to know flatterers from friends; for as a wolf resembles a dog, so a flatterer a friend.
（2）He was more desirous to be virtuous, than appear so: so that the less he courted fame, the more it followed him.
（3）She thought her family should all retire to the country for the summer, that the children might have the benefit of the mountain air, for there was no living in the city this sultry season.
（1）喫烟は悪い習慣だから若い時は別して止めるがよい
（2）私の生きて居る間はあの人の恩を忘れることが出来ない
（3）この筆ではいけない今一つの方を下さい

この他に英語文法と英語書取（dictation）が課せられた。上記の英文は難解な語彙と暗号解読のような構文からなり、思考力と教養も問われた。いま大学入試に出したら、はたして何パーセントが合格水準に達するだろうか。英語の試験に３時間もかけたのだから、知力の限りを尽くして訳文を練り上げたことだろう。

その後、英文は長めになるが、英文和訳と和文英訳を中心とする出題傾向は戦前を通じてあまり変わらない。1931（昭和６）年度の高校・高等専門学校など104校の英語問題を分析した松岡藤太郎の研究[9]を援用すると、出題内容と割合は以下のとおりである。

英文和訳	104校（100%）	平均3.41題
和文英訳	88校（85%）	平均2.13題
英 文 法	14校（13%）	平均0.55題
書取・聴取	7校（7%）	平均0.08題

[9] 松岡藤太郎（1932）「英語教授と入学試験問題」『英語英文学論叢』第１巻第２号、広島文理科大学内英語英文学論叢編輯室

すべての学校が3〜4題の英文和訳を課しており、これに2〜3題の和文英訳(英作文)を組み合わせた出題パターンが標準だった。英文和訳のみの出題は16校で、昭和に入る頃から工業、農業、医学などの専門学校に広がった。音声による書取を課した7校中6校は高等学校で、聴取(listening)の出題が判明したのは1校だけだった。

すでに1922(大正11)年にはH. E. Palmerが来日し、文部省内に英語教授研究所を設立して音声重視の新教授法を普及させようとしていた。しかし、入試問題が以上のとおりでは、中等学校現場が「笛吹けど踊らず」となるのも無理からぬことであろう。

ただし、一部では早くから「コミュニケーション重視」の入試を行っていた。前述の高等商業学校予科(現、一橋大)や東京外国語学校(現、東京外大)に加え、東京高等師範学校(戦後、東京教育大)では英語英文学コースの志望者だけに聴取と書取の口述試験を課した。「英語教育の総本山」だけのことはあったようである。

入試問題は時代を映し出す鏡でもある。入試英文の出典の考察は第2章第3節「英語教科書の文学作品」に譲るとして、ここでは昭和戦前期の英作文問題を例に時代相を見てみよう。

「満洲国は建国以来着々として発展の一路を辿り、今やその輝かしき将来が確実となった。」(彦根高商・1935年)。だが、現実には「将来が確実」どころか、わずか13年で崩壊する。

「我国は絶えず日支両国の親善を計り両国の福祉を増進することに努力し来れり。」と出題したのは陸軍士官学校予科(1935年)だったが、この2年後に陸軍は日中全面戦争の泥沼にはまり込んでいく。

「太平洋はいつまでも、その名の示す如く友誼の微風に吹かれる平和の波で、その岸を洗ふ大洋であって欲しいものだ。」(大阪外語・1934年)。願い虚しく、1941(昭和16)年の真珠湾攻撃を契機に、太平洋は日米決戦の血の海と化していく。

それが敗戦・占領とともに一転する。戦後最初の入試問題を分析した『蛍雪時代』1946年8月号の「英語問題の新傾向」によれば、英文和訳問題の傾向は「何といっても、米国の文物に関連するものが多い(中略)その中でもデモクラシーの思想関係が特に目立っている。リンカーンの例のGovernment of the people, by the people and for the peopleという言葉だけでも数校がこれを問題として課している」。まことに日本の教師は変わり身が早い。それは受験参考

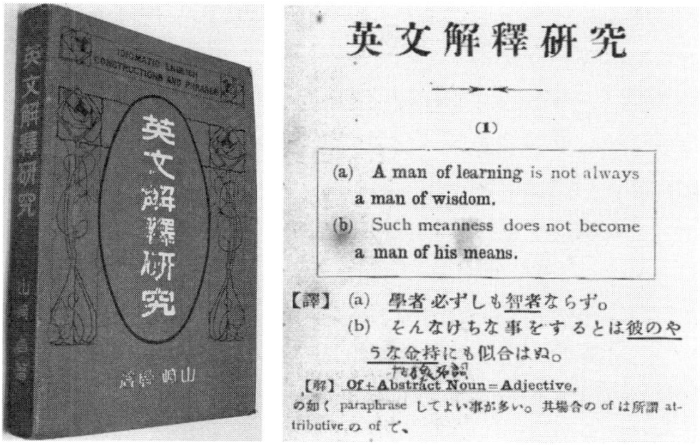

図 1–10　山崎貞著『公式応用　英文解釈研究』（1912：大正元年の初版）

書も同じで、小野圭次郎『英文の解釈』の巻頭を飾っていた教育勅語の対訳は、戦後直後の版では「ポツダム宣言の訳し方」に差し替えられた。

入試問題に投影する英語力低下

前節で述べたように、明治後期の高等学校の入試英文の語彙レベルは出典の定番だった『ユニオン第４リーダー』の語彙数から判断すると約 11,000 語水準だった。それでも第一高等学校教授の村田祐治は「単語の知識が貧弱で且つ単語の観念がぼんやりして居る」と受験生のボキャ貧を嘆いている。[10] 旧制高校では外国語がきわめて重視され、文学を中心に原書を精読できる力が必要とされたから、豊富な語彙力と正確な読解力が入試で求められたのである。

それでも、78 ページの出典の趨勢を見るならば、文学的なものからエッセイや論説・評論的なものへとシフトし、英文が概して平易になっていった様子がうかがえる。すでに大正初期には、「英文和訳の問題が、難句集でなく常識的となり、和文英訳の問題が実用的会話的となりし」ことが指摘されている。[11]

受験参考書も平易化していった。元祖である南日恒太郎著『難問分類英文詳解』（1903 年）に代わって、大正に入ると山崎貞著『公式応用　英文解釈研究』（1912 年：図 1–10）が一大ベストセラーになる。性格は英文タイトルの *A Clas-*

[10]『英語世界』1913 年３月増刊号、p. 7
[11] 前掲『英語世界』p. 19

sified Collection of Idiomatic English Constructions and Phrases によく示されている。この後継版が『新々英文解釈研究』で、1980 年代まで研究社のドル箱だった。その後、1921（大正 10）年に出た小野圭次郎著『最新研究　英文の解釈』は例文をすべて入試問題から採り、至れり尽くせりの解説を施した。大正中期から高等教育機関が急増し、受験生のレベルが低下していったため、「小野圭シリーズ」は英語を苦手とする受験生の福音書となった。

昭和期に入ると、和文英訳の日本語が難しいとするクレームが出るまでになった。1930（昭和 5）年度に実施された長崎高商（現、長崎大）の出題講評には、「本年の和文英訳の入学試験問題は特に中等学校方面の意見を斟酌し、出来るだけ平易な邦文を選び、しかも註を加へて出して見た」とある。

戦後は学習指導要領が改訂されるごとに語彙数が減らされ続けた。高校修了までの上限は 1950 年代には約 6,800 語だったが、2003 年度からは約 2,700 語である。これでは文学教材はおろか、内容豊かな英文を出題することはできまい。しかも、1979 年からの共通一次試験と大学入試センター試験では答案がすべてマークシートになったため、書く力は目を覆うばかりになった。

吉岡昌紀の調査データ[12]をもとに、1990～1999 年のセンター試験問題の配点比率を出題内容別に平均すると、以下のようになる。

発音	9.4%
語彙・文法・語法・慣用表現	15.4%
会話表現	10.2%
整序英作文	9.3%
文整序・文論理	5.6%
読解	50.1%

ただし、「読解問題」には図表などを用いた「ビジュアル問題」や長い会話文問題も含めてあるから、実際の割合はさらに低い。逆に、発音問題と会話表現を用いた問題とを合わせると、センター試験の配点の 4 割程度に達する。こうした「コミュニケーション重視」の傾向は近年ますます強まっており、2006（平成 18）年度からのリスニング問題の導入によってさらに拍車がかかっている。

[12] 中島直忠編（1999）『戦前・戦後高等教育機関の英語入試問題の分析』広島大学大学教育研究センター、所収

しかし、「聞く」「話す」中心の英語教育によって日本人の英語力は高まっているのだろうか。実は、期待とは正反対の調査結果が相次いで報告されている。斉田智里(ちさと)らの研究[13]によれば、コミュニケーション重視の学習指導要領が中学校で全面実施された 1993（平成 5）年度から「8 年間で高校入学時の英語学力が徐々に低下」しているのである。約 12 万人の英語能力推定値にもとづくこの調査では、いずれの学力層でも英語力低下が進んでいることがわかった。8 年間の低下は偏差値換算で平均 3.8 であり、偏差値 50 だった生徒が 46.2 にまで落ちたことになる。しかも、この調査の期間には週 4 時間だった中学校の英語の時間が、2002（平成 14）年度から 3 時間に削減されたから、さらに深刻な英語力の低下が予想される。

大学入学時の英語力低下も深刻である。大学入試センター（当時）の吉村宰(おさむ)らの調査[14]によれば、センター試験受験者の英語学力は 1997（平成 9）年を境に、翌年から低下傾向に転じている。

基本的な語彙、文法、構文の知識を欠いたまま、どんなコミュニケーションが可能だというのか。大学から旧制高校的な教養主義が排除され、目先の即戦力養成に駆りたてられるいま、語るに足る自己をどう形成させ、それを伝えられるだけの英語力をどう獲得させればいいのか。

近代日本が経験したことのない英語力低下の津波が、日本列島に押し寄せようとしている。その防波堤を築くために、過去の入試問題から学ぶべきことは少なくない。以下に列挙したい。

（1）学習指導要領の「コミュニケーション重視」路線と対立してでも、信念をもって、求める学生像に即した出題をする。

（2）英語力とともに思考力と教養を問う。

（3）聴く力と書く力を同時に測れる「書取」（dictation）を復活させる。

（4）会話力の試験をするならば面談方式とする。

---

13 斉田智里（代表）（2003）「高校入学時の英語能力値の年次推移」*STEP BULLETIN* Vol. 15、日本英語検定協会

14 吉村宰ほか（2005）「大学入試センター試験既出問題を利用した共通受験者計画による英語学力の経年変化の調査」『日本テスト学会誌』Vol. 1, No. 1

第8節
文豪が英語教師だったころ

夏目漱石、島崎藤村、石川啄木、芥川龍之介。4人に共通する点は何だろう？

「みんな男性作家」

それはそうだが、実は全員が英語を教えていたのである。

夏目漱石から芥川龍之介へ

夏目漱石（1867〜1916）と芥川龍之介（1892〜1927）の共通点は少なくない。ともに東京帝大英文科の出身で、卒業後すぐに英語教師となり、英語教科書の編纂にも関係している（図1–11）。漱石については、川島幸希『英語教師　夏目漱石』（新潮社、2000年）や大村喜吉『漱石と英語』（本の友社、2000年）に詳しいので、ここでは漱石が大学生時代に書いた教育論文の一節を紹介するにとどめたい。教育に金を出さない行政当局を、若き漱石は次のように批判している。

> 軍艦も作れ鉄道も作れ何も作れ彼も作れと説きながら、未来国家の支柱たるべき人間の製造に至っては毫も心をとどめず、いたずらに隠遁（いんとん）姑息（こそく）の策に安んじて一銭の費用だも給せざらんとす。これらの輩、真に吝嗇（けち）の極なり。
>
> （「中学改良策」1892：明治25年）

ちなみに、2004（平成16）年時点で、国内総生産（GDP）比で見た日本の教育機関への公的支出は3.5％。OECD加盟の先進30カ国中で最下位レベルである。

教師を嫌って作家に転じた漱石だったが、最晩年まで教育者だった。そのことは、自宅を開放して多くの若手作家を育てたことからも明らかだ。たとえば、1916（大正5）年2月に芥川龍之介の「鼻」が発表されると、すぐに手紙を送り、「文壇で類のない作家になれます」「頓着しないでずんずんお進みなさい」と激励している。次世代にバトンを渡すかのように、漱石はその年の12月に亡くなった。

漱石逝去の8日前に、芥川は横須賀にあった海軍機関学校の英語教師になった。英語教科書も編集している（図1–11）。翌1917（大正6）年には最初の小説集『羅生門』を出版し、作家としての地位を確立する。作家と教師の「不愉快な二重生活」は多忙をきわめるが、授業の時間には巧みなジョークで生徒を笑

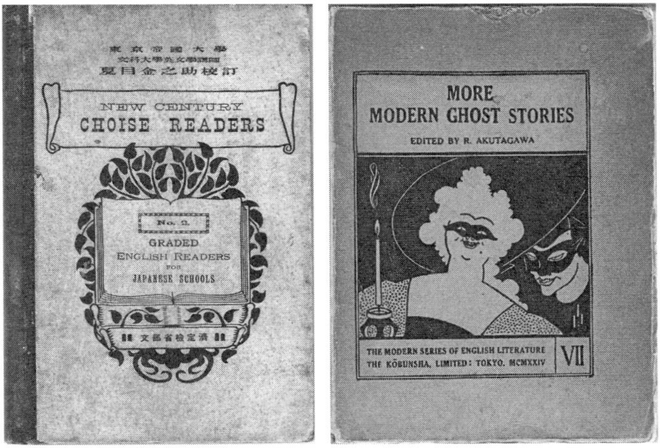

図1-11　漱石・夏目金之助（左）と芥川龍之介（右）が関わった英語教科書

わせたり、落ちこぼれを出さないよう「全員満点卒業」をめざして熱心に授業をしたようである。こうした経験の中から、英語教師が主人公の名作「毛利先生」(1919年)が生まれた。厳格な軍隊の学校にあって、芥川の授業はさながらオアシスのようだったと、ある生徒は回想している。機関学校時代の芥川については清水昭三が『芥川龍之介の夢──「海軍機関学校」若い英語教官の日』(原書房、2007年)で活写している。

島崎藤村の温厚

藤村(1872〜1943)は明治学院を卒業後、1892(明治25)年に明治女学校の英語教師になった。しかし、教え子との恋愛問題に悩み、その自責の念から学校を去って各地を漂泊する。その後、東北学院を経て、1899(明治32)年から信州の小諸義塾で英語と国語を教えた。7年におよぶ小諸での教師生活の中から、教師を主人公にした長編『破戒』(1906年)や小品集『千曲川のスケッチ』(1912年)が生まれる。教え子の林勇は藤村を次のように回想している。

> 先生は言葉遣いもていねいで、先生と生徒とを対等において話すというふうでした。講義はきわめてもの静かで、乱暴の気味は毛頭なく、親切ていねいで、肌合いの細かい教授ぶりに私たちは引きつけられました。生徒に接するその態度は、厚意の押売りという安易な方法でなく、いわば発動し

> てくるのを待つというふうでした。手紙でもなにか訴えるところがあると、多忙な間にも必ず親切な返事をくださるのが常でした。
>
> （蒼丘書林編『回想　教壇上の文学者』1980 年）

藤村は小諸義塾で『スペリングブック』、『ナショナル・リーダー』、『スウィントン英文典』などの教科書を使った。生徒の中には高等小学校で英語を学んできた者と、初めて習う者とが混ざっていた。ある日、1 年生の授業で「エー、エス、アズ。ビー、オー、ワイ、ボーイ」という調子で発音指導をしていると、小学校で英語を習った生徒たちが、退屈まぎれに耳を聾せんばかりの大声で発音した。すると藤村は授業を中断し、ニコニコと一同を見渡して、いたずら生徒の名前を散りばめた即興の物語を語り聞かせた。くだんの生徒らは自分たちが風刺されていることを知り、顔を見合わせ、頭をたれて黙り込んだ。叱らずに生徒の自覚を待つ。そんな藤村の教師像が浮かんでくる。

石川啄木の熱血

啄木（1886～1912）はストライキで英語教師を追い出し、盛岡中学校を中退する。1906（明治 39）年 4 月には無資格の代用教員として渋民尋常高等小学校に赴任し、希望者を集めて課外で英語を教えた。啄木の「渋民日記」によれば、授業は 4 月 26 日から放課後に連続 2～3 時間実施され、生徒も徐々に増えて好評だったようだ。彼は「英語の時間は、自分の最も愉快な時間である」として、「自分の呼吸を彼等の胸深く吹き込むの喜び」を記している。

この課外授業への熱い思いは、同年 7 月から書き始めた最初の小説『雲は天才である』の中で、主人公（啄木がモデル）の言葉として語られている。

> 自分のもっている一切の知識、一切の不平、一切の経験、一切の思想、――つまり一切の精神が、この二時間のうちに、機をうかがい時を待って、わが舌端より火箭となってほとばしる。的なきに箭を放つのではない。男といわず女といわず、すでに十三、十四、十五、十六という年齢の五十幾人のうら若い胸、それがすなわち火を待つばかりに紅血の油を盛った青春の火盞ではないか。火箭が飛ぶ、火が油に移る、ああそのハッハッと燃え初むる人生の烽火の煙のにおい！　英語が話せれば世界中どこへでも行くに不便はない。ただこの平凡な一句でも自分には百万の火箭を放つべき堅固な弦だ。
>
> （『雲は天才である』）

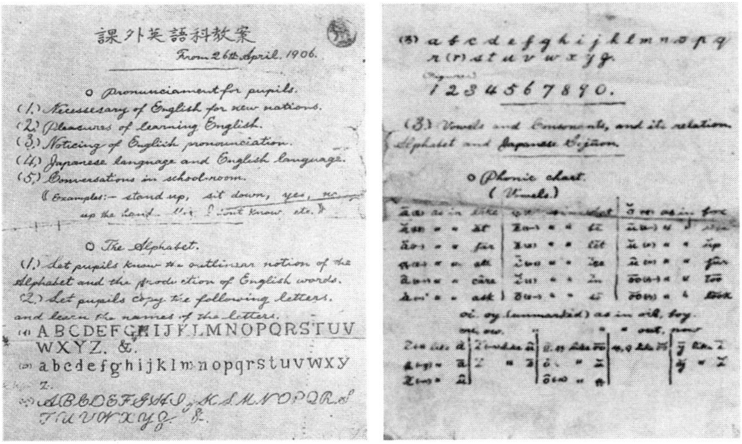

図 1–12　石川啄木自筆の英語教案（1906 年）　＊石川啄木記念館蔵

このとき啄木が書いた「課外英語科教案」が奇跡的に残されている（図 1–12）。冒頭に「新国家にとっての英語の必要性」に始まる「生徒諸君への宣言」が高らかに謳われている。

啄木自身は形式主義的な教案作成には反対だったが、明治末期の厳格な教育統制はそれを許さない。『雲は天才である』の中で、校長はこう言う。「学校には、畏（かしこ）くも文部大臣からのお達しで定められた教授細目というのがありますぞ。ほんとうの教育者という者は、その完全無欠な規定の細目を守って、一毫乱れざる底に授業を進めて行かなければならない」。この「教授細目」を「学習指導要領」と置き換えれば、1 世紀たった現在も何ら変わっていない。

しかし、啄木の反逆する魂は管理主義的な方針を許せなかった。在職 1 年後の 1907（明治 40）年 4 月には高等科の生徒たちと教育刷新のストライキを決行し、校長を転任させ、自らは免職される。

> 行く先を阻まれたからといって、そのまま帰って来てはだめだ。暗い穴がいっそう暗くなるばかりだ。死か然らずんば前進、ただこの二つの外に路がない。前進が戦闘（たたかい）だ。戦うには元気がなくちゃいかん。だから君はあまり元気を落としてはいけないよ。少なくとも君だけは生きていて、そして最後まで、壮烈な最後をとげるまで、戦ってくれたまえ。
>
> （『雲は天才である』）

４人の作家たちは、単なる「道具」としての英語のスキルを教えたのではない。ときに冷静に、ときに熱く、次世代の人間を育てるという目標に向かって、生徒の心に灯をともしたのだった。

第９節
職業系学校による英語教育の大衆化

戦前の英語教育はエリートの特権で、それを一気に国民大衆に開放したのが1947（昭和22）年に発足した新制中学校だと言われている。

では、旧制中学校に進めなかった子どもたちは、英語を学ぶ機会を奪われていたのだろうか。

戦前の英語教育は多層構造

戦前の学校制度は複線型だった。中学―高校―帝国大学へと進む男子の数パーセントが最エリートで、女子は中等程度の高等女学校が進学の花形だった。残る圧倒的多数は義務教育を終えて仕事につくか、「傍系」とされた職業系の学校、すなわち実業学校、実業補習学校、青年学校、師範学校などに進んだ。

近年、こうした職業系の学校でも相当な割合で英語が教えられており、戦前の英語教育は裾野の広い多層構造だったことがわかってきた。[15]

数字で見ると一目瞭然だ。たとえば、英語教科書の発行状況を筆者らの「明治以降外国語教科書データベース」で検索すると、戦前期の外国語教科書の検定認可点数（のべ）は以下のようになる。

中学校用	1,803（54％）	実業学校用	483（14％）
高等女学校用	435（13％）	師範学校用	424（13％）
高等小学校用	187（6％）		

＊複数校種での使用された教科書はそれぞれに算入

[15] 江利川春雄（2006）『近代日本の英語科教育史――職業系諸学校による英語教育の大衆化過程』東信堂

つまり、中学校用は全体の半分強にすぎず、職業系の学校の存在を無視しては、戦前の英語科教育史の全体像を正しく描くことはできないのである。

実業学校の英語教育

実業学校全体では、約9割が英語教育を行っていたようだ。学校種別の実施状況は、商業と商船が100%、工業が90%、農業・水産が70%、その他が50%程度だったと推計できる。

特に商業学校は貿易実務の必要から外国語が必修で、相当ハイレベルだった。特徴的なのは、「受験英語」が目的ではなかったために、今で言う「実践的コミュニケーション能力」が高かったことだ。たとえば三重県の四日市商業学校（現、四日市商業高校）は英語の名門校として君臨し、英語弁論部（ESS）は27回行われた全国中等学校英語弁論大会のすべてで優勝（16回）ないし準優勝（11回）している。

工業学校でも、ほとんどの学校で英語を教えていた。農業学校でも週2〜3時間程度は教えていた学校が多かったようである。実業学校専用の英語教科書も作られた。専門分野に関するESP（English for Specific Purposes）の要素を盛り込むことで、学習意欲を高めようとした工夫のあとが見られる。

師範学校の英語教育

小学校教員を養成した師範学校では、英語は長らく選択科目だった。週3時間程度だったが、明治20〜30年代には、時間数がほぼ倍だった中学校なみの高いレベルの英語教育を行っていた。年齢が高く、勤勉な生徒が多かったためだろう。

しかし1907（明治40）年に、文部省は学力に余裕のない生徒には英語を履修させないよう通達する。英語が差別選別の手段となり、英語の成績によってクラス分けをする学校まであった。1910年代に東京の豊島師範学校（東京学芸大の前身）で学んだ生徒は、次のように回想している。

> 成績のよくない、あるいは進度の遅れている生徒は、英語の学習をやらせてもらえなかった。（中略）卒業証書の裏面には、英語を履修したか否かが、はっきりと記載されている。英語を履修したということは、学業成績が良好であることの証明だったのである。運動部でも、英語の学習をしな

> い者は、選手として対外試合に出場させないという方針であった。
> （『撫子八十年』1988年）

その後、英語の必修化や時間数の増加を求める要求が高まり、ついに1925（大正14）年に男子で、1931（昭和6）年に女子で、英語が必修になった。

実業補習学校・青年学校など

実業補習学校は尋常小学校を終えた生徒に簡単な職業教育を施した学校で、1935（昭和10）年には青年学校に改組された。夜間課程も多く、エリートコースとは隔絶した勤労青少年の学校だった。それでも、都市部の、また男子の商業系と工業系の学校を中心に、時数やレベルは多様だったが、全体の2割程度で英語を教えていたようである。

英語教育には熱心ではなかったといわれる陸軍でも、幼年学校や士官学校などの幹部養成校だけでなく、陸軍造兵廠技能者養成所でも英語教育を行っていた。英語が敵国語とされた太平洋戦争下でも、見習工員のための英語教科書を刊行していた事実に注目したい（図1–13）。兵器製造などの工業技術の習得には英語が不可欠だったからである。

商業系の専修科などでは英語を週6～9時間も課した。1924（大正13）年に横浜商業専修学校（現、市立横浜商業高校定時制）に入学した生徒の回想を見てみよう。

> エリオットの『サイラス・マアナ』を教わった。名は夜学生に過ぎなかったかもしれないが、実力において専門学校の学生に負けない気迫をもっていた。勝俣先生は話術が巧みで、よく私達を話の世界へひき入れ、ユーモアにみちた話をされた。その課外の話などが後で『英語青年』に出たりするのをみて、私は天下の一般学生よりも一足先にこの先生の話を聴くことができることを感謝し、同時に誇りともしたのである。
> （『校友会雑誌・創立五十周年記念号』1933年）

「勝俣先生」とは、このとき早大教授で、『研究社和英大辞典』などを編纂した勝俣銓吉郎のことだ。『サイラス・マアナ』は、夏目漱石が東京帝大で教えた作品だから、ハイレベルぶりがわかる。

庶民の子弟が多く進学した高等小学校では、1940（昭和15）年ごろには英語

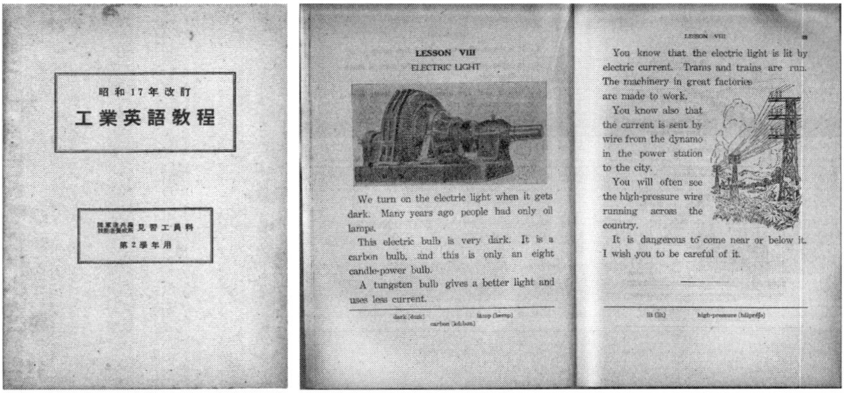

図 1–13　陸軍造兵廠技能者養成所見習工員科用『工業英語教程』（1942 年 8 月改訂版）

学習人口が 30 万人前後に達していたらしいことが、国定教科書の発行部数からわかる。これは同一年齢の中学生 19 万人をはるかに上回る。

戦後の英語教育大衆化を準備

1942（昭和 17）年ごろには、中等学校レベルの英語履修者は総計約 220 万人で、うち中学校と高等女学校の生徒は各 2 割強にすぎず、職業系の学校の生徒が過半数を占めるまでになった。こうした、一般庶民の子弟が多く学ぶ多様な学校への英語教育の普及こそが、戦後の英語教育大衆化の基盤を形成したといえるだろう。

戦前の職業系学校の英語教育には、乏しい授業時間への工夫、ESP 教材によるモティベーションの高揚、実用主義、コミュニケーション重視の指導など、独自のノウハウが蓄積されている。現在の英語教育に与える示唆は大きいといえよう。

そうした関心から、埋もれた「庶民の英語教育史」をさらにひもといていこう。

第10節
逆境をのり越えて

増え続ける仕事、疲れきった身体。英語力を磨くにも時間がとれず、気持ちがへこむ。よくあることだ。

元気をもらいたくなったら、逆境をのり越えた先輩たちの足跡をたどってみてはどうだろうか。

貧苦の中で

貧苦を克服して超一流の英語教師になった田中菊雄（1893～1975）の生き方をみると、朝ドラの「おしん」を連想してしまう。

田中は北海道に生まれ、家庭の事情で中学進学は無理だった。鉄道給仕や小学校代用教員の合間に、英語を独学する。それには睡眠時間を削るしかない。若き日の勉強ぶりを見てみよう。

> 私は睡眠時間節約のために、一切室に火をおかず、床をとらず、端然として机に向って、いよいよ眠くなってたまらなくなると、そのまま外套をかぶってゴロリと畳の上にねることとした。睡眠の深い間はあたかも死んだように寒さも覚えず、やや眠りが浅くなってだんだんと寒くなって目をさますと、すぐまた机に向うという極端な手段をとった。
>
> （『わたしの英語遍歴』1960年）

米国人に英語を教えてもらうために、勤務のあと毎週3回、どんな吹雪の夜でも1日も休まず、往復16 kmの道を歩いて5年間通い続けた。疲れはてて、路肩で眠ったこともあったという。

こうして、難関だった中等教員（1922年）と高等教員（1925年）の検定試験に合格し、旧制の中学校や高等学校で教え、戦後は山形大学と神奈川大学の教授を歴任した。温厚な人柄で、「菊さん」と呼ばれて学生から親しまれた。

著作も多く、なかでも世界最大の英語辞典*OED*を凝縮した『岩波英和辞典』（1936年初版）はユニークな逸品である。独学の経験を活かした『英語研究者の為に』（初版1940年）は英語への情熱がほとばしる名著で、講談社学術文庫にも入った。感動的な『わたしの英語遍歴——英語教師のたどれる道』（研究社、

1960年）とともに、英語をきわめるためのヒントにあふれている。生徒用には『英語学習法』（研究社、1938年初版）が重宝で、教師用の「教授法」ではなく、学習者の立場に立った「学習法」の画期的な本としてたちまち1万4千部を売り尽くし、田中菊雄の名前を一躍有名にした。[16] この本は戦後も改訂されて長らく読み継がれ、1941（昭和16）年には『英語勉強法』として文庫本にもなった。

ジャワでの敗戦抑留下で

1945（昭和20）年8月の敗戦後、日本の将兵は各地で抑留された。小樽高等商業学校（現、小樽商科大）出身で、陸軍主計中尉だった大庭定男もその一人だ。驚くことに、彼はインドネシア・ジャワ島の抑留地内で、1946（昭和21）年10月から12月までの26回にわたって、抑留日本人に英語の授業を行っていた。

戦勝国管理下での、帰国のメドも立たない焦燥感。炎天下で100 kgの米袋や石炭を船に積み込む報復的な労役。それでも、疲れた肉体にムチ打ち、大庭ら十数人は水浴場の電灯の下に集まり、帰国後に備えて、深夜まで英語の勉強を続けた。

教科書や参考書はなく、大庭は自分で教材を執筆し、ガリ版で印刷した。『初等英語講座』と題された全65枚のこの手作り教材は、復員時に奇跡的に日本に持ち込むことが許された（図1–14）。

その現物を見せてもらった。アルファベットから始まり、未来完了形までの英文法の基本が手際よくまとめられている。例文や練習問題を読むと、祖国帰還への願望と焦燥、戦争への反省と戦後民主主義への決意などが読みとれる。

> ○You may have gone back to your homeland by the end of this year.（諸君は本年末までに故国に帰還しているでせう。）
> ○When I came back to Japan, I found she had married a man.（私が日本に帰った時、私は彼女が一人の男と結婚していることを知った。）

---

16 田中菊雄（1963）「故小酒井五一郎さんと私」『小酒井五一郎追悼録』研究社（非売品）、pp. 210–211。なお、英語学習法の本としては大正期に渋谷新平編（1918）『英語の学び方』（大阪屋号書店）や第一外国語学校・村井知至編（1925）『英語研究苦心談――十六大家講演集』（文化生活研究会）などが出ている。前者には、神田乃武、斎藤秀三郎、井上十吉など26大家の談話筆記などが、後者には村井知至、安部磯雄、塩谷栄、熊本謙二郎などの講演記録が収められており、いずれもすこぶる面白い。

図1–14 ジャワ抑留下での『初等英語講座』プリント（1946年）＊大庭定男氏蔵

〇あなたは米軍が進駐した（occupy）前に戦争の実情（truth）を知る事が出来ましたか。
〇民主主義（democracy）は日本国民全部により了解されなければならぬ。

米軍統治下の沖縄・奄美群島で

1945（昭和20）年3月末からの3ヶ月に及ぶ沖縄地上戦は、5万の将兵と15万の民間人を殺戮し、地上を破壊し尽くした。

米軍占領下の沖縄の小学校では、英語が必修科目になった。沖縄文教部の「初等学校教科科目時間配当表」（1946年4月）によれば、1〜3年生に週1時間、4年生以上に2時間の英語を教えるよう定めているが、実際には週2〜3時間教えた学校が多かったようだ。小学校の英語教育は1957（昭和32）年度まで続いた。当時の事情を見てみよう。

占領当初英語ないし英語教育の問題は米軍政府にとって重要政策であって、できれば沖縄の教育を英語で行うことを意図していたであろうが、沖縄の教師はじめ教育関係者はこれに反対したので米軍政府は日本語による教育を認めるに至った。しかし日本語だけの教育課程は許されず初等学校一年から英語を正課にとり入れることになった。

（宜野座嗣剛『戦後沖縄教育史』1984年）

図 1–15　沖縄の手書き英語教科書（敗戦直後）

地上戦で学校も教科書も焼き尽くされていた。そこで、英語教師たちはガリ版刷りの英語教材を刊行する。大内義徳の研究[17]によると、初等学校低学年用の『英語のエホン』と高学年用の『English-book 英語読本 2』（図 1–15）などが印刷され、1950 年ごろまで使用された。ただし、こうした手製の教科書は部数が少なく、教師だけに配られたようだ。

そのころ日本本土では *Let's Learn English* や *Jack and Betty* が大人気で、主人公はアメリカ人だった。しかし、『English-book 英語読本 2』には沖縄の人名や地名が随所に盛り込まれており、米軍の砲火と統治に苦しんだ県民感情が伝わってくるようだ。

英語教員の養成も困難をきわめた。1946（昭和 21）年 1 月には、具志川村の米軍駐留地跡にテント張りの沖縄文教学校が開校され、修業期間 3 ヶ月の外国語部も置かれた。卒業生の又吉政助は、当時の様子をこう語っている。

> テキストには米軍が引揚げた跡から新聞雑誌を拾ってきて使いました。*Spoken English* というのがあり、丸暗記するまで読みました。英和辞典もあり、Property of USA と判が押してありました。4 人一組のテントで 30 分ずつ書き写しました。重油のランプで鼻を真黒にして。
>
> （大内義徳「戦後の沖縄における英語教育」1995 年）

[17] 大内義徳（1995）「戦後の沖縄における英語教育」『日本英語教育史研究』第 10 号

奄美群島も1946(昭和21)年から1953(昭和28)年まで米軍の占領下に置かれた。そのため、本土では民主主義教育が開始されていたにもかかわらず、奄美群島には新制の教科書も教育資料も届かなかった。格差は広がるばかり。

そこで、奄美大島の中学校教師だった深佐源三らは1948(昭和23)年夏に教職を辞し、船員に化けて本土に密航した。教科書、教育法令資料、謄写版印刷機などを島に持ち込むためである。こうして奄美群島では1年遅れで6・3・3制が開始され、教科書も複製されて子どもたちに配られた。

しかし、深佐は再び教壇に立つことはなかった。教師の密航が米軍政府に知れれば、罪が同僚に及ぶからだ。

多忙化の中で、今が最悪と思いがちだ。でも、元気を出そう。教育の力と子どもたちの成長を信じて。

第11節
教科書採択の昔と今

「ゆとり」から「たしかな学力」へ。学習指導要領の方針が動揺するなかで、教科書は4年ごとに改訂される。

子どもたちのために、良い教科書を採択したいものだ。教科書採択の歴史をふり返ってみよう。

敗戦の焼け跡の中から

1947(昭和22)年4月に新制中学校が発足し、エリートの特権と見なされていた外国語を誰もが学べるようになった。その最初の教科書は、文部省が大急ぎで作った*Let's Learn English*(全3巻)だけで、採択を論じる余地はなかった。

その教科書すら、多くの学校では生徒全員には届かなかったようだ。当時の事情を、愛媛県の中学校教師だった祐本寿男はこう回想している。

> 一つだけ戦前と比較にならぬものは生徒等の強い英語への情熱であった。いつも彼等の好きな学課のtopを占めていたのは英語である。戦後版教科書*Let's Learn English*が六月になってやっと届いた時、生徒等は歓声を挙げてこれを迎えた。彼等は新聞紙ならぬ「本」になった教科書に頬ずりし

ていた。そしてくじにはずれた半数の者はくやし涙を流してさえいた。
（「一中学教師の十年」『英語教育』1956年1月号）

発足時の新制中学校は、英語を専門とする先生がほとんどおらず、教材もままならない。生徒の英語学習熱だけを頼りに出発したのだった。

「教師の個性で自由に教科書裁定を！」

こう熱く語るのは、文部省の教科書編集官だった宍戸良平だ。彼は研究社の『新英語教育講座』（1949年）に寄せた論文の中でこう述べている。

やがて用紙事情も好転し、印刷能力が回復したあかつきには、いろいろな教科書が出るべきであり、教師はおのおのその個性にしたがって自由に裁定すべきである。

中学校の教科書は、チョークの粉でまみれた中等教員の手で書かれなければならない。

（「英語教育関係法規及びコース・オブ・スタディーについて」）

立派な方針である。こうした文部省の発言は正確に記録しておく必要がある。いま「教育荒廃」を教師や教職員組合による「戦後民主主義教育」のせいにして、教育基本法の改変を正当化しようとする論調があるからである。しかし、それは歴史の歪曲だ。少なくともある時期まで、戦後民主主義教育の旗振り役だったのは文部省だった。歴史に無知だと、デマゴーグたちの扇動を打ち破ることはできない。この時期の文部省の見解をもう少し見てみよう。

「教科書で平和と民主主義を教えよう！」

これは組合のスローガンではない。文部省が1951（昭和26）年に改訂し、翌年に刊行した『中学校高等学校学習指導要領外国語科英語編（試案）』の中の「英語教科書の採択基準試案」で述べていることだ。悲惨なアジア・太平洋戦争が終わって6年、教育基本法に導かれて平和と民主主義の精神を国民に徹底させることこそ、英語教科書の責務だった。その採択のための留意事項を、指導要領は次のように述べている（一部抜粋）。

- 教科書の選択にあたっては教師みずからが審査員であることを自覚しなければならない。
- 教科書の内容は、平和国家の市民にふさわしい真理と正義との尊重・責任感および勤労に対する関心を発達させるような、教育基本法に述べられている教育の目的に合致しなければならない。
- 民主的な生活様式を発達させ、国際的観念と平和愛好心とを養うのに役立つこと。

(『学習指導要領外国語科英語編（試案）』1952年)

「国際的観念と平和愛好心」という一文はいま、偏狭な「国を愛する心」にねじ曲げられようとしている。もう一度、戦後教育スタート時の精神を取りもどす必要があるだろう。

この頃、中学校の教師たちは展示会に出かけ、気に入った教科書を選ぶことができた。宍戸（文部省）の「いろいろな教科書が出るべきであり、教師はおのおのその個性にしたがって自由に裁定すべきである」という主張が実現していたのである。

2006年度からの中学用英語教科書は6種類だけだが、1952（昭和27）年には26種類も発行されていた。それでも戦前にはかなわない。ピークだった1930年には中等学校用の検定教科書だけで112点が認可されていた。旧制中学校が5年制だったことを考えても、その多様さに驚かされる。外国語科の教科書行政に関する限り、現状は戦前にも劣ると言えないだろうか。

いつから、なぜこうなったのだろうか。

広域採択制による「国定」教科書化

1955（昭和30）年に、保守と革新とが対峙する「55年体制」が始まり、教育もその主戦場となった。政府文部省は1958（昭和33）年告示の学習指導要領から法的拘束力を主張し、教科書を「実質的に国定化」する方針をとった。

現在の検定は学習指導要領の基準にのっとり、厳格に実施されているので、内容面においては、実質的には国定と同一である。（中略）なお今後、教科書出版企業の許可制の実施および広域採択方式整備のための行政指導を行なえば、国定にしなくても五種程度に統一できる見込であるので、

> 国定の長所を取り入れることは現制度においても可能である。
> （文部省「義務教育諸学校児童生徒に対する教科書の無償給与実施要項案問題点」1961 年）

1963（昭和 38）年に広域採択制が実施されると、採択は学校単位から広域ブロック単位となり、教師から採択権が奪われ教育委員会に移された。

教科書の「勝ち組」と「負け組」が歴然となり、中学校の英語教科書は 1960（昭和 35）年度の 24 種が 2 年後には 12 種に半減、さらに 1975（昭和 50）年度の 4 種にまで激減した。「実質的な国定化」をねらう文部省の作戦どおりとなったのである。

1990 年代からのコミュニケーション重視の下で文字が減り、2002 年度からは中学校外国語の時数が週 3 時間に減らされたことで、教科書の中身がますます希薄になった。外国語教育には反復練習が大切だから、薄くて字数が減れば易しい教科書だとは限らない。このままで、子どもたちに「基礎基本」を保障できるのだろうか。最後に視点を変え、外国の教科書を見てみよう。

中国の教科書のボリュームは日本の 2 倍

日本でシェアが 1 位の中学用英語教科書（3 冊）と、中国の代表的な中学用教科書 *Go for it!*（2004 年発行、5 冊）を比べてみた。日本の教科書の本文の合計は 331 ページ、中国のは合計 760 ページ、つまり日本の約 2.3 倍だ。しかもサイズは中国の方が大きめだ。中国の英語が週 4 時間程度であることを考慮しても、日本の中学生の約 2 倍の量の教科書をこなしているようである。語彙数も 3,000 語を超え、レベルが高そうだ。

もちろん、教科書を厚くすればよいというわけではない。しかし、「個に応じ

図 1–16　中国（上）と日本（下）の中学用英語教科書のボリューム

た教育」を実践するには、タイプの異なるさまざまな教科書を教師が自由に選択できることが必要だ。ILOやユネスコが謳っているように、教科書の採択権は教師にある。その権利を再び取りもどそう。

第12節 異文化へのまなざし

「お父さん、外人ってなんであんなにキレイなの？」

中学生の娘が上気した顔で言った。指さす方向には金髪の白人女性がいた。

「べつに白人だからキレイってわけじゃないよ」とキレイ事を言ったが、納得しない。

日本人の外国人や異文化へのまなざしは、どう変わったのだろうか。

「半文明人」の烙印を押されて

鎖国から開国へ。文明開化の日本人は西洋人をどう見ていたのだろうか。それを知る手がかりが、明治前期によく使われていた『ミッチェル地理書』(*Mitchell's New School Geography* 1872米国刊）である。この本は人種を5分類し、人類の発展段階を野蛮人（Savage)、未開人（Barbarous)、半文明人（Half-Civilized)、文明人（Civilized)、文明開化人（Enlightened）の5段階に区分している。科学風の言説で西洋の植民地主義を粉飾した地誌人類学にもとづく説だ。図1–17左上のヨーロッパ人種についての記述を見てみよう（原文は英語)。

> 色白で立派な顔立ちとよく発達した体格をしている。人類の中で最も進歩した知的な人種であり、最高度の進歩と文明を達成する能力があると思われる。
>
> 文明開化した国民は道徳、司法、教養の面で最も進歩しており、（中略）安楽で贅沢な暮らしをし、国民の大部分は満足感と繁栄にみちた生活を享受している。

なんとも手前ミソの記述だ。他方で、日本人は中国人やトルコ人などとともに挿絵右下の「半文明人（＝半開人)」(Half-Civilized）に区分されている。人種

図 1–17 『ミッチェル地理書』（1872 年）の文明観

的には「気質は忍耐強く勤勉だが、才能に限界があり進歩が遅い」、「外国人を警戒し、自国の女性たちを奴隷扱いする」と記されている（高梨 1985b 参照）。明治の人々は焼けるような痛みを感じたことだろう。

当時の新知識は欧米の舶来教科書から入ってきたから、こうした欧米中心主義の文明観を母乳のように吸収したわけである（詳細は第 3 章第 12 節「英語帝国主義」参照）。その母乳の毒素が、西洋崇拝と白人コンプレックス、自己卑下とアジア蔑視を再生産し、「脱亜入欧」思想を誘発する。

文明論から「脱亜入欧」論へ

自分を「半文明人」と認識した日本のエリートたちは、欧米的な「文明人」への脱皮を図り、返す刀でアジアの隣国を斬り捨てる。帝国主義的な姿勢を強め、白人への劣等感と周辺諸民族への優越感を増殖させる。その宣言が 1885（明治 18）年に発表された福沢諭吉の「脱亜論」である。

> 我が国は隣国の開明を待って共にアジアを興す猶予はない。むしろその隊伍を脱して西洋の文明国と進退を共にし、その支那・朝鮮に接する法も隣国だからといって特別の会釈には及ばない。まさに西洋人がこれに接する風に従って処分すべきのみ。悪友と親しむ者は共に悪名を免れない。われは心においてアジア東方の悪友を謝絶するものである。
>
> （『福沢諭吉全集』第 10 巻）

福沢は幕末・明治前期における英学の総本山だった慶應義塾の創設者であり、「天は人の上に人を造らず」で有名な啓蒙思想家だった。その彼が明治中期には侵略主義に転落してしまった事実は、「英語と近代化」を考える上で重い課題を提起している。1万円札に描くべき人物か否かも含めて考えたい。

この後、日本は日清戦争（1894–95年）、日露戦争（1904–05年）、日韓併合（1910年）を経て、アジア・太平洋戦争へと突き進む。

敗戦と米軍の占領によって、米国と白人へのあこがれが加速される。新制中学用の英語教科書で圧倒的な支持を集めた *Jack and Betty* シリーズは、アメリカの白人中産階級が中心だった。

英会話学校は相変わらずの人気だ。CMで「講師はみな外国人」と謳っていたが、この「外国人」や “native speaker” とは「白人」を意味する記号だ。ダグラス・ラミスが『イデオロギーとしての英会話』（1976年）で風刺したように、日本では「皮膚が白いだけで金になる」のである。

日本人の異文化へのまなざしは歪んではいないだろうか。下の表を見てみよう。

表1–1　諸外国に対する親近感

	親しみを感じる	親しみを感じない	わからない
アメリカ	77.6%	20.1%	2.3%
ヨーロッパ諸国	55.6%	36.7%	7.7%
南西アジア諸国	19.2%	67.8%	13.0%
中近東諸国	15.4%	72.4%	12.2%

総理府の調査　1999年

アメリカに親しみを感じる日本人は77.6%に達するが、中近東諸国に対しては15.4%にすぎない。これではアメリカとイラクが戦争をした場合、まるで巨人ファンや阪神ファンのように、最初から応援する相手が決まってしまう。明治初期の『ミッチェル地理書』のような歪んだ文明観を、21世紀の日本人は本当に乗り越えたのだろうか。

歪みのない公平な眼をもった世代を育てることが異文化理解の課題である。それは可能だろうか。

庶民の異文化接触

政治家やエリート層とは違って、一般庶民の異文化接触は大らかで人間愛に満ちているようだ。歴史教科書によく登場する「黒船絵巻」には恐ろしそうな

図 1–18　酔ったアメリカ人水兵をからかう庶民の女性たち（1854 年）

ペリー艦隊が描かれているが、一般庶民を描いた「下田絵巻」には、people-to-people diplomacy とでもいえるような微笑ましい異文化交流が描かれている。上の図では、酔ったアメリカ水兵を陽気にからかう庶民の女性たちが活写されている。外国人に対する偏見も劣等感もない。これが本来の異文化へのまなざしなのだろう。

1889（明治 22）年に津軽半島沖で遭難したアメリカ船員を救助した青森県車力村の人々もそうだった。浜に引き揚げられた船員ウィルソンは、身体が完全に冷たくなって瀕死の状態。人工呼吸でも蘇生しないと見るや、漁師の女房「おはん」は、帯を解いて氷のような船員を素肌で抱きしめた。

> 彼女の柔肌を流れる温かい血潮は、今まさに異国において昇天しようとするこの名も知らない毛色の変わった外人を助けたい真心から一切を超越した純愛に燃えたぎっていたのであったろう。（中略）恐ろしい死の影が宿った蒼白い彼の顔色は次第次第に紅潮してきた。そして、かすかに虚ろな目を開いてくれた。（中略）大慈大悲の女神そのままの愛の素肌に救われて完全に蘇生したのである。
>
> （『車力村史』＊松島駿二郎『異国船漂着物語』より）

異文化理解の原点は人間への愛と信頼だ。

日本の近代化に果たした「英語」の役割は絶大だった。しかし、「英語」というフィルターだけを通して世界を見ていると、歪んだ世界像になるのも事実である。この国の言語政策を根本から考え直す時期に来ているのではないだろうか。

第13節
先輩たちの闘いから学ぼう

「英語が使える日本人」を作れと言いながら、中学校の外国語を週3時間に削減する。政府がこんなデタラメな方針を出したら、ヨーロッパの教員ならストライキで抵抗するだろう。

「おかしい」と誰もが気づきながら、多忙化の中で効果的な反撃ができない。それでも、粘り強く「おかしい」と言い続けよう。

鋭い言語感覚の重厚な人間を育てよう

抵抗するには知恵と仲間が必要だ。本章では歴史が知恵の宝庫であることを具体的に述べてきた。そうした貴重な歴史を知らないために、日本の英語教育は失敗をくり返してきたともいえる。

たとえば、いま流行の小学校英語教育論に関して、鳥居次好(当時、静岡大)は早くも1972(昭和47)年に次のように述べていた。

> 1. 小学生が英語を学んだために、日本語がいっそうじょうずに使えるようになった、と言われるように計画すること。
> 2. 小学生に英語を教えたために、英語を知らない他人を軽蔑したりするような軽薄な人間を生んだ、と言われないように計画すること。
>
> この2つのことは、幼稚園や小学生の英語教育だけでなく外国語教育全般について言えることである。外国語教育の究極の目標は、言語に対する鋭い感覚を持った重厚な人間を育てあげることである。外国語教育が、ただその外国語を使えるようになることだけに目標を置いている限り、学校教育における外国語教育の位置はますます低いものになっていくであろう。 (「英語教育時評」開隆堂『英語教育』1972年5月号)

3分の1世紀も前の論考だが、現在の英語教育への鋭い警告として読めるのではないだろうか。

小学校英語は空前のブームだ。しかし、「日本語がいっそうじょうずに使えるようになった」とか、「英語を知らない他人を軽蔑したりするような軽薄な人間」を生んでいないと胸を張れるだろうか。

実践的コミュニケーション重視が国策だ。しかし、「外国語を使えるようになることだけに目標を置」くならば、実際に使う必要のない95%の人には無意味となる。公教育の目的が「人格の完成」であることを原点に立ち返って思い起こそう。

「言語に対する鋭い感覚を持った重厚な人間を育てあげる」とは、権力によるウソを見やぶり、物ごとの本質を見極めることのできる主権者を育てあげることである。たとえば、イラクへの「人道支援」とは「海外派兵」であり、教科の3割削減を打ち出した「ゆとり教育」とは「生徒の切り捨て策」であることを見抜ける国民を育てることである。

「週3」は生徒の切り捨て策

言語感覚を研ぎ澄まして英語「週3時間」の意味を考えてみよう。数字の背後に潜む驚くべき教育政策が見えてくる。「週3」は、一握りのエリートを育て、他の生徒は切り捨ててよいとする政策を象徴する数字なのだ。

1998年告示の学習指導要領を構想したのは教育課程審議会である。その会長だった三浦朱門は、「ゆとり教育」とは「エリート教育とは言いにくい時代だから、回りくどく言っただけの話だ」と露骨に述べている(2000年7月)。このとき三浦は、教育改革の本音を次のように吐露している。

> できん者はできんままでけっこう。戦後五十年、落ちこぼれの底辺を上げることばかりに注いできた労力を、これからはできる者を限りなく伸ばすことに振り向ける。百人に一人でいい、やがて彼らが国を引っ張っていきます。限りなくできない非才、無才には、せめて実直な精神だけを養っておいてもらえばいいんです。
>
> (斎藤貴男『教育改革と新自由主義』2004年)

「英語が使える日本人」を作れと言いながら、なぜ「週3」に削減したのか。「戦略計画」がなぜ英語エリートだけに手厚く、苦手な生徒への言及がないのか。その謎を解くカギが、この三浦の発言だ。

つまり、一般の公立学校は教科の3割カットで「できんままでけっこう」。「せめて実直な精神だけを養っておいて」滅私奉公で働かせ、お国のために戦地に送ればよい。反対に、「できる者を限りなく伸ばす」のはSELHi(文科省指定のスーパー・イングリッシュ・ランゲージ・ハイスクール)や教育特区や私立・国立エリート校。要するに、ねらいは新自由主義的な公教育の切り捨てであり、機会均等を謳った戦後教育理念の放棄と格差拡大である。

この路線の本格的な具体化が、「英語が使える日本人」育成構想（2003〜07年度）と「週3問題」だから、英語教員の責務は重いといえよう。今こそ、先輩たちの闘いの歴史にアクセスしよう。

1980年代の「週3」反対運動から学ぼう

「週3問題」への闘いをふり返ってみよう。中学校指導要領の改訂で、1981（昭和56）年度から英語が完全な週3時間体制となった。これが、いわゆる「落ちこぼれ」を誘発し、公立離れと塾の乱立を引き起こす。その81年に、若林俊輔（東京外大）を事務局長とする「中学校英語週三時間に反対する会」が結成され、反対署名運動、国会請願、陳情などを展開した。雑誌『新英語教育』は毎号反対キャンペーンを続け、1982年11月号では「週3時間体制打破の道を探る」を特集している。こうした粘り強い全国的な闘いの結果、1989（平成元）年の指導要領では実質4時間に戻された。攻防は続き、1998（平成10年）版の指導要領では英語が週3時間にされたが、高まる批判のなかで2008（平成20）年には再び週4時間に戻された。文部行政の腰は定まらない。

「反対する会」の代表幹事だった隈部直光（当時、大妻女子大）は次のように回想している。

> 週3反対の会は、文部省を動かすのは国会だから、衆参両院の文教委員会に対する請願運動から始めた。（中略）国会・政治を動かすのは経済界だろうから、経団連の大物・理事クラスの人にも交渉に行こうと、若林さんと2人で出かけたこともあった。2人ともあやしい人物と見られたのか、玄関で持ち物検査を入念にやられた記憶がある。
>
> 全国各所で研究会や集会があるたびに2人は飛び回った。熊本の人吉市のように市議会が「週3」反対の決議をしてくれた時などは大いに励まされたが、何度も挫折感を味わうこともあった。ある時、私は夢をみた。死期が近いのである。私は若林さんを呼んでもらった。彼の手を取って私は言った。「もう駄目だ。でも週3反対だけはやりとげてくれ。」
>
> （「若林さんと私」『私家版英語教育ジャーナル』1995年）

ところが、2002年に若林の方が先に亡くなってしまった。日本英語教育界に

図 1–19　隈部直光と若林俊輔
（語学教育研究所提供）

とって、あまりに大きすぎる損失だった。若林は最後まで日本の英語教育を憂い、闘う意志を固めていた。

> ここ 10 年くらいだろうか、わが国の英語教育について、シロウトの発言が無闇矢鱈に大きく強くなってきた。（中略）英語について言えば、今や全国的に「英語狂騒曲」。調子はずれのトランペットを主旋律として、和音も何もなく、ただわめき散らしている。（中略）命のある限りは、この「英語狂騒曲」と戦い続ける所存であります。
>
> （『語学研究』99 号、拓殖大学、2002 年）

先輩たちに学び、その意志を引き継ごう。そしてシロウト主導の「英語狂騒曲」に終止符を打とう。すべての子どもたちに「学び」を保障し、一人たりとも切り捨てを許さないために。

英学雑談１

忘れられないあの１時間目

「ジビキは必ずもってこい。人に貸したり、借りたりするなよ。ジビキにへんな癖がつくからな」

40 年近くたったいまも、堀越先生のこの言葉が耳に残っている。中３の最初の時間だった。

「字引」なんて、当時でも古めかしい言葉だった。地引き網を連想した。イワシみたいに、単語を一網打尽にするわけか。

「ジビキにへんな癖がつく」というのこそへんだ。人間に悪い癖がつくのはわかる。他人に頼る癖、甘え癖。でも、なんでジビキの癖まで心配しなけりゃいけないんだ。

先生は白髪の老人で、ちょっと赤ら顔。いつも杖をついていて、ときどきはその杖で生徒をピシャリとやるらしい。当時は映画の座頭市が大人気で、ぼくはその杖が仕込み杖に見えた。

中 1、中 2 は教科書の巻末にある単語欄の訳語でお茶を濁してきたが、今度はそうはいかない。堀越代官のジビキ持参令が出たかぎりは、従うしかない。以来、ジビキを忘れたことはない。

授業中ぼくたちがちょっと詰まると、「ジビキ引け！」。先生は漁労長のようだった。号令一下、一糸乱れずジビキに取りつく。知っている単語でも、何度も引かされた。

「ジビキほど安いもんはないぞ。先人の苦労が詰まっとる」

安いと言われたって、ぼくのジビキは旺文社の雑誌『中１時代』の付録だったから、タダ。それでも、辞書を書く人はたいへんだろうとは思った。後年、辞書の執筆を頼まれたとき、塗炭の苦しみを味わった。辞書はたしかに安い。

「ジビキさえあれば、どんな英語もわかるんじゃ」

ほとんど信仰に近い。でもいま、ぼくもその信者だということを告白できる。

そして、例の「ジビキの癖」論。ぼくらは自分のジビキに癖をつけようと考えた。ななめにぎゅっと押しつぶしたり、小口をカリカリひっかいたり。なかには 1 ページずつクシャクシャにした奴もいて、辞書がボワーっと拡がっていた。もちろん、引いた単語にはガシガシ線をひく。それがどんどん増えていく。征服した領土を広げる喜びを感じた。

高校に入ると辞書なしには一歩も進めなくなった。ジビキを親友として英語と格闘する日々。難攻不落の英文に出くわすと、親友が戦友になった。ラッセル、モーム、トインビー。まさに冬山をラッセルしながら縦走する気分で、一語一語ジビキを繰りながら進んだ。はじめは濃い霧で何も見えない。少しずつ晴れて、周囲の地形がおぼろげに見えてくる。全文がつながり、展望が一気に開けるあの瞬間。ジビキの魔力を味わうには峻険な英文ほどよい。覚えるしかない日常会話では、あの醍醐味はわからない。

他人の辞書は引きにくい。妙によそよそしい。それがわかったのは高校 2 年の頃だった。好きな女の子ができた。話しかける口実はなんでもよかった。「ちょっと辞書かして」。同じ辞書なのに、ぼくのジビキとは何かが違う。ビニールカバーはうっとうしいから、ぼくは剥がす。彼女は付けたまま。ぼくは小口の中央部に指をあてるから、そこが黒くなっている。彼女は上部の角に小さな指をあてる。ぼくみたいにガシガシ線を引かない。だから、彼女の辞書は上品で可愛らしい。でも、ぼくの癖には馴じまない。別れたのは、そのせいばかりじゃないけど。

中学を出てから 25 年ぶりに同窓会があった。カッコよかった彼も、キュートだった彼女も、みんなオジサン、オバサン。料理には手もつけず、想い出話に花が咲いた。来賓の先生方のなかに、ぼくは堀越先生をさがした。白髪に赤ら顔。杖。でも、来られてなかった。亡くなったと聞かされた。同期で英語教師になったのはぼくひとり。一言お伝えしたかった。

「先生のおかげです」

第2章
英語教科書の歴史から学ぶ

1916（大正5）年から現在までロングセラーを続ける *Crown* シリーズ

第 1 節
戦前の英語教科書は個性豊か

英語教科書――知ってるつもり !?

苦楽をともにした英語教科書も、年度が終われば資源ゴミ。西洋文明を移入した立役者であり、日本人の対外観や言語観の形成に大きな足跡を残したはずなのに、その歩みはあまり顧みられてはいない。

そこで問題。次の記述は Yes か No か？

Q1.　1886 年の検定条例によって、小中学校はみな検定教科書を使うようになった。

Q2.　外国製の教科書は検定認可されなかった。

Q3.　教科書にカラー印刷が登場したのは大正時代だった。

Q4.　検定英語教科書を一番たくさん書いたのは斎藤秀三郎だった。

Q5.　中学用の検定英語教科書の数は、戦後は 2006 年度分までで 149 種類だが、戦前はその 3 倍あった。

Q6.　文部省検定済の外国語教科書はすべて英語用だった。

Q7.　太平洋戦争期には英語が圧迫され、検定教科書の新規発行が禁止された。

Q8.　小学校用の国定教科書には英語用はなかった。

これらの質問に沿いながら、戦前の英語教科書の流れをたどってみよう。なお、数値は筆者らの「明治以降外国語教科書データベース」に拠る。

さて、質問の解答。実は、ぜんぶ「No !」

大らかな戦前の検定制度

Q1.　たしかに、1886（明治 19）年に検定条例が出されると、翌年の 3 月 15 日に検定認可されたチリメン本の James, K. M. 著『学校用及家内用日本昔噺』を手はじめに、3 年間で 34 種もの検定英語教科書が出された。不平等条約改正の機運のなか、鹿鳴館では夜な夜な舞踏会が催され、西洋人に擬態した貴婦人らが欧化政策を謳歌した時代である。教育界では森有礼（ありのり）文部大臣が英語重視政策をとり、世は空前の英語ブームに沸きかえっていた。ところが、条約交渉が

図 2–1　米国舶来の *New National Readers* と自習書

頓挫し、「教育勅語」(1890 年) が出される頃から流れが一変する。検定教科書発行のバブルがはじけ、1894 (明治 27) 年にはついにゼロに。実は、この頃の検定英語教科書はほとんどが高等小学校 (学齢 10～13 歳) 用だったが、天皇制国粋主義の逆風が強まるなかで、小学校の英語科が急速に廃止されていったのである。

ところが、エリート教育機関だった当時の中学校はまったくの別世界。末は博士か大臣かと、進学のために週 7～10 時間もの時間を外国語に割いていた。教科書は高価な英米の舶来ものを使うのがステータスで、格の落ちる国産の検定教科書には冷ややかだった。中学校令 (1886 年) は「検定教科書に限るべし」と謳っていたものの、てんで無視された。行政がエリートに甘いのは今も昔も同じだ。

舶来好きは当時の師範学校も同じ。筆者の勤務先は旧制和歌山師範学校が前身だが、図書館の薄暗い書庫の奥で黄金色に輝く膨大な数の *New National Readers* (1883～84 年; 図 2–1) に出くわしたときには仰天した。書架 1 つを占領し、数えたら 256 冊もあった。明治後期の師範学校は給費制で、教科書も学校から貸与していたために、これだけの数が今に残ったのだろう。この米国舶来教科書の人気ぶりを思い知らされた。明治前期に使われた *Willson Readers* のようなキリスト教色がほとんどなく、多くの教材が後の検定英語教科書や国語教科書に使われた。この名教科書は、アメリカの田園生活を活写した 1 巻から始まって、英米文学の一大アンソロジーたる 5 巻に終わる。4 巻と 5 巻の訳注が『英語青年』誌上に登場したのが 1908 (明治 41) 年で、市河三喜などの諸大家が 1929 (昭和 4) 年まで延々と連載した。『ナショナル第四読本研究』はこれをまとめたものだが、研究社の合冊版は実に 1954 (昭和 29) 年にも出ているから、影響は戦後にまで及んだことになる。

Q2. 当時の検定制度の大らかさは、外国で発行された教科書がそのまま検定認可を受けられたことにも示されている。たとえば、ロンドンのNelson社から発行された*The Royal Prince Readers*は「明治40年3月28日文部省検定済」のゴム印が押されて合格。この他、MacmillanやChambersの教科書も日本の検定に合格している。

なお、先の*Royal Prince*にはカラーの挿絵が登場しているから、**Q3.** もNoだ。

検定英語教科書の隆盛

一度は途絶えた検定教科書だが、1895（明治28）年ごろから息を吹き返しはじめる。その先駆となった1冊が同年に検定認可を受けた菅沼岩蔵*Primary English Grammar*（初等英文典）だった。菅沼は静岡尋常中学校の教諭で、のちに一世を風靡した神田乃武*Kanda's New Series of English Readers*（1899年検定）の実際の執筆者だった（『三省堂の百年』）。地方の中学教師が単独で検定教科書を編めるまでに、日本の英語教育界は成熟していたのである。

この時代の英語ブームの引き金となったのは「内地雑居」問題である。1894（明治27）年に日英通商航海条約が締結され、開国以来の不平等条約の撤廃と引き換えに、外国人の自由な居住・旅行・営業を許可する内地雑居が1899（明治32）年から認められることになった。もしお隣に外国人が越してきたら大変だと、英語のにわか勉強が広がったのである。やれグローバル化だ、英語を学べと叫んでいる現在とちっとも変わらない。当時の新聞を見てみよう。

> **●英語の必要急なり**
> 内地雑居の暁に第一の必要は英語なり。店の小僧もこれを解せざれば商売すること能はず。巡査もこれを知らざれば取締るを得ず。国粋熱のために一時その流行は廃れたれども実際の必要はいよいよ急なり。小学校に於てはこれに力を用ふること肝要なるべし。
> （『時事新報』1898年3月20日号）

英語市場は一気に広がり、20世紀は一大検定教科書ブームによって幕開けした。最初の2年間には毎年60種以上が新規に刊行された。こうして国産の検定教科書は舶来本を駆逐しつつ、1910年時点で中等学校の英語教科書の

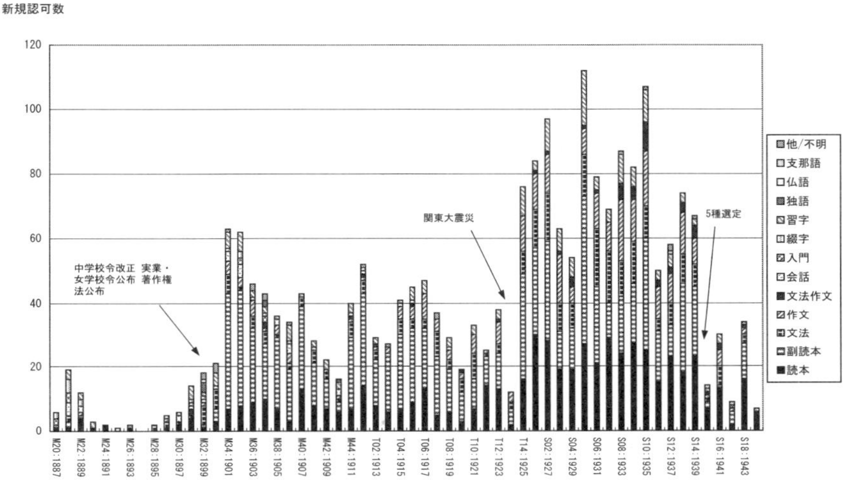

図2–2　検定外国語教科書の発行状況グラフ（戦前）

96%を占めるまでになった。背景には、著作権法（1899年）による舶来本翻刻の困難化、内地雑居に次ぐ日英同盟（1902年）と日露戦争の勝利（1905年）による英語ブームの過熱、中等学校の急増による教科書市場の拡大があった。日露戦争といえば、勝利に酔いしれるなかで、戦記物の題材が教科書をにぎわした。副読本でも、東郷吉太郎他 *The Naval Battles of the Russo-Japanese War*（1907年）など5点の日露戦争ものが検定をパスした。生徒への影響が気になる。

明治末期の検定リーダー類は、舶来教科書の焼き直しが多かった。採択率第一位を占めていた鐘美堂編集部編 *Standard Choice Readers*（1902年）は、英米の4大リーダーから材料をchoiceして再構成したもので、まさに舶来リーダーから国産リーダーに転換する過渡期の産物といえる。ちなみに“Choice”を冠した教科書は38種あり、夏目漱石も *New Century Choice Readers*（1905年）を校閲しているが、材料は寄せ集めで、彼の小説のような独創性はない。

綴字書は1903年に、会話書は1909年に消え、総合教材化したリーダーに取り込まれた。検定リーダーには神田乃武（ないぶ）、井上十吉、岡倉由三郎、熊本謙二郎などのキラ星のような英学者たちが名を連ね、各自の英語教育観にもとづく個性あふれる教科書が覇を争った。当時は文部省の規制など無いに等しく、文学派あり、ドリル派あり、音声重視派ありと、まことに百花繚乱、百家争鳴、百鬼夜行。誤植も盗用もお互いさまの「偉大なるカオス」の時代だった。このカオスの中から、大正初期にはその後の方向を決する教科書が生まれる。神田乃武著 *Kanda's Crown Readers*（1916年）である（第2章の扉参照）。**Q4.** の検定教科書執筆者歴代1位は、実はこの神田だった。戦前のベスト10は次のとおり。数字は発行点数と刊行年代である。

表2–1 検定教科書執筆者ベスト10

1位	神田乃武	64種（1899～1944年）
2位	塩谷 栄	44種（1898～1939年）
3位	上條辰蔵	36種（1912～1943年）
4位	Medley, A. S.	35種（1911～1941年）
5位	斎藤秀三郎	33種（1896～1921年）
6位	飯島東太郎	32種（1915～1943年）
7位	村井知至	28種（1911～1941年）
8位	岡倉由三郎	26種（1906～1941年）
9位	熊本謙二郎	25種（1904～1928年）
〃	石川林四郎	25種（1907～1941年）

文部省資料によれば、1910（明治43）年時点で神田乃武は文法書の採択数で上位4位までを独占し、しかも英作文、英習字でも第1位だから、まさに教科書業界のビル・ゲイツといった稼ぎ頭だった。もっとも、名前を貸しただけのものがほとんどのようだが。「神田ブランド」は彼の死（1923年）の後も延々と生き続け、*The New King's Crown Readers*（1943年）の "King's Crown" が英国礼賛でけしからんと帝国議会で叱られるや、出版元は *The Kanda's English Readers* と改名して切り抜けた。

斎藤秀三郎は生涯に200冊を超す著作を残したといわれるが、検定教科書では5位。1921（大正10）年を最後にこの業界から身を引いたのが響いた。外国人では東京外語の Austin Medley が堂々の4位。特に彼が7位の村井知至（ともよし）とともに作った英作文教科書は大ヒットした。教師用指導書の白眉といえば、6位の飯島東太郎のものだろう。記述はどれも徹底しており、代表作 *Companion Readers*（1925年）用は、上下2巻で2,000ページ近い。しかも注解は "kitten"（子猫）に至るまで *OED* に拠るという本格派で、指導書を学術書の域にまで高めている。

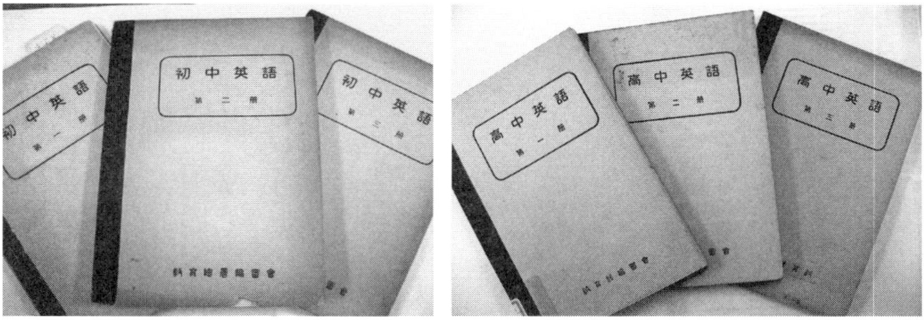

図 2–3　日本軍占領下の北京で刊行された『初中英語』(1941 年) と『高中英文』(1938 年)
＊後者は野間教育研究所蔵

昭和前期の光と影

検定外国語教科書の新規認可数は、関東大震災から立ち直った 1925 (大正 14) 年から 1939 (昭和 14) 年までが隆盛をきわめた。ピークは 1930 (昭和 5) 年の 112 件で、これは翌年の中学校令施行規則の改正に対処するためだった。1920 年代後半からは音声重視の教科書が増え、発音記号も現在のような IPA (国際音標文字) に転換した。また、言語材料の配列や語彙選定への配慮が一段と進んだのもこの頃からである。こうした点では、同名の 2 つの *The Standard English Readers* が大きな足跡を残した。一つは Palmer の (1928 年)、もう一つは竹原常太の (1933 年) 教科書である。こうして、戦後の英語教科書の原型は 1930 年代にほぼできあがった。

日本の教科書編纂技術は中国大陸にも進出し、占領地統治のために利用された。日中戦争期の 1938 年には、日本の傀儡政権だった北京の「中華民国維新政府」に文部省図書監修官の藤本萬治らが派遣され、教科書作りの指揮をとった。こうして、中学校 (初級中学校) 用に『初中英文』(1938 年)、その改訂版の『初中英語』(1941 年)、高校 (高級中学校) 用の『高中英語』(1938 年)、『高中英文法』(1938 年) などが出され、また日本占領下の南京にあった国民政府教育部からも『初中英語』(1941 年) が刊行された。

これらの教科書の目的は、占領地文化工作の一環としての中国民衆「教化」のためだった。しかし、内容を読むと親日的な教材は見られず、意外なほど中立的でイデオロギー色が弱い。実はこの点が重要で、蔣介石率いる国民党政府の三民主義的で反日的な教材を解毒するためには、題材内容を「脱イデオロギー化」することこそが最適な方法であると考えられたのであろう。その意味で、日本軍占領地の英語教材の「脱イデオロギー化」には高度にイデオロギー的な意図が込められていた。

こうして、実に多種多様な経験を重ねつつ、おびただしい数の教科書が現れては消えていった。新制移行までの 60 年間に出された検定外国語教科書の総数は、筆者のデータで 2,234 種ある。だから **Q5.** も誤りで、旧制中学用だけでも 1,811 種あった。5 年制だったとはいえ、戦後の中学校用教科書数の 12 倍にも達していたのである。ちなみに、リーダーだけをとっても 615 種あり、生徒数が格段に増えた新制用の 4.5 倍あった。今は 4 年ごとしか認可が出ないが、戦前は随時検定を受け付けていた。なお、高等女学校用は 425 種、師範学校用 424 種、小学校用 181 種、実業学校用は 1932（昭和 7）年に検定が義務づけられてからだけで 481 種だった（いずれも複数校種の兼用を含む）。

また、戦前には英語以外の検定外国語教科書もあったから **Q6.** も No。ドイツ語 7 種、フランス語 2 種に加え、日中戦争（1937 年）以降は支那語（中国語）の 3 種が検定に合格している。「大東亜共栄圏」構想の落とし子たる『実業マライ語』（1944 年）も製本までこぎ着けたが、敗戦。いずれにしても、戦前の方が英語一辺倒ではなかった。

Q7. 太平洋戦争下では敵国語となった英語が禁圧された側面のみが強調されるが、どっこい、英語教育はしぶとく生きていた（第 2 章第 4 節参照）。太平洋戦争下でも検定英語教科書は 51 種刊行されている。多くは、「5 種選定」（1940 年）の統制をくぐり抜けた教科書の改訂版であるが、まったく新しいものも 10 種ある。瀧口直太郎著 *Select Readings for Young Women*（1942 年）もその 1 つで、高等女学校の英語教育が戦時下でも生き残っていた証である。

戦時下の最後を飾るのは準国定の『英語』（1944 年）で、中学校用および高等女学校用の 1 巻と 2 巻が検定を通過している。ただし時すでに遅く、特に上級学年の生徒らは勤労動員にかり出されて英語どころではなかった。

国定英語教科書の系譜

文部省著作の英語教科書では、すでに 1887（明治 20）年に *English Readers: High School Series* と『正則文部省英語読本』（刊行は 1889 年）が作られている。小学校用では、教科書国定化が押し進められるなかで、*The Mombushō English Readers for Elementary Schools* 全 3 巻（1908〜10 年）が刊行された。このあおりで、民間の小学校用検定リーダーは 1920（大正 9）年まで途絶してしまったから、事実上の国定教科書となった。だから **Q8.** も No。このリーダーは新版の *The New Monbusyō English Readers for Elementary Schools*（1939・41 年）に代わるまで、古色蒼然たるまま 30 年以上も版を重ね、累計約 240 万部にも達した。「官」の威光は恐ろしい。

新版は 1941（昭和 16）年度からの国民学校（小学校）高等科用として使われた純然たる国定教科書である。語彙や文法事項の配列などは戦後の教科書と比べても遜色ない。なお、『文部省年報』によれば、新文部省リーダーは 1941 年度だけで 35 万部発行されている。この数は国民学校高等科の児童数約 200 万人の 2 割弱にあたるが、同一年齢の旧制中学校 1・2 年の生徒数が 19 万人ほどだったから、英語の学習人口では国民学校高等科の方が上回っていた可能性がある。この点は、戦後の英語教育大衆化を可能にした歴史的条件として注目すべき事実である。

このように、戦前の英語教科書は実に個性豊かであり、さまざまな試みがされてきた。その意味で、学習指導要領によって強い拘束を受けた戦後の教科書よりも面白いし、示唆するものも少なくない。まずは、インターネットで公開している筆者らの「明治以降外国語教育史料デジタル画像データベース」でいくつかを閲覧いただき、現物が見たくなったら国立教育政策研究所附属教育図書館（霞ヶ関）や東書文庫（東京都北区）などに足を運んでみてはいかがだろうか。

第2節
英語教科書の定番教材

関係代名詞や仮定法の使い方は忘れてしまっても、「あの物語は面白かった」といった話をよく聞く。このことは、公教育の英語科が単なる技能教育の場ではなく、豊かな教養と感性とを育む人間教育の場であることを改めて思い起こさせてくれる。そうした題材論の視点から、人気の高かった定番教材の流れを見てみよう。

ベートーベンの運命

月夜の晩。散歩の途中、貧しい靴職人の家からピアノの調べが聞こえてきた。やがて「本式の演奏を聴いてみたいわ」と娘の嘆く声。そこで彼は家を訪ね、お手本を授ける。絶妙な演奏に、盲目の娘は気づいた。「あなたはベートーベン先生ね！」。ろうそくが消え、青い月の光が射しこんできた。彼はハッとひらめき即興でソナタを弾く。

この「月光の曲」誕生の物語は、英語教科書のみならず、「親切と博愛」の美談として国定の小学国語読本に30年間も載せられた定番教材だった。日本に紹介された歴史は古く、明治期に広く使用された米国舶来の *New National Readers 5*（1884年）に載っていた。英国でも1920年代に出た *Blackie's New Systematic English Readers 5* などで広く読まれた。戦後になっても *Jack and Betty 3* の初版（1948年）でJackらが演ずる劇として登場したから、6・3制発足後の中学生にもおなじみの教材となった。好評を博し、改訂版（1952年）にも引き継がれた。

だが、ここで思わぬ事件が起こった。ある地域の研究会から、この話は貧富の差や障害者の差別に触れるのではないかとの指摘が寄せられたのである。時代は変わった。これで「ベートーベン」の運命は一変。以後の版から削除されてしまった。それでも、学校劇で上演したいから削除前の抜刷りがほしいとの請求が数校から届くほど人気も根強く、後継の *New Prince Readers 3*（1962年）で復活、改題されて1969年度版まで続いた。数奇な運命の定番教材だった。

ムジナの出没

筆者は *New Prince* 世代だが、強烈な印象を受けた教材がある。Mujinaであ

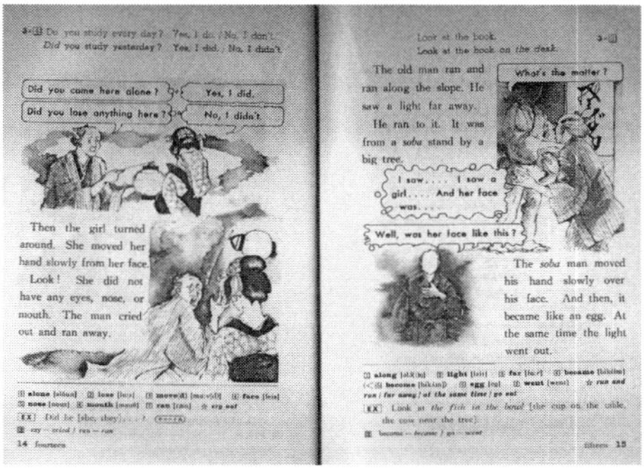

図2–4　人気だったMujina
New Prince English Course 2（1984年版）

る。辞書にはこの単語が載っていなかった。新鮮な発見だった。ハーンの *Kwaidan*（1904年）が原作だと知ったのは後年のことだが、子ども心にうまい文章だと思った。次はどうなるのかとドキドキして怖い、なのにどこかユーモラスで不思議な魅力がある。案の定、採択率1位の *New Prince* の中でも初版以来好評の「目玉商品」だったようだ。1960年代になると、アメリカ一辺倒の教材が食傷ぎみとなっていたから、英語教科書に「日本もの」が載っても違和感なく受け入れられたのかもしれない。マンネリを危惧され、1969年度版では「雪女」に交代。ところが不評で、次の1972年度版で再び「ムジナ」に戻された。人気役者は出たり入ったり忙しい。

1980年代に学習塾のアルバイトで図2–4のムジナ嬢に再会したときは感激した。ただし、英語が週3時間にされたためずいぶんと易しくなっていた。マンガのようにセリフの吹き出しが付けられ、“What's the matter?” などと通行人がムジナを相手に積極的にコミュニケーションを図ろうとする態度を示しているのは、ちょっと興ざめ。定番教材を維持し続けるにはご苦労があるようだ。

ちなみに、戦前のリーダーにもMujinaは出没していた。石川林四郎 *The Empire Readers of the English Language and Literature 3*（1931年）では、驚くことに、ハーンの原文そのまま。今の中3にあたる生徒が読んだのだから、レベルの高さに脱帽する。

定番化のメカニズム

「これはいい」と思うと、すかさず周囲がまねをするのはルーズソックスも教科書も同じだ。とりわけ戦前は著作権意識が乏しかったから、堂々と「盗み」「盗まれ」をくり返した。その積み重ねが定番教材を生んだともいえよう。

1880年代から90年代は外国の教科書をそっくり複製したコピー商品が「翻刻版」として大量に作られた。1900年代になると、*New National, Swinton, Longmans, Union* の米英4大リーダーから人気教材だけをつまみ食い的に集めた教科書が出た。その名もずばり *Standard Choice Readers*（1902年）といい、検定にパスして文部省のお墨付きをもらっている。改定版（1906年）ではさらに十数種のリーダーから新教材を取り込みパワーアップ。これがまたたく間に採択率1位に躍りでたから、今度はこの *Choice* からの拝借が相次ぎ、定番教材の種子がさらに遠くまで飛ばされた。

他社をまねるのは海外でも同じで、先ほどの4大リーダーの中にも同一教材がたくさんある。たとえば、米国の *New National*（1883年）と英国の *Longmans*（1887年）の第5巻を見比べても、The Capture of Quebec, Elephant Hunt, The Soldier's Reprieve などの課が挿絵もろともまったく同じ。大西洋を挟んだ盗作バトルがくり返されていたわけだ。海といえば、当時は捕鯨の全盛時代で、巨大動物に挑む姿は子どもの夢をかき立てたから、英米のリーダーでも鯨とりの話は定番だった。慶応義塾も翻刻した *Sargent's Readers*（1868年）には第5巻にこの話が出ているが、アレンジされた形で後発の *Union* 巻4、*National* 巻3、*Royal Prince* 巻3にも登場している。これらが、日本に渡ってさらに模倣された経緯は先のとおり。定番教材をたどると「異文化間コミュニケーション」のルートがわかるかもしれない。ついでに、おびただしいクレームの歴史も。

データベースによる定番探し

これまで「定番」という言葉を使ってきたが、実は印象批評の域を出ていない。では、教材の定番度を客観的に評価する方法はあるのだろうか。本来ならば、すべての英語教科書の内容を総ざらいし、統計的なデータで示すべきであろう。そこで筆者らの「明治以降外国語教科書データベース」で、定番度を査定する一つの方法として、副読本（side reader）のタイトルを検索してみた。

（1）定番の副読本

戦前には781種ほどの副読本が検定認可され、定番ベスト10は次のものだった。数字は認可総数、カッコ内は明治、大正、昭和の内訳で、人気の趨勢がうかがえる。

イソップやグリムは国語教科書や絵本でおなじみだから、違和感なく読めたことだろう。前者はキリスト教伝来以来の歴史を持ち、近代でも『英文伊蘇普

表 2-2　定番の副読本ベスト 10

①	イソップ物語	25（M8、T4、S13）
②	*Biographical Stories*（ホーソン）	20（M3、T8、S9）
③	アラビアン・ナイト	15（M1、T1、S13）
④	ロビンソン・クルーソー	14（M2、T4、S8）
⑤	ユニオン第４リーダー抄	13（M5、T5、S3）
⑥	シェークスピアもの（ラムなど）	12（M0、T3、S9）
⑦	英国史もの	11（M5、T1、S5）
⑧	パーレー万国史抄	10（M5、T2、S3）
〃	*The Use of Life*（ラボック）	10（M1、T7、S2）
⑩	グリム童話集	8（M2、T2、S4）

物語』（1872 年）以来の不動の定番。道徳的な教訓譚が好まれたようだ。「北風と太陽」、「兎と亀」、「きつねとぶどう」、「ライオンとネズミ」などは戦後も根強い人気。⑦は戦前の英国人気の高さを証明している。ちなみに America(n) で検索すると５件しか表示されなかった。明治期の代表的な教科書であった⑤ユニオン第４や⑧パーレーが簡約化され、昭和期まで読み継がれていた点も注目される。これらは、より文学的な②ホーソンや⑥シェークスピア、大正期の若者を感化した⑧ *The Use of Life* などとともに、入試に出る定番英文でもあったから、補習用としても好まれたのだろう。４位のロビンソン物語は冒険心をくすぐる教材。リーダーへの登場頻度もすこぶる高かった。戦後も *Let's Learn English*（1947 年）以来、根強い人気を誇った。ただし、今日の文化相対主義や PC（Political Correctness）の視点から見れば、先住民の従僕化、英語の Friday への改名、キリスト教の強制などの点で、この作品には重大な問題点が含まれている。だから *New Prince* の 1986（昭和 61）年度版を最後に、ロビンソンは教科書という安住の地を追われ、再び漂流の旅に出されてしまった。

（2）定番の英詩

この方面では南精一の研究[1]が著名だが、戦前には有海久門が当時の中学校

[1] 南精一（1991）「英語教科書に現れた英詩について――明治・大正期を中心として」『日本英語教育史研究』第６号、および南精一（1993）「英語教科書に現れた英詩について――昭和・平成期を中心として」同誌第８号

および高等女学校の教科書58種を調査し、『リーダーに現れたる英詩の研究』(1938年) を著している。それによれば、英詩ベスト10は次のとおりで、数字は採用回数である。

表2–3　定番の英詩ベスト10

①	Sweet and Low	by Tennyson	21
〃	The Daffodils	by Wordsworth	21
③	The Village Blacksmith	by Longfellow	18
〃	The Wind	by Rossetti	18
⑤	A Psalm of Life	by Longfellow	17
〃	Home, Sweet Home	by Payne	17
⑦	The Arrow and the Song	by Longfellow	16
⑧	Boats Sail on the Rivers	by Rossetti	15
⑨	What does Little Birdie Say?	by Tennyson	14
⑩	The Star	by Taylor	11
〃	The Charge of the Light Brigade	by Tennyson	11

表題を見ただけでなつかしく、ロマンチックな気持ちになるのは英詩ならではだ。英語のレベルの問題もあって、近ごろお目にかからないものが増えたのは寂しい。それでも、“Who has seen the wind?” で始まるRossettiのThe Windなどは*Jack and Betty*の初版 (1948年) 以来、戦後も英詩の定番だった。シンプルな英語で、半ページでも納まる短詩だから暗誦用にもいい。俳句を思わせる自然描写と余韻も、日本人の心をくすぐるのだろうか。PayneのHome, Sweet Homeも日本にすっかり定着。「埴生の宿」として愛唱されてきた。The Village Blacksmithは肉体労働の賛歌だが、村から鍛冶屋が消え、教科書から労働風景が消えるご時世ではピンとこないかもしれない。TaylorのThe Starと聞いて「何それ？」と思う人も、童謡 “Twinkle, Twinkle, Little Star” と聞けば納得。楽譜付きも多く、替え歌の「ABCの歌」のおかげで辞書が引けるようになった経験はどなたもお持ちだろう。「恩詩」に多謝。

有海の本の英語タイトルは*Flowers Blooming in English Readers*で、みごとに英詩の位置を言い当てている。受験に役立たないなどと、まともに講じられないのは昔も今も英詩の宿命かもしれないが、音声やリズムを養うのには最適。たとえ日陰の花であっても、教科書のどこかに咲き続けてほしいものだ。

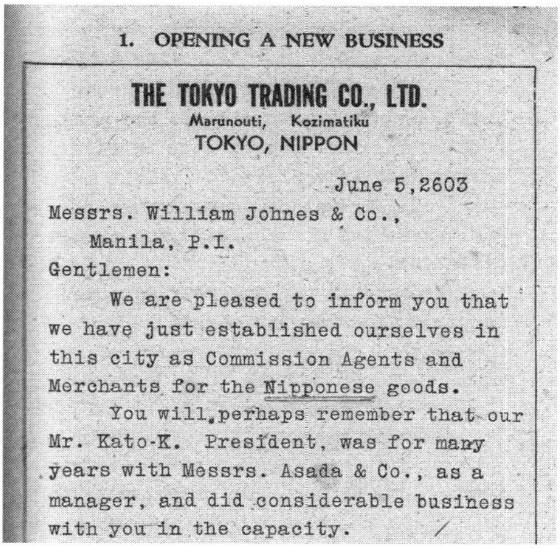

1. OPENING A NEW BUSINESS

THE TOKYO TRADING CO., LTD.
Marunouti, Kozimatiku
TOKYO, NIPPON

June 5,2603

Messrs. William Johnes & Co.,
Manila, P.I.

Gentlemen:

We are pleased to inform you that we have just established ourselves in this city as Commission Agents and Merchants for the Nipponese goods.

You will perhaps remember that our Mr. Kato-K. President, was for many years with Messrs. Asada & Co., as a manager, and did considerable business with you in the capacity.

図2–5　“Nipponese” が登場する『英文通信』（1944年）

定番教材は時代の鏡

戦前は教訓を含んだ読み物や、国家への献身を説く教材も多かった。当然、軍人もしばしば登場した。明治の中期はインドの植民地統治で辣腕をふるったクライブやヘイスティングスの伝記が定番だった。続いてトラファルガー海戦のネルソン提督が少年の血を湧かせた。国産の検定英語教科書が続々刊行されるようになると、日英同盟（1902年）などを背景に、英国ものが急増したのは前述のとおり。国策も定番化を刺激するのだ。

1930年代にはムッソリーニやヒットラーも登場した。定番教材だった「国旗」を見ると、「満州」国旗やナチの「カギ十字」旗がリーダーを賑わすようになった。英語科でも教科書検定が厳しくなり、準国定の『英語』（1944年）では、ネルソンが敵国人ゆえに山本五十六にすげ替えられ、人気のあったジャンヌ・ダルクが朝鮮の独立運動を刺激するからと御法度にされた。国粋主義熱に浮かされてJapanはけしからんという意見も出され、英文にNipponが混じるようになった。準国定の商業学校用教科書『英文通信』（1944年）に至っては教材が「皇紀」の表記で、「2603」が1943年のことだからややこしい。しかも見本本中にあった “Japanese” が検定で “Nipponese” にされてしまった（図2–5）。語尾変化は英語式だから滑稽だ。こんな教材が「定番」にならなくて本当によかった。

戦後当初の題材では圧倒的にアメリカ優位だった。エピソードではクリスマスと並んで感謝祭が断トツで、これにメイフラワー号の上陸からインディアンとの交流史話などが続く。都市ではニューヨークが戦前第一位のロンドンを抜き、以後は多様化した。1970年代初頭にはアポロ11号の月面着陸が多くのリーダーを飾り、80年代には黒人のキング牧師が感動的な演説で登場して、公民権運動の波が教科書にも届いてきた。他にはリンカーン、ワシントン、フランクリン、エジソン、ベル、ついでに新大陸「発見」者コロンブスらが戦前からの大御所だった。オー・ヘンリーは戦後に人気が出た。The Last Leaf は日本人好みの主題で、「賢者の贈り物」や「20年後」もひっさげて、モームやラッセルと張り合った。

女性ではジャンヌ・ダルクが引退し、タイタニック号のエバンス嬢が勇敢な女性の代名詞となった。人類愛と明るさが定番への条件だから、キュリー夫人、ヘレン・ケラー、近年ではマザー・テレサも定番で、おしゃれでキュートなオードリー、「サウンド・オブ・ミュージック」のジュリー・アンドリュースも人気者だ。

1980年代に入ると、従来はリビングストンやシュヴァイツァーといった白人の視点から描かれていたアフリカが、独自の文化と言語を持つ民族として教材に登場した。これにアジア人気が加わる。日本資本が世界を駆けめぐる時代になっていたのだ。

1990年代に入ると、教科書からかつての「定番」が消え、混沌としてきた。冷戦構造と「55年体制」が崩れ去り、価値観が多様化した反映だろうか。新規なキャラクターが次々に登場しては消えていく。よく目につくのは、ET、スター・ウォーズ、スピルバーグ、シュワルツネッガー、ビートルズ、ジョン・レノン、マドンナ、マイケル・ジャクソン。にぎやかなテレビショーのようだ。松坂投手などのスポーツ選手が「定番」になれるかどうかは頑張りしだいだろう。

そうした中で、1990年代以降の定番となったのが地球環境問題だ。温暖化、オゾン層破壊、森林伐採、種の絶滅など、中学用から大学用まで、この種の教材があふれている。それだけ地球が病んでいるわけだから、ありがたくはない。中学用では1993（平成5）年度版から7種類すべての教科書に環境問題が取り上げられた。その先駆をなしたのは *New Horizon* であろう。すでに同書は1978（昭和53）年度版から A Lesson from Nature と題して、生態系の脆弱さと野生生物保護の重要性を訴えている。1987（昭和62）年度以降は酸性雨問題に切り替え、国境を越えたスケールの危機が忍び寄っていることを教えてくれた。

ところで、今では教科書の中にも英語のバリエーション（World Englishes）や、多様な言語が紹介されるようになった。また、扱われている文化圏を見ると、戦後は年を追うごとに教材の①脱アメリカ化、②グローバル化、③日本人の主体性の強調、が進行している（第2章第6節参照）。

定番教材のゆくえ

以上を踏まえると、これからの定番教材の条件は、①英米に限定されずに広く地球全体を視野に入れ、②マイナーな諸民族の文化と言語に関心を寄せ、③学習者のアイデンティティーを尊重した視点から構成されたもの、ということになるだろう。

より根本的には、英語にとらわれない多言語教育を推進するべき時期が来ていることを、題材の流れそのものが示しているといえよう。さまざまな言語の教材の中から、まったく新しい「定番」が誕生する日がくるかもしれない。

だが、そもそも「定番」教材が必要なのだろうか。定番化の一番の近道は、教科書の国定化である。全員が同じ教材を学び、同じ考えを注ぎ込まれる。そこに再び軍人や "Nipponese" が盛り込まれたら . . . 。

今では広域採択制によって、1県1種類の「県定」教科書を県下の中学生全員が学ぶ事態すら生じている。県単位の定番化現象が生じているわけだ。この道は「いつか来た道」である。定番よりも、個性的で独創的な教材の中から、自分たちに合うものを自由に選べる条件整備を。定番教材の歴史はそう教えている気がする。

第3節
英語教科書の文学作品

「最後の学年ではラムの『エッセイズ・オブ・イーリヤ』を学んだ。気の毒なラムの人となりに涙しつつ学んだ「夢の子供」などは緊張の中に咳一つする者もなく先生の講義に引きつけられ、その講義が終わった時には思はず「ハッ」と一同歎声を発して顔を見合せたことを今だに覚えている」

これは1920年代に夜間の商業補習学校で学んだ生徒の回想である。[2] 文学から受けた若き日の感動は、生涯消えることがなかっただろう。

「マクミラン社の註のある赤表紙の *Hamlet* を手にした時の胸の思いは今も、否、一生忘れられない。訳本だけでどうしてもはっきりわからなかった意味が原文と註とによって解決された時の有頂天な心持！」

明治末期、高等小学校を出て列車給仕をしていた頃の思い出を、田中菊雄（1893～1975）はこう回想している。[3] 鹿が渓の水を慕いあえぐように、明治の学徒は英語の原書で精神の渇きをいやした。西洋をモデルとした近代化の下で、立身栄達の通行手形は英語であり、英語力の指標は文学の原書が読めることだった。

英語科教育は人間の心を豊かにするものでありたい。そうした思いから、文学教材の変遷史をみてみよう。

英語＝文学だった時代

明治の日本では、舶来リーダーの文学作品が西洋文化の伝達者だった。明治中期から一世を風靡した *New National Readers*（1883・84年）を見ると、巻を進めるごとに文学作品が増えていく。全5巻の語彙が12,000語以上あり、最終巻は480ページ全100課の大冊で、シェークスピア、ディケンズ、ホーソン、スコット、アーヴィングなどの名作がひしめいている。英詩も34編あり、テニスン、ロングフェロー、ポー、グレイなどが目白押し。さながら英米文学選集の趣がある。こうした傾向は他の舶来教科書でも同様だ。

[2] 小塚三郎（1964）『夜学の歴史――日本近代夜間教育史論』東洋館出版、p. 135より引用（原資料は、横浜商業専修学校『校友会雑誌・創立五十周年記念号』1933年）

[3] 田中菊雄（1960）『わたしの英語遍歴――英語教師のたどれる道』研究社、p. 245

こうして旧制中学校の上級や高等学校では、さらに難解な作品を読むようになる。なかでもSamuel Johnsonの*Rasselas*、Macaulayの*Lord Clive*、Southeyの*The Life of Nelson*などの英雄伝記ものや、Irvingの*The Sketch Book*、CarlyleやEmersonの論文集などが好まれた。今日の大学院レベルの英文を読んでいたのである。坪内逍遙は「英語と英文学」(1891年)の中で、英語教師たちが英語を教えることと英文学を教えることとを同一視していると批判している。

こうした教科書で鍛えられれば、原書も怖くはなかった。文明開化を急ぐ明治の人々にとって、文学作品の訳読は西洋人のものの見方や風物を知るための「実用的」方法だったのである。

英米文学に関する日本で最初の教科書は、Underwoodの*A Hand-book of English Literature*(1871・72年)だった。本書を使って、James Summers(1828〜1891)が1873(明治6)年から開成学校(東京大学の前身)で、Shakespeare, Milton, Chaucer, Bacon, Gray, Irving, Longfellowなどを教えた。教え子の一人である井上哲次郎は、Summersの同僚だった外山正一らとともに『新体詩抄』(1882: 明治15年)を刊行し、日本近代文学を刷新する。

明治中期からはSwintonの*Studies in English Literature*(1880年)が盛んに使用された。こうした文学の教科書と、ナショナル、ユニオン、スウィントン、ロングマンなどの舶来リーダーの文学教材が、国産の英語教科書に流入した。文学作品はリーダの中で細切れに登場するよりも、副読本として長編のまま読まれた方が真価を発揮する。そこで、前節の「定番教材」探しの要領で、「明治以降外国語教科書データベース」を使って戦前の副読本(781種)の中の文学作品を検索してみた。その結果、ベスト10は次のとおりである。数字は検定認可数で、明治・大正・昭和の変遷を示している。

表2-4　副読本中の文学作品ベスト10

①	N. Hawthorneの作品	31 (M8, T12, S11)
②	*Aesop's Fables*	25 (M8, T4, S13)
③	*Arabian Nights*	15 (M1, T1, S12)
④	*Robinson Crusoe*	14 (M2, T4, S8)
⑤	*Tales from Shakespeare* (Lamb)	12 (M0, T3, S9)
⑥	*Fifty Famous Stories* (Baldwin)	9 (M2, T4, S3)
⑦	*Grimm's Fairy Tales*	8 (M2, T2, S4)

⑧	*Gulliver's Travels*	7 (M3, T1, S3)
⑨	C. Dickens の作品	6 (M0, T3, S3)
〃	*Cuore* (Amicis)	6 (M1, T4, S1)

ストーリーの面白さ、道徳性、冒険心の喚起、そして平易さが人気の秘訣のようだ。寓話や童話も多い。① のホーソンは *Biographical Stories* (19 種) が時代を超えて断トツの人気である。若者に人生いかに生きるべきかを示した点が好まれたようだ。次点は *Wonder Book* (6 種)。② のイソップはリーダーでも定番の偉大なるマンネリだ。ただし、戦後は道徳的・教訓的な色彩が薄まり、身近な楽しい読み物として使われている。③のアラビアン・ナイトは昭和期に爆発的人気を博した。

帝国大学の教養部だった旧制高校では、文学や思想書を原書で読むのが伝統とされた。明治期にはカーライルやエマソンなどがはやったが、大正・昭和期にはより純文学的な作品が増えた。英語教授研究所の「高等学校使用教科書一覧」(*The Bulletin*, No. 62, 1930 年) を見ると、のべ 423 種のうち文学作品が約 300 種、つまり 7 割を占めている。人気の作家と採択数は次のとおり。

表 2–5　旧制高校で読まれた作家ベスト 10

①	T. Hardy (*Life's Little Ironies* など)	20
〃	C. Doyle (*Sherlock Holmes* など)	20
③	C. Dickens (*Christmas Carol* など)	13
④	W. Shakespeare (Lamb 版を含む)	11
⑤	J. Galsworthy (*The Show* など)	10
〃	N. Hawthorne (*The Scarlet Letter* など)	10
〃	G. Eliot (*Silas Marner* など)	10
⑧	E. Poe (*Prose Tales* など)	9
〃	J. Conrad (*Typhoon* など)	9
⑩	R. Stevenson (*Dr. Jekyll and Mr. Hyde* など)	8

ハーディーとドイルが首位を分かち合っている。恋愛と冒険。どちらも青年学徒を酔わせるには十分だ。上位を英国の古典的作家が占めているのも特徴である。

しかし、戦時体制が強まるなかで 1938 (昭和 13) 年からは高校や専門学校の教科書にまで統制の手が伸びた。中村正直の訳『自由の理』で明治の自由民権運動を鼓舞したJ. S. Millの*On Liberty*をはじめ、Gissingの*The Private Papers of Henry Ryecroft*やA. Huxleyの短編などが「自由主義的である」として禁止された。一番人気のハーディーまで、「恋愛ものはいかん、風俗紊乱の恐れがある」とされた。*The Return of the Native, The Romantic Adventures of a Milk-Maid*などが教室から消え、本屋は大損した。恋愛ものを禁じられては文学は窒息する。この頃から、明治以来の人気作品*The Lady of the Lake, Jane Eyre, The Essays of Elia, The Vicar of Wakefield*などが姿を消した。半面で、語学の「実際化」が叫ばれ、科学技術ものや政治・経済・外交などの時事ものが増加した。科学振興と軍備増強が国策となり、外国語は敵を知る武器とされた。

試験に出る英文学

戦前は英文を訓詁学的に読解する勉強法が主流だった。雑誌『英語青年』は文学作品に良質の訳注を付けて載せると売上げ部数が伸びたという。

英学による日本の近代化が一段落した明治30年代になると、英語学習は受験の手段に変質していった。文学作品は難句を中心に短冊状に切り刻まれ、厳格な解釈力が問われた。

そうした受験英語の強力な助っ人が、南日恒太郎『難問分類英文詳解』(1903:明治36年)などに始まる受験参考書である。英米文学の受容史において、受験参考書の役割を甘く見てはならない。作品の普及に爆発的な威力を発揮したからである。たとえば、1933年に初版が出た原仙作の『英文標準問題精講』は「入学試験問題の多くは日常誦読せらるる英米文学の主要な典籍より選ばれる」事実を立証した画期的な本だった(図2–6)。原によれば、「明治の末葉より大正の初期にかけては、試験問題の種本といへば反射的に〔John Lubbockの〕*Use of Life*が想起された」という。英語教師は自分が習った教材を使いたがるから、同じ作品がくり返し出題された。

なお、原仙作は明治・大正期からの入試問題の出典を名探偵のようにあばいているから、さぞかし老成した人物だろうと思われがちだ。しかし、彼は欧文社(のちの旺文社)が創業を開始した1931(昭和6)年に長崎高等商業学校(長崎大学経済学部の前身)を卒業し、『英標』を出版したときにはまだ20代半ばだった。

1921(大正10)年には学界を総動員した研究社の「英文学叢書」(全101巻)の刊行が始まり、研究水準が飛躍的に高まった。より文学的な作品が入試に登

図 2–6 「出典研究の第一人者」原仙作と『英文標準問題精講』(1954 年改訂版)

場し、Gissing の *The Private Papers of Henry Ryecroft* がその筆頭となった。その人気は戦後も根強い。

1930 代以降の入試によく出た Everett の *Ethics for young People* はアメリカの小学生用だ。日本の高等教育機関は 1920 年代から急拡大し、入学者の学力が低下したために、英文のレベルも下がったのである。その後の変遷を見てみよう(表 2–6 参照)。

表 2–6 入試によく出た作家ベスト 10 の変遷

1933 年版		1948 年版		1954 年版		1962 年版		1982･91 年版*	
Lee, F.	9	Everett, C.	11	Hearn, L.	12	Russell, B.	15	Russell, B.	14
Smiles, S.	9	Hearn, L.	11	Everett, C.	10	Maugham, S.	12	Huxley, A	9
Lubbock, J.	8	Smiles, S.	9	Smiles, S.	9	Huxley, A.	10	Maugham, S.	7
Gissing, G.	8	Lubbock, J.	8	Lynd, R.	9	Lynd, R.	8	Lynd, R.	7
Hearn, L.	7	Lynd, R.	8	Lubbock, J.	7	Hearn, L.	5	Hemingway, E.	6
Everett, C.	6	Gardiner, A.	7	Bryce, J.	6	Gardiner, A	5	Gardiner, A	5
Stevenson, R.	5	Bryce, J.	6	Stevenson, R.	6	Priestley, J.	4	Hearn, L.	4
Hawthorne, N.	4	Lee, F.	6	Gissing, G.	6	Hemingway, E.	4	Forster, E.	4
Jones, D.	4	Stevenson, R.	6	Maugham, S.	6	Spender, S.	4	Eliot, T.	4
Milne, A.	4	Ruskin, J.	5	Johnson, S. 他	5	Gissing, G. 他	3	Gissing, G. 他	3

*1974 年の原の死後に中原道喜が補訂した 1982 年版と 91 年版は、各出典の点数が同じ。
(註) 原仙作『英文標準問題精講』(旺文社) の各版の出典一覧より作成。

1954年版と62年版の間に断絶があることに気づく。明治以来の定番だったSmiles, Lubbock, Everett, Stevensonなどは影をひそめ、Russell, Maugham, Huxleyらのエッセイ風の作品が圧倒的な人気を誇るようになる。戦後の平和と民主主義、科学技術の時代にふさわしい作家たちである。都立日比谷高校で英語を教えていた池谷敏雄は、次のようなエピソードを伝えている。[4]

> 敗戦後数年経ったころ、米ソの対立が激化して、世界第三次大戦が起こるのではないかと、非常に暗い気分に全世界がおそわれたことがある。そのころ、たまたまB. Russellの*The Future of Mankind*を入手し、これを10枚あまり謄写版に刷って希望の生徒にわけ、読書会を開いたことがある。そのときもある生徒は、徹夜してともかく読破してしまったという。これは当時の暗い世界情勢の圧力に押されてのことであろう。

表のすべての時期を累積すると、昭和期の入試に出た作家ベスト10は次のようになる。Hearn（小泉八雲）が堂々の歴代1位。西洋化一辺倒の時代を経て、昭和期には古き良き日本の面影を求める気分が広がっていたのかもしれない。

表2-7　昭和期の入試に出た作家ベスト10

第1位	Hearn, L.	39
第2位	Lynd, R.	33
第2位	Russell, B.	33
第4位	Everett, C.	27
第5位	Maugham, S.	25
第6位	Gissing, G.	24
第7位	Huxley, A.	23
第7位	Lubbock, J.	23
第9位	Lee, F.	22
第10位	Smiles, S.	18

しかし、こうした定番教材の出題を禁じる通達が出た。文部省は『昭和34年度大学入学者選抜試験問題作成の参考資料』で、「既出の問題と重複しないように」とか、「特定の著者や著書からしばしば出すことも避けたい」とクギを刺

[4] 池谷敏雄（1969）『英語教師四十年』評論社

している。入試にふさわしい文学作品には限りがあるから、文学は避けた方が無難だとなる。

この頃から日本は高度経済成長をひた走り、所得倍増でテレビが買えるようになると、文学など読まなくなった。研究社の『大学入試英語問題の徹底的研究』1972年版によれば、「ここ数年の傾向だが、文学的内容のものより、up-to-date な内容の文が圧倒的に多くなって(中略)文学ものも多少は散見される」程度になった。1979(昭和54)年度からの共通一次試験が文学離れを決定的にした。21世紀に入るとどうか。旺文社の『全国大学入試問題正解』2003年度用によれば、読解問題では論説文が67.6%。対する物語・小説はわずか6.6%で、「全体から見ればほとんど出題されない」状況になってしまった。入試に出なければ生徒は読まない。受験勉強で読まなければ、大学に入っても読めない。泣きっ面に蜂で、大学ではいま、読もうにも文学教材が手に入りにくい事態にまでなっている。

戦後の文学教材

1948(昭和23)年に発足した新制高校の最初の教科書である *The World through English* は文学重視で、巻2にはシェークスピアが3編もあった。なかでも「アントニーの演説」は圧巻で、原文のままで8ページにも及ぶ。だが、現場からは「難しすぎる」と非難ゴウゴウだった。旧制高校へのノスタルジアが強すぎたようだ。

高校では副読本による多読指導が盛んだったが、70年代ごろまでの主流は文学だった。全英連の調査によれば、1960年度に高校で多く使用された副読本は、Lamb の *Stories from Shakespeare*(16校)、Baldwin の *Fifty Famous Stories*(14校)、Hawthorne の *Biographical Stories*(12校)、*Aesop's Fables*(7校)など、旧制中学時代とあまり変わらない。この他、2年用では Everett の *Ethics for Young People*、Hearn の *Kwaidan* や Wilde の *The Happy Prince*、3年用では Owell の *Shooting an Elephant*、Steinbeck の *Red Pony*、Maugham の *The Summing Up* などがよく読まれた。リベラルな現代作家の進出が目立つ。

作家の現代化はその後も進む。山内啓子の研究[5]によれば、1980年代の高校用教科書33種に登場した作家32人中の上位は、① Maugham(11回)、② Sa-

[5] 山内啓子(1993)「高等学校の英語教科書に現れた文学教材」『英語科授業学の諸相——青木庸效教授還暦記念論文集』三省堂

royan（7 回）、③ Caldwell（6 回）、④ Hemingway と Kirkup（ともに 4 回）、⑥ Steinbeck と Twain（ともに 3 回）だった。20 世紀のアメリカ作家が勢力を広げている。短編でストーリー性が高いものが教材向きのようだ。モームは The Luncheon, *Books and You*, The Happy Man などが 1960 年代から高校教科書で絶大な人気を博し、入試にもよく出た。大学入試での文学の減少と教科書の文学離れとは強い相関関係があるようだ。なお、2 位のサロヤンは子どもを描いて人気。コールドウェルは The Strawberry Season が定番だった。意外にも O. Henry は選外だが、ひところは The Gift of the Magi（賢者の贈り物）、The Last Leaf（最後の一葉）、After Twenty Years（二十年後）などが中高の教科書をにぎわした。また、「発信型」ブームの 1980 年代からは、日本文学の英訳作品が増えはじめた。

指導要領による文学イジメ

文学教材にとって学習指導要領は「いじめっ子」のような存在だ。1948（昭和 23）年の『教科用図書検定基準（案）』では、高校卒業時の到達目標の一つが「外国語の標準的な現代文学作品が読めること」だった。ところが、1952 年版の指導要領では、教材が「文学面に限られることは必要でもないし、望ましいことでもない」と文学偏重にクギをさしている。1955（昭和 30）年に日本経営者団体連盟が「シェークスピアより使える英語」への転換を要望すると、脱英米文学への政策誘導が加速する。高校用学習指導要領の題材規定を見ると、1960 年版の「主として英語国民の」が 1970 年版では「広く世界の人々の」に変わった。脱英米化である。また、1970 年版では「説明文、対話、物語、伝記、小説、劇、詩、随筆、論文、日記、手紙、時事文など」となっていたが、1978 年版では「説明文、対話文、物語形式、劇形式など」となり、伝記、小説、詩、随筆などの規定が消えた。とどめは 1978 年版中学校指導要領による英語の週 3 時間化である。

さらに、学習指導要領が定めた語彙の上限（中・高の合計）は、1951 年の 6,800 語程度から 1998・99 年の 2,700 語程度にまで下がった。1983 年度から高校では文法教科書が一掃された。語彙を減らされ、文法もダメでは、文学作品はおろか、内容のある論説・評論文も読めまい。

かくして、原作の「書き換え」は熾烈さを増していった。中学用リーダーの定番教材 *Robinson Crusoe* を例に、記述の変遷史をたどってみよう（どれも 3 年生用）。まず戦前の *New Diamond Readers*（1930 年）では “I made him know his name should be Friday, which was the day I saved his life."と、「蛮人」への高圧的な姿勢が文体からにじみ出ていて原作の味のままだ。だがSVOCのCが節で、関係代名詞の継続用法プラス関係副詞の省略ときては、今なら検定で門前払いだ。1955年の*English Today*では"Crusoe took good care of him, and called him Man Friday, because he had rescued him on a Friday."と平易かつ戦後民主主義的な表現に近づいたが、過去完了は1972年度以降は使用禁止になった。週3体制下の*New Prince English Course*(1981年)では"I named my new friend Friday, because I saved him on Friday."と、ノッペリしてムジナのよう。言語材料の厳しい制限を受け、教育的配慮からか"savage"を"my new friend"にしたから、原作のイメージが一変してしまった。

戦後の中学校用英語教科書の中で文学教材はたえず1割前後を保ち、量的には減少していない。[6] しかし、詩に次いで散文作品までが片隅に追いやられつつある。しかも、言語材料の規制強化で、文学の持つ文体や言語的な面白さが殺ぎ落とされてしまった。鮮魚は乾からびた干物にされ、おいしくないからと消費者離れが起きた。こうなったら、規制を逆手にとった指導法を実践するのがいいかもしれない。つまり、オリジナル版と教科書の改作版とを対照させ、原作の持つ文体や言語表現の妙味を生徒に気づかせるのだ。ついでに、検定、検閲、そして表現の自由の問題に話が進んだら、教育効果はさらに深まる。たしかに、旧制中学のレベルの高さはエリート教育だったことが大きい。語彙制限にも教育的意味はある。だが、創作意欲に自由な環境が必要なように、文学教材を活かすには言語材料の規制緩和が必要ではなかろうか。さもないと、ツケがみんな大学にまわる。その大学の文学が、実はいま最も危ない。

大学英語教科書から消えた文学

大学英語教科書協会の『大学英語教科書目録』(1998年)で作家別に刊行点数を数えてみた。ベスト10は、① Hemingway (50)、② Maugham (46)、③ K. Mansfield (44)、④ Saroyan (41)、⑤ D. H. Lawrence (35)、⑥ G. Greene (33)、⑦ CaldwellとShakespeare(ともに31)、⑨ Steinbeck (29)、⑩ FaulknerとDahl(ともに28)。高校用で上位だった作家のほとんどが大学用でも高い人気である。ただし、⑩のFaulknerは難解な文体、⑤のLawrenceはオトナの文学だ

[6] 岡本有里(1992)「中学校の英語教科書にみられる文学作品の変遷」神戸大学大学院英語教育研究会『KELT』第8号

から、やはり大学生向きか。

などと人気作家リストを作って喜んでいる場合ではない。文学教材の大規模な地殻変動が起こっているのである。異変はいつごろ始まったのだろうか。毎年の『大学英語教科書目録』によれば、英米文学の小説は1980年代までは1,000点強で安定していた。それが、1991年（平成3）年の大学設置基準大綱化で教養部の解体が本格化した頃から1,000の壁を割り込み、1998年度には740点にまで下がった。また、長編が嫌われ、短編の寄せ集めが多くなった。これらに戯曲や詩歌を加えた「文学」が大学教科書に占める割合は、1998年版の約4,300冊中1,412冊。ちょうど3割である。「なんだ、まだ3割もあるのか」という考えは甘い。在庫の食いつぶしが進んでいるのだ。1998年の新刊書174点のうち文学系は6点（3.4%）だけで、1冊も出さなかった出版社が17社のうち12社（7割）に達している。戦時期を除けば、近代日本が経験したことのない外国文学受難の時代が来ているようだ。

大学英語教科書協会のホームページ（http://www.daieikyo.jp/index.html）で、2004年度の新刊書の点数をカテゴリー別に検索した。のべ325点のうち、ベスト10は次のとおり。英米文学は圏外で、翻訳を除くと2点にすぎない。

表2-8　大学用英語教材のベスト10（2004年度）

第1位	総合教材	70
第2位	LL・リスニング教材	29
第3位	リーディングスキル	24
第4位	TOEIC / TOEFL	23
第4位	時事英語	23
第6位	英文法	18
第7位	英作文	15
第8位	コミュニケーション	12
第9位	英会話	11
第10位	ビデオ教材など	8

文学の代わりに進出著しいのが会話・リスニング・時事英語、TOEIC対策用、それらをチャンポンにした総合教材だ。1984（昭和59）年には200前後だったのが8年で倍増し、1998（平成10）年の新刊では7割を占めるまでになった。大学英語教材の「脱文学化」が加速している。実用と資格取得に特化した「役

に立つ英語」が当世のはやり。教養部の解体が突破口を開き、バブル崩壊後の「失われた10年」による就職冬の時代と、小子化による大学氷河期が文学を厳冬期に追い込んでいる。「シェークスピアで人生の深奥を語ろう」などと生真面目に考えると、学生からの授業評価が悪くなって来年のポストが危ない。そんな時代が来つつある。現に、非常勤や専任教員を英会話のできる「ネイティブ」に切り替える大学が増えた。

こうした現代を象徴する数字を挙げよう。

コミュニケーション	39回
話す／会話	30回
英検／外部検定試験	14回
読む	5回
文学	0回

これは、2003（平成15）年3月に文科省が発表した「『英語が使える日本人』の育成のための行動計画」に出てくる用語の回数である。英語教育の台風の目となった「行動計画」は、「コミュニケーション」や「話す／会話」という呪文を1ページ平均4.6回もくり返している。他方で「読む」は全部で5回だけ、「文学」はゼロだ。英語教育の現状をこれほど雄弁に語る文章はない。日本の英語教育から、国策として文学が一掃されつつある。

しかし、語るべき自己を形成させないで、どんな「コミュニケーション」が図れるのか。いまの英語教育で、ものを考える人間が育つのか。ペラペラ英語が大脳皮質までペラペラにしているのではないか。おまけにケータイのおかげで、電車の中ですら読書をしなくなった。21世紀の地球はケータイを持った猿の惑星になるのだろうか。

どうしたらよいのか

日本人は文法や読解はできるが聴解と会話が苦手だとの思い込みの上に、1990年代からコミュニケーション重視の政策がとられてきた。しかし、その成果を疑問視する報告書が国の機関からも出されている。大学英語教育学会九州・沖縄支部の調査でも、日本の大学生が韓国や中国の学生に比べて最も劣るのは「読解力」である。平均点を比較すると、日本人は聴解力では中国人の70%だが、読解力では56%しかないのである。[7] その後のTOEFLの結果からも同様の傾向が指摘されている。さらに、高校入試や大学入試センター試験の分析からも近年の英語力低下が実証されている（第１章第７節参照）。

このまま指導要領や「行動計画」のようなコミュニケーション路線に従っていていいのだろうか。企業のグローバル戦略を教室に持ち込み、実利主義を英語科教育の原理に据えていいのだろうか。教育の目的は「人格の完成」である。読んで考えさせ、味わい感動させる英語教育がもっと必要なのではないだろうか。「心のノート」を配るよりも、心洗われる名作を散りばめた「理想の英語教科書」を届ける方が、教室の荒れは静まるのではないか。

たしかに、西洋を近代化のモデルとする英学の時代は終わった。英米文学一辺倒というわけにもいくまい。ビクトリア朝の大英帝国は世界の中心だったから、ジェーン・エアやテスの愛の叫びが世界中に届いた。しかし今、豊かな日本の若者たちは防波堤の上でも、世界の中心で愛を叫んだ気になれる。韓流ドラマのレトロな恋愛描写に親子で感動できる。

新しい時代にふさわしい文学のパン種を探し、薫り高い英語教材に仕立てたい。

[7] 大学英語教育学会九州・沖縄支部（1997）『このままでよいか大学英語教育』松伯社

第４節
太平洋戦争期の英語教科書

「太平洋戦争中の学校では英語教育が禁止されていた」という言説をよく耳にする。たしかに、女子を中心に、英語の時間を縮廃する学校もあった。しかし、一律に禁止されていたのだろうか。

太平洋戦争中には報道管制によって真実が国民に正しく伝えられなかったために、事実とかけ離れた思い込みが今でも少なくない。だが、史実を掘り起こすならば、実は太平洋戦争期の国民学校や中等学校、そして陸海軍の学校などでも、個性豊かな教科書が刊行され、英語教育が続けられていたのである。そうした本当の姿を見てみよう。

続けられた英語教育

1941（昭和16）年12月に太平洋戦争に突入すると、英語は敵性語ではなく敵国語と見なされるようになった。1943（昭和18）年１月には中等学校令が制定され、中学校、高等女学校、実業学校が中等学校に一元化された。同年３月の中学校規程および高等女学校規程では、「外国語の理会力及発表力を養ひ外国の事情に関する正しき認識を得しめ国民的自覚に資するを以て要旨とす」とされた。「国民的自覚に資する」としてナショナリズムが強調されているが、『外国語科指導書』[8] によれば当時は次のような主旨だった。

> 今やわが国は総力を挙げて大東亜戦争の完遂と大東亜共栄圏の建設とに邁進しているのであるが、これ等の広大な地域の民族に日本精神を宣揚し、日本文化を紹介して、わが国の真意を理会せしめ、大東亜の新建設に提携協力せしめるには、日本語の普及と共に外国語の利用をも考へなければならぬ。また一方外国文化を摂取してわが国文化を昂揚し、大東亜共栄圏内諸民族の指導者としての豊かな文化を発達せしめなければならぬ。それには外国語の修得は必須であり（以下略）

1943（昭和18）年度より中学校の修業年限は４年に短縮された。それまで週

[8] 中等学校教科書株式会社編（1943）『外国語科指導書　中等学校第一学年用』p. 4

5〜7 時間あった外国語の時数は各学年とも週 4 時間に削減され、しかも 3、4 年生は実業科との選択科目になった。当時の英語学習状況については黒澤一晃の論文が参考になる。[9]

戦前の英語教育には男女差があり、高等女学校や女子職業学校の授業削減はさらに深刻だった。文部省は 1942（昭和 17）年 7 月に「高等女学校に於ける学科目の臨時取扱に関する件」を通牒し、外国語は随意科目で週3時間以下とし、課外での授業も禁止した。こうして、英語教師が農作業監督者などに転じる場合も目立つようになった。

それでも、英語教育は継続された。外国語教科書の発行状況を見ると、1941（昭和 16）年から 1944（昭和 19）年までの間に 78 点が検定認可を受けている。ほとんどが英語だが、ドイツ語や「支那語」（中国語）の教科書も含まれていた。また、「大東亜共栄圏構想」が国策となるもとで、1943（昭和 18）年の中学校規程改正では外国語に「マライ語」が加えられた。これを受けて、実業教育振興中央会著作の『実業マライ語』（1944 年 4 月 30 日発行）が『実業独語』（同 6 月 10 日発行）とともに刊行された。ただし、実際に検定認可を受けて使われたかどうかは不明である。この時期には中等学校の生徒らは勤労動員にかり出されるようになっていた。

表 2-9　1943（昭和 18）年度用の外国語教科書の種類

	師範学校	中学校	高等女学校	実業学校	国民学校	計
読本	3	5	5	6	1	20
作文	3	4	2	5	0	14
文法	3	5	4	5	0	17
習字	5	5	5	5	3	23
副読本	0	19	12	14	0	45
その他	0	ドイツ語 1 支那語 3	0	支那語 3	0	7
計	14	42	28	38	4	126

（註）副読本などは同一の本が複数の校種で使用されている。
＊『昭和十八年度中等学校青年学校教科用図書総目録（付国民学校高等科用）』（1942 年）より作成。

[9] 黒澤一晃（1999）「戦時下の英語教育――神戸での一体験」『日本英語教育史研究』第 14 号

図 2–7　太平洋戦争期に刊行された中等学校用英語教科書

図 2–8　国民学校用の国定英語読本と教師用指導書など

教科書出版社は中等学校教科書出版株式会社（現、中教出版）に統合され、1942（昭和 17）年 9 月の検定分から中等学校普通科目の教科書を一手に刊行した。『昭和十八年度中等学校青年学校教科用図書総目録（付国民学校高等科用）』（1942 年）によれば、外国語教科書の総数はのべ 126 種で、うち英語はのべ 119 種（94%）だった。（表 2–9）

戦時体制が強化されるなかで、英語教材の削除・修正も厳しさを増した。いわば「墨ぬり」前史である。上條辰蔵著 *Standard Commercial School Composition 2* の修正 5 版（1943 年）では、英米に関する記述が神経質なまでに削除された。1944（昭和 19）年 1 月には帝国議会で神田乃武著 *The New King's Crown Readers* が「英米崇拝的」などとして非難され、一部の教材が削除された（第 1 章第 5 節参照）。

国民学校の国定英語教科書

1941（昭和 16）年度に小学校がナチス流の国民学校に改称された。その高等科（現在の中学 1・2 年の学齢）のために国定教科書 *The New Monbusyō English Readers for Elementary Schools*（全 2 巻）が刊行された。明治末期に刊行された文部省リーダーの 2 代目である。第 1 巻は 1939（昭和 14）年 7 月 26 日に発行され、わずかに改訂されて 1941 年 2 月 10 日訂正発行となった。第 2 巻は 1941 年 2 月 26 日に初めて発行され、国民学校の発足に間に合った（図 2–8）。実際の著者は不明だが、「高等小学校用新文部省英語読本編纂趣旨」を文部省嘱託の蠣瀬彦蔵が書いている（『文部時報』1940 年 6 月）。蠣瀬は米国留学後、長らく文部省の図書監修官として英語教科書の検定に当たった人物である。

その「編纂趣旨」によれば、「教材の排列については一層難易の順に注意した。多くは課を二部に分つて、第一部は叙述の文とし、第二部は問答式などを利用して反復練習の機会を増し、又訳読を主としない教授法、口頭教授法にも利用出来るやう考慮した」とあり、オーラル・メソッドで教えられるようになっている。太平洋戦争開始前に作られたためか、題材には戦時色がない。この他、乏しい時間数に配慮して「簡単な文法形式に限定し」、語彙も「なるべく使用頻度の多いものを用ひる方針」とした。また、第 1 課の前と数課ごとに発音練習のコーナーを設け、音声指導も重視している。どれをとっても、戦後の新制中学校でもそのまま使える水準である。

なお、文部省は教師用指導書 *The Teacher's Companion to The New Monbusyō English Readers for Elementary Schools* を 1942（昭和 17）年 4 月 25 日に刊行している（図 2–8）。また、教科書準拠の教材として加藤市太郎著『文部省小学新英語読本第一学年用学習書』が 1940（昭和 15）年 8 月に出されており、学習人口の広がりを示唆している。加藤は東京高等師範学校の青木常雄門下であり、次に述べる中等学校用の『英語』（1944・45 年）にも関わった。

この文部省リーダーの巻 1 を半分以下に圧縮して 1 巻本としたのが『高等科英語』で、敗色濃厚な 1944（昭和 19）年 9 月に刊行された。1939 年版の英米人はすべて日本人に、世界地図は大東亜共栄圏地図に、洋服姿は国民服とゲートル姿に改められ、一家団欒の食事風景を描いた挿絵が削除されている。

国民学校高等科（高等小学校）の英語は選択科目で、週 2 時間程度だったから、リーダーには文法や作文が組み込まれ、平易な総合教科書となっていた。ちなみに、*Jack and Betty* の著者の稲村松雄は、戦前に 9 種類の高等小学校用リーダーを著していた。このノウハウが戦後の中学用教科書に生かされるのである。

中等学校の『英語』

中学校用と高等女学校用の事実上の国定教科書として、中等学校教科書株式会社著作兼発行の『英語』の第 1 巻と 2 巻が 1944（昭和 19）年の 3 月から 5 月にかけて検定認可された。第 3 巻も敗戦の年の 1945（昭和 20）年 1 月と 2 月に発行されたが、実際に使用された可能性は低い。『英語』の表紙のデザインは横書きと縦書きの 2 種類のタイプがあるが、中身は同じである。また、『英習字』は全 3 巻の予定だったが、刊行されたのは巻 1 だけのようだ。（図 2–9）

図 2–9　中等学校用の『英語』と『英習字』（1944 年）

太平洋戦争末期の物資難のなかで、『英語』の実際の配布は新学期に間に合わなかった。雑誌『語学教育』195 号（1944 年 7 月 28 日発行）には次のような記事がある。[10]

> 中学、高女用第一巻は新学年始めには間に合わなかったが、「中教」は五月初旬、とりあへず教師用として全国各中学校に一冊づつ送付、六月上旬には全国中学及高女一年生の手に行きわたるに至った。第二巻に就ては（中略）まだ何れの中学校にも配布されていない。

(1)『英語』の編集過程

星山三郎によれば、『英語』の編集に関係した人々は次のとおりである。[11]〔　〕は筆者が補った。

> 文部省側：櫻井役（教学官）、蠣瀬彦蔵（監修官）；
> 　　　　　（他に途中より）井上図書編集課長、木宮〔乾峰〕監修官、大島

---

[10] 語学教育研究所『語学教育』195 号（1944 年 7 月 28 日発行）「語学教育雑俎」

[11] 星山三郎（1983）「難産短命だった戦時日本的英語教科書編集回想録」語学教育研究所編『ことばと教育と時代』開拓社、p. 277

〔文義〕監修官、宍戸〔良平〕事務官（監修嘱託）
編集者側：（責任者）青木常雄；寺西武夫（東京高師）
（協力者）松川昇太郎（湘南中）；星山三郎（城南中）；牧野徹夫（川越中）；加藤市太郎（高師附中）、（加藤応召後、福田陸太郎）
中教編集部員：正井暉雄、柴田素男、木村弘毅

このように、東京高等師範学校英語科出身の専門家が編集に携わっていた。また、櫻井役などの文部省関係者が直接編集に参画していたことも、実質的な国定教科書だったことを示している。ただし、加藤市太郎によれば、福田は加藤の応召前から編集に参画していたそうである（1994年1月17日の談話）。また、福田陸太郎によれば、加藤とは東京高師の同級生で、ともに高師附属中で英語を教えた（1994年1月25日付の私信）。なお、『語学教育』181号（1942年3月5日）および182号（同4月10日）には「中等学校英語教科書編纂に就ての希望」と題して佐々城佑、飯野至誠、速川浩ら8名の意見が掲載されており、編集作業に反映された可能性がある。こうして1943（昭和18）年春には実際の編集が始まったが、その様子については星山が前掲論文で次のように回想している。

この編集は昭和18年3月20日から始まって、20年2月25日まで——東京がB–29の編隊から空襲を受け、そのため中教の地下壕にしまっておいた原稿一切が灰となり、その編集の機能が全く停止し、編集を中止するのやむなきに至るまで続けられた。毎週土曜や水曜の午後、夜遅くまで不時の空襲に備えて、防空づきんや鉄カブトを手もとに置いたまま編集会議を続けた記憶はいまだに新しい。

また「戦時下の英語教育界〔昭和16年～20年〕」[12] の中では、星山は次のように述べている。

中教本社に毎週土曜の午後集まり、前後実に88回の会議を持った。最初の予定では中学校用（男子用）4巻、高等女学校用（女子用）4巻、他に「英

12 若林俊輔編（1980）『昭和50年の英語教育』大修館書店、p. 59

> 文法」と「英作文」を編むことになっていたが、昭和19年に入り、うち続く帝都空襲のため、防空壕に入れておいた原稿まで焼失のうきめに会い、日の目を見ないものもでて来た。実際に発行されたのは中学用I、II、III、高女用I、II、のみであった。

しかし筆者の調査では、高等女学校用の『英語』巻3も版元の中教出版に保存されていた。ただし、「文部省検定済」とは記されておらず、表紙に「検図248号/昭和20年2月6日」記されたゴム印と、「大島」の検印者印が押されてあった。「大島」とは文部省の大島文義教科書監修官だろうから、高等女学校用の巻3も実質的に文部省検定に合格していたと判断できる。

だが、巻3の発行は遅すぎた。東京は何度も空襲で焼かれ、とりわけ1945(昭和20)年3月10日の東京大空襲の被害は甚大だった。しかも、3月18日の閣議で、政府は国民学校初等科を除く学校の授業停止と勤労動員を決定した。こうして『英語』巻3はせっかく刷り上がったものの、生徒に配布されることもなく、「幻の教科書」に終わったようである。[13]

戦争中の異常な状況下で、英語教育を続けるためにいかなる努力がなされたのか。それを知るために、編集スタッフの一人だった加藤市太郎へのインタビューと私信(1994年3月23日付、5月3日付)、および青木常雄や星山三郎の回想をもとに、『英語』の編集過程をさらに詳細にたどってみよう。

『英語』の執筆分担は、中学校用が青木常雄、松川昇太郎、牧野徹夫、福田陸太郎、高等女学校用は寺西武夫、星山三郎、加藤市太郎で、最初の叩き台は牧野と加藤が作成した。しかし、1945(昭和20)年2月25日の出版社の羅災まで続いた88回にも及ぶ編集会議のなかで、各巻とも全員の手でくり返し練り直された。校正も10回に及んだという。

女学校用を担当した加藤は、「若輩の気楽さから、1年用のはじめの方などは大したことはないと一気に書き上げて提出しましたら、先生方から散々に批評されて、何度もやり直すことになりました」と回想している。また、英米からの雑誌や書籍の輸入が途絶していたために各教材の素材探しに苦労したようで、加藤は私信の中で次のように述べている。

[13] 筆者が中教出版で発見した原本をもとに、『英語(中学用)』は巻3まで「英語教科書名著選集」の第25巻として1993年に大空社から復刻された。

> 神田神保町の古本屋を軒なみ足を棒にして探しても、なかなか利用できそうな材料が見つかりませんでした。高女用「英語」2 の Lesson 6 The Ladies' College at Cheltenham や Lesson 7 An English Schoolgirl などは、辛うじて見つけたものを利用して作ったように思います。時代遅れになっているかもしれませんが、それを確かめるすべもありませんでした。

また、同巻の教材の中には青木常雄の教科書などから転載したものもあった。29 課 The Mother's Heart のような日本ものは、日本語の元本をもとに英文で執筆した。この他、中学用巻 1 の 17 課 Aeroplanes の本文は中等学校教科書編集部の正井暉雄が執筆した。彼は東京高等師範学校英語科の卒業生で、青木常雄の教科書の出版にも関係していた。なお、Appendix は星山が主に執筆した。

牧野徹夫は、英語は can から入ると主語の人称変化によって述語動詞が変化しないので理解しやすいと考え、「can メソッド」と称する入門期教授法を考案し、その方針にもとづいて第 1 巻の草案を作成した。しかし、英語の自然さの点から問題があると批判され、書き直した。それでも、can から入る牧野メソッドは同巻の Preparatory Course に片鱗を残している。

原稿ができ上がると、東京在住のアメリカ人 Mrs. Iwamoto が英文をチェックした。太平洋戦争下にもかかわらず『英語』がネイティヴ・チェックを受け、その英語表現に心血が注がれていた事実は注目される。この Mrs. Iwamoto とは厳本マーガリートで、敗戦直後から長らく東京高師・教育大の英米文学教室で教えた。娘は著名なバイオリニストの厳本真理である。

(2) 題材内容の国家統制

『英語』の編集過程では当局からさまざまな要求が出された。星山は次のように述べている。[14]

> たいていの教材が文部省（実は背後にある軍部）の意向に沿わないと言われて、赤い付せんがいっぱいついてさし戻されて来た。多い時には 80％近くが不適というマークがついて戻されて来た。その理由は編集者は戦時下

[14] 語学教育研究所編（1983）『ことばと教育と時代』開拓社、p. 279

であるという認識が足りぬ、教養を深めるなどと言っているが、一般にのんきすぎる教材だというのである。

具体的な指示内容については、「編集日誌」にもとづく星山の回想記にかなり詳しく記されている。教材が国民教化のイデオロギー装置として利用される舞台裏が証言されている希有な資料である。その主なものを紹介し、『英語編纂趣意書』[15] を参照しつつ、教科書の実物と照合してみよう。なお、〔 〕内は筆者が補ったものである。

○凡よそ教材は愛国心を養うものを選び、八紘一宇の精神を宣揚するものであるべきこと。〔たとえば、高女用 2 の The Sun Is Rising の題材の趣旨は、『英語編纂趣意書』によれば「皇国の隆盛と八紘一宇の精神」となっている。〕
○本の表題は日本語で「英語」となすべし。
○日本の国名は Nippon を用うべし。〔すべてそうなっている。なお、金子健二著 *Advancing Japan Readers* は 1942 年版で *Advancing Nippon Readers* に変更された。〕
○年号は皇紀を用い西暦は用うべからず。(例えば in 1943 は、in 2603 とすべし)〔実際には皇紀は用いられておらず、日本の事柄に関しては元号が用いられている。ただし、1943 年 2 月に刊行された実業学校用の『英文通信』はすべて皇紀で表記されている。(71 ページの図 2–5 参照)〕
○ローマ字はヘボン式 (英語流) を用いず、訓令式を用うべし。次に人名表記に、例えば Hideyo Noguchi の綴り及び語順は不可、Noguti-Hideyo となすべし。〔表記は訓令式だが、語順は Isoroku Yamamoto などとなっている。〕
○親英米的な教材は不可なり。(英米の仲の悪さを書いたものを探せ)〔このような教材は見当たらないが、中学用 3 の 12 課と高女用 3 の 18 課では、"Go away, you Indian dog!" と叫ぶ白人入植者の傲慢さが描かれている。〕
○英米人が優れているという感じを与える教材は不可なり。〔たとえば、高女用 3 の 9 課には次のような一文がある。Nippon, which has cotton-mills better and bigger than any in Great Britain . . . 〕

[15] 「中学校第一・第二学年用」および「高等女学校第一・第二学年用」の 2 冊で、著作兼発行者は中等学校教科書株式会社、1944 (昭和 19) 年 7 月 22 日発行、国立国会図書館蔵。

○欧米の教材より、大東亜共栄圏の地誌を選ぶべし。〔たとえば、中学用2ではA market in Malaya, Coconuts, Nippon and its Neighbours, 中学用3ではPetroleum, India-rubber, Burma, 高女用2ではThe World, The South Seas, 高女用3ではCotton, A Letter From Burmaなどがある。〕

○学問·芸術·伝記等は日本に取材すべし。〔たとえば、中学用3のSimose Explosives（下瀬火薬）、Noguti-Hideyo、高女用3のThe Mother of a Japanese Soldierなど。〕

○従来の教科書にあるNelsonをやめ日本の海軍軍人からえらべ。（山本五十六提督をえらんだ。）〔中学用2のAdmiral Yamamoto and His House〕

○海軍軍人の教材があるのに、陸軍軍人の教材のないのはいけない。〔中学用3のHow the Colours Were Savedで軍旗を守ったオーストリア兵士の美談が出てくるが、日本の陸軍軍人を大きく取り扱った課はない。〕

○風物の教材中、下記のものは時局柄不適当なり。即ち食物に関するもの；旅行、衣服、ショッピングに関するもの。（日本が衣食で苦しんでいる時に英米が立派な衣服を着、立派な食事をしていると思わせる怖れあり。なお、食卓にフォークやスプーンがたくさん並んでいるさし絵は不適当なり）

○一家団らんのさし絵は不適当なり。（応召で出征している家庭を考えよ）〔食事については中学用1にL. 22 English Mealsがある。高女用2のMealsでは日本人家族6人の食事の団らん風景とナイフやフォークの挿絵が描かれてあり、A Tea Partyでは、フルーツやケーキが食卓に並ぶイギリスの茶会の様子が挿絵付きで描かれている。〕

○敵国Union Jackのさし絵は不可、Italian flagに直せ。〔たとえば高女用2のThe Worldには「満州国」やイタリアの旗が描かれているがイギリスの旗はない。〕

○Great BritainのGreatは不可、なお国名としてEnglandなども出さなくてよい。〔Great Britainという語は、たとえば高女用3に出てくるし、Englandはたとえば高女用2をみても6、7、11、14、15、23課などに多数出てくる。〕

○Great Inventorsという課の中に日本人が入っていないではないか。誰か適当な人を選んで入れよ。〔Great Inventorsという課はない。日本人の発明家としては中学用3のSimose Explosivesで海軍技師の下瀬雅允（まさちか）が登場している。〕

○"Joan of Arc" ジャン・ダークの教材は、朝鮮の独立を刺戟する怖れあり、情報局でこのような教材を採ることは不許可なり。〔Joan of Arcはどこにも登場していない〕

○健康の大切なことを述べた１課の“On Keeping Fit”に対し「人体もまた国家に属するものだ」という、例えば次の如き一節を加えよ。“Bodies belong rather to the state than to ourselves”（これは編集者側で不採用）〔On Keeping Fit という課は存在しない。また、高女用３の Health では英米人にとっては健康であることはあくまで個人的な成功の秘訣にすぎないが、日本ではこれとはまったく異なった考え方をするとした上で、次のような親と国家に対する忠孝の健康観を展開している。“In order to please our parents we take good care of our health. In order to serve our country satisfactorily we train our bodies.”〕

このように、当事者の回想だからといって鵜呑みにはできず、必ず裏付けを取る必要がある。星山の回想も、あくまで『英語』編集の途中経過を垣間見せる資料として扱う必要がある。完成本と照合すると回想とのズレも目立つ。編集陣が必ずしも軍や上層部の言いなりになっていなかったのかもしれない。

(3)『英語』の内容的特徴

この教科書については刊行直後の書評が残されている[16]ので、ここでは『英語編纂趣意書』にもとづいて、その特徴を見ることにしたい。同書の「編纂の一般方針」には次のように書かれてある（中学校用 pp. 1～2）。

> 前期〔1・2年次〕に就いては、後期〔3・4年次〕への基礎を固める目的を持って、平易普通の基本語彙及び基本的な構文に習熟させることに重点を置き、これを漸進的に教授し得るやう教材の排列に意を用ひた。随って前期第一巻の教材としては、生徒の日常生活に関連した事項を主として取り入れた。第二巻に於いては、後期の準備として読書力を養ふような教材をも随所に取り入れ、その間、平易な英語を通じて欧米人の日常生活の一斑を知らせることをも意図した。さうして、前期に於いては生徒の了解した英語は、生徒がこれを自由に発表し得るまで習熟させることを原則とする。特に第一巻の教授に当っては、この原則を厳守しなければならぬ。

[16] 語学教育研究所『語学教育』第195号（1944年7月28日）および196号（同年11月25日）。星山三郎旧蔵の同号の目次には星山が執筆した旨が記されている（伊村元道氏の教示による）。この書評は川澄哲夫編（1978）『資料　日本英学史２・英語教育論争史』に全文収録されている。

> 又、第二巻に於いても、各課の教材は口頭練習を行ひ得るやうな教材であるから、第一巻に引き続き毎時口頭練習をして、生徒の英語の基礎力を十分に練ることが肝要である。

このように、教材は言語材料・題材ともに易から難へと体系的に配置されてある。『語学教育』（196 号）の書評では、「中学用『英語』第二巻の merit の一つは教材が次から次へと内容的ばかりでなく、単語や構文に就いても――恰度言葉の尻取り遊びのやうに――相関連しながら進んで行くといふ所にある。即ち新学年―春の歌（詩）―蝶の話―天候―水の諸相―電気―無線電信の発明家―等々。で必ず前課の結びは次課への伏線となっている場合が多いことである」と評価している。また口頭練習に強い配慮がなされてあり、一巻には Drill in Sounds（6 頁）と、Ear Training, Questions and Answers, Commands をふんだんに盛り込んだ The Preparatory Course（予備課；12 頁）が付けられている。これらは、パーマーのオーラル・メソッドに対応したものであり、『編纂趣意書』でも 1 学年用の半分近くの分量を割いて予備課の指導法を詳述している。『語学教育』（195 号）の書評には「この非常時局下に於ては、この予備課だけでも本当に習得出来れば、英語の基礎力としては十分であるかもしれない」と記されている。この予備課こそが『英語』の真骨頂だろう。

語彙の配列についても語学教育研究所の研究成果が遺憾なく発揮されている。

> 日常必要な語彙はこれを網羅するやうに意を用ひた。英語教授時間数の減少、生徒の負担の軽減、能率の向上等を考慮して特に語彙の選択に留意し、本教科書の編纂に先んじて、各巻ごとに、凡そその採用語数を決定した。採用語数の選定には語学教育研究所発表の「基本英語一千表」及び「三千語表」を参考にしたが、教材の内容上、必要と認められるものは頻度数に関わらずこれを採択した。（『編纂趣意書』p. 3）

『英語』（中学用）の新語数は、固有名詞および派生語を含めて 1 年用が 723 語、中 2 用が 891 語で、全 3 巻で計 2,117 語あり、1950 年代を代表する *New Jack and Betty* の約 2,300 語とほぼ同じである。戦前の中学校用教科書としてはかなり平易だが、時間数が週 4 時間に削減されたことを考えれば妥当だろう。

『英語』の題材は「軍事」から「歴史」に至るまでおおむね 14 種類に区分で

きる。以下の分析は各教科書の本文および付録のうちの長い読み物に限定しており、挿絵も考慮に入れた。なお、「軍事」は戦闘行為、兵器、軍人を含んだ記述を、「戦時的自覚」は戦争完遂や銃後の覚悟などを促す記述を、「大東亜共栄圏」は東南アジアを中心とする諸国の地域事情や資源、風物などを盛り込んだ課を意味する。分析結果は表2–10のとおりである。

表2–10 『英語』の題材内容

(1) 題材の内容区分　　課の数(構成比%)

	軍事	戦時的自覚	大東亜共栄圏	身近な話題	科学	英国事情	寓話·詩·読物	その他	合計
中学用1	4.5 (13)	2.5 (7)	1 (3)	18.5 (54)	0.5 (1)	4.5 (13)	2.5 (7)	0 (0)	34 (100)
中学用2	3 (10)	1 (3)	2.5 (8)	4.5 (15)	6.5 (21)	3 (10)	6.5 (21)	4 (13)	31 (100)
中学用3	3 (17)	2.5 (14)	2 (11)	0 (0)	3.5 (19)	0 (0)	5 (28)	2 (11)	18 (100)
小　計	10.5 (13)	6 (8)	5.5 (7)	23 (23)	10.5 (14)	7.5 (8)	14 (19)	6 (8)	83 (100)
高女用1	1 (3)	3 (10)	1 (3)	19 (66)	0 (0)	2 (7)	2 (7)	1 (3)	29 (100)
高女用2	0 (0)	3 (10)	3 (10)	6 (20)	1 (3)	9 (30)	7 (23)	1 (3)	30 (100)
高女用3	2 (11)	4 (22)	1.5 (8)	0 (0)	2.5 (14)	1 (6)	7 (39)	0 (0)	18 (100)
小　計	3 (5)	10 (14)	5.5 (7)	25 (29)	3.5 (6)	12 (14)	16 (23)	2 (2)	77 (100)
総　計	13.5 (9)	16 (11)	11 (7)	48 (26)	14 (10)	19.5 (11)	30 (21)	2 (5)	160 (100)

(註)「その他」は欧米事情、伝記、手紙、歴史(いずれも割合はわずか)。2つのジャンルにまたがる題材はそれぞれ2分の1に換算した。

(2) 題材の軍事色度　　課の数(構成比%)

	課全体に軍事的記述	部分的に軍事的記述	軍事的記述なし	合　計
中学用1	1 (3)	7 (21)	26 (76)	34 (100)

中学用 2	2 (6)	4 (13)	25 (81)	31 (100)
中学用 3	4 (22)	5 (28)	9 (50)	18 (100)
小　計	7 (11)	16 (20)	60 (69)	83 (100)
高女用 1	1 (3)	3 (10)	25 (86)	29 (100)
高女用 2	0 (0)	4 (13)	26 (87)	30 (100)
高女用 3	3 (17)	2 (11)	13 (72)	18 (100)
小　計	4 (7)	9 (12)	64 (82)	77 (100)
総　計	11 (9)	25 (16)	124 (75)	160 (100)

(註)「軍事色」とは、戦闘、兵器、軍人に関する記述を含むもので、ページ単位で判定した。

表 2–10 のデータをもとに、題材内容の主な特徴を見てみよう。

①　戦時的な題材

戦時的な題材である「軍事」「戦時的自覚」「大東亜共栄圏」を合わせると、6 冊の平均で 27%つまり全体の約 4 分の 1 である。そのうち「軍事」に関する題材は中学用（男子用）が 3 巻平均で 13%を占めるのに対して、女子用では 5%だけで、しかも 2 年用にはまったく登場しない。これに対して、「戦時的自覚」は男子用の 8%に対して女子用は 14%である。これは将来戦場に赴く可能性の高い男子と、銃後の守りが要請された女子との性差を考慮したためだろう。このうち、女子用巻 2 の 26 課 From Harue's Diary には工場での勤労動員（labour-service）に励む女子学生の姿が日記風に描かれている（図 2–10）。また、巻 3 の 18 課 The Mother of a Japanese Soldier は、1 人息子の戦死通知を受けた母親を見舞った大学教授が、彼女の毅然たる態度に感嘆する話である。そこには次のような描写が出てくる。

> To the professor she did not seem to be heart-broken. No tears stood in her eyes, and she was as calm as deep, still water. Even a smile was seen on her lips.
>
> She had been struggling within her all this time to keep down grief. Like the mother of *samurai*, she could smile bravely before the professor, even though her heart was breaking.

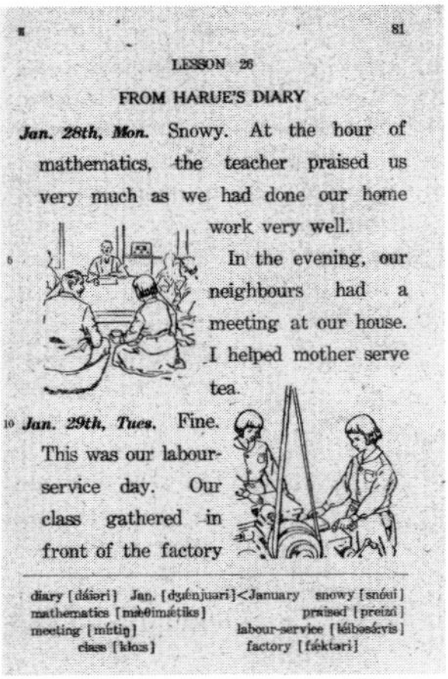

II 81

LESSON 26

FROM HARUE'S DIARY

Jan. 28th, Mon. Snowy. At the hour of mathematics, the teacher praised us very much as we had done our home work very well.

In the evening, our neighbours had a meeting at our house. I helped mother serve tea.

Jan. 29th, Tues. Fine. This was our labour-service day. Our class gathered in front of the factory

diary [dáiəri] Jan. [dʒǽnjuəri]<January snowy [snóui]
mathematics [mæ̀θimǽtiks] praised [preizd]
meeting [míːtiŋ] labour-service [léibəsə́ːvis]
class [klɑːs] factory [fǽktəri]

図2–10 『英語2』(高女用)の勤労動員風景

II 65

LESSON 22

A TEA PARTY

(1)

Alice: How do you do, May? I am so glad you have come.

May: How do you do, Alice? It was very kind of you to invite me. I wish you many happy returns of the day.

Alice: Thank you. Will you please come

returns [ritə́ːnz]

図2–11 『英語2』(高女用)の英国紹介

また、男女用とも巻1にはBe a Good Japanese Boy / Girl! という課があり、皇居遥拝や戦勝祈願の様子が描かれている。大東亜共栄圏に関する題材では、ビルマ、マラヤ、南洋群島、満州国などが登場し、生徒に興味をいだかせるための珍しい風物が紹介されている。

「題材の軍事色度」を見ると、全ページに軍事的な記述を含む課の割合は全6冊平均で9%で、特に3年用が高い。部分的に軍事的記述を含む課は16%で、男子の中学用(20%)が高等女学校用(12%)を大きく上回っている。反対に、軍事的な記述を含まない課は、男子用が平均約7割、女子用では8割を上回る。特に女子用では1年用で86%、2年用で87%もの課が軍事的な記述をまったく含んでいない。

② 英国事情

敵国だったイギリスを扱った課は中学用では平均8%で、巻3には登場していない。これに対して高女用は平均14%と高く、巻2では30%もの課が英国事情に費やされており、他の題材を引き離している。内容的にも英国の女学校、女学生、学年歴、学科目の例などが詳しく紹介されており、英国の田園風景、食事、茶会などが挿絵入りで描かれている(図2–11)。その結果、女子用巻2の登場人物を見ると、英国人が全体の37%の課に登場するのに対して、日本人は27%にすぎない。題材の設定場所も英国が42%を占めるのに対し、2位の日本は22%にすぎない。

ここで思い出したいのは、同時期に発行された国民学校（小学校）高等科用の『高等科英語』では英米人が削除され、日本人だけで構成されていたことである。国民学校高等科1・2年生と中学・高等女学校1・2年生とは同じ学齢なのに、このような題材設定の違いはなぜ起こったのだろうか。

その根底には、学校の教育目的の違いがあるのではないだろうか。つまり、進学率が1割にも達せず、社会の上層に位置するエリートの育成を目的とした中等学校にあっては、敵国とはいえ広く国際的な視野と教養を身につけさせる教材編成が行われた。現に英語科の教授要目（1943年）には「外国語の習得を通じて外国の事情に関する認識を得しむると共に視野を広め国民的自覚の深化に資すべし」とある。その反対に、児童の3分の2が進む庶民の教育機関だった国民学校高等科（高等小学校）では、教養よりも実用が重視され、視野の狭い従順な臣民を錬成するための教材が作成されていたのである。

こうして中等教育用の『英語』には意外なほど英国事情が盛り込まれ、国際的な視野と教養の拡大が図られている。しかし、それは無条件にではなく、英米崇拝にならないよう思想面で「細心の注意を払う」ことが教員に要求されていた。『英語編纂趣意書』には次のように書かれている。

> 教材の取扱ひに当っては、彼我事情の対比によって、皇国の尊厳なる理由を覚らせることが英語教育の主要な目的の一つであるから、特に風物的教材の取扱ひに当っては、万が一にも、かれらの生活に羨望の念を抱かしめるが如きことがあってはならぬ。

③　科学教材

科学教材は平均10%で、男子用（14%）は女子用（6%）を大幅に上回っており、高学年になるほど割合が高い。内容はグライダーや潜水艦の原理などの軍事科学的な色彩が強い。中学校用巻3の「下瀬火薬」はその典型である。これらは総力戦遂行のために軍事科学技術の振興を図った国策を反映している。1943（昭和18）年10月の「教育ニ関スル戦時非常措置方策」によって、翌年度から男子商業学校を工業学校に転換させる方針をとったのもこの一環である。

④ 文学的教材

寓話、物語、笑話、小話、詩は平均すると全体の21%を占め、中学用(19%)と高女用(23%)の間に大きな差は見られない。イソップ物語やギリシャ神話に取材した教訓に満ちた寓話が4分の1を占めている。詩は全6冊に8編で、男子用が2%、女子用が6%となっている。先行するリーダーと同様にRossettiやLongfellowの叙情詩(ともに高女用)が載せられている一方で、戦時下の決意を喚起するもの(中学用3 Don't Give Upなど)が顔を出している。詩以外では英米作家の作品は登場していない。

このように、軍部の干渉や時局を反映して、『英語』の題材には軍事、大東亜共栄圏、戦時的自覚、神社参拝、天皇崇拝を内容とする軍国主義的な教材が一部に盛り込まれていた。しかし、そうした課の構成比は全課の約2割程度で、他は身近な話題、英国事情、文学や科学の読み物などだった。太平洋戦争末期に刊行された『英語』は単純に戦時色一色の教科書ではなかったのである。

陸海軍の英語教科書

太平洋戦争期における英語教育の実相を把握するためには、忘れられた学校の存在を思い起こしたい。陸軍と海軍の学校である。そこでは敗戦の年にも英語教科書が発行され、授業が行われていた。

(1) 陸軍幼年学校の『英語教程』

陸軍と英語というとミスマッチに感じる向きもあろう。たしかに陸軍では伝統的に陸軍大国のドイツ語とフランス語、仮想敵国のロシア語が重んじられてきた。しかし、陸軍士官学校や幼年学校でも英語教育は行われていたのである。[17]

陸軍幼年学校は士官候補生を養成する中等程度の学校で、全国に6校あった。そのうち、英語教育は仙台幼年学校で1938(昭和13)年から、熊本幼年学校でその翌年から敗戦時まで実施された。英語教官には仙台に櫻井益雄、皆川三郎、熊本には宮内文七、山口薫らがおり、多くは戦後に大学教授となった。幼年学校の予算は潤沢であり、外国語の授業はクラスを二分して25名程度の

[17] 江利川春雄(2006)『近代日本の英語科教育史――職業系諸学校による英語教育の大衆化過程』第7章「陸海軍系学校の英語科教育」参照。

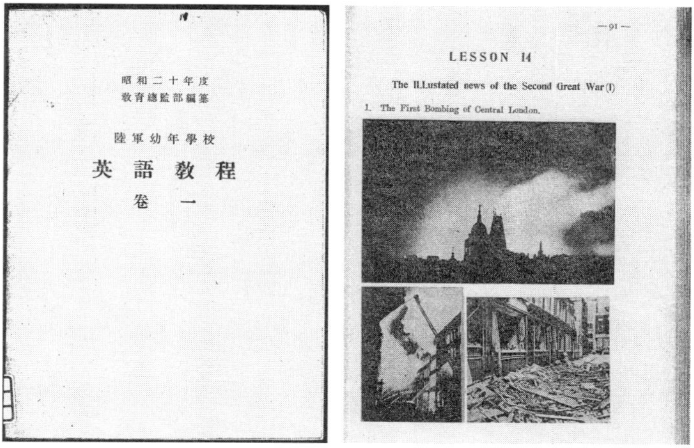

図 2–12 『陸軍幼年学校　英語教程　巻一』 ＊靖国偕行文庫蔵

少人数で実施された。

英語の開講当初は中学校用の *The New King's Crown Readers* を使用していたが、1942（昭和 17）年度の入校者からは教育総監部編纂の陸軍幼年学校用『英語教程』（全 3 巻）を使用した。さらに、敗戦の年の 1945（昭和 20）年度入校者は新版の教育総監部編纂『陸軍幼年学校　英語教程　巻一』を使用した（図 2–12）。この教科書は、陸軍が敗戦まぎわまで英語教育を実施していたことを物語っている。全 36 課 153 頁で、うち文法が 7 課、会話・作文が 7 課含まれており、この 1 冊で総合的な英語力をつけさせようとする意図が窺える。意外なことに、教科書の戦時色は同時期の中学校用『英語』よりも少ない。読み物教材として第二次大戦に関するニュースが 2 課あるものの、敵国だった英米仏に関する King Arthur's Knights, An American in Europe, How Napoleon Crossed the Alps, Hawaii などの課もあり、敵意を込めた記述はない。国語、歴史、生物などの他教科と関連づけた教材構成も特徴的である。難解な語句には日本語の註が付けられ、学習者の負担軽減を図っている。付録には陸海軍の階級・部門の英語名や不規則動詞一覧が付けられている。

（2）海軍兵学校の『英語教科書（予科生徒用）』

海軍士官を養成した海軍兵学校では、英国海軍を範とした伝統から英語が重視されており、予科では大戦末期でも週平均 4 時間の英語が教えられていた

第一學期末考查問題　昭和二十年七月卅一日施行　時限　二時間

英　語

分隊	番號	氏名

I. Answer these questions in English:

1. Can a sailor climb well? 1.
2. Can warships alone protect our country? 2.
3. Did Tomtom live in Singapore or in Manila? 3.
4. If plants are kept in a room, do the flowers turn to the wall, the floor, or the window? 4.
5. Some flowers shut up at night. When do they open again? 5.
6. When you get something in your eye, what must you not do? 6.
7. Who was the first English sailor to go all round the world? 7.
8. When he met a Spanish ship, did he run away or did he attack it? 8.
9. How many years did his voyage round the world take? 9.
10. What did the white man leave in his cabin? 10.
11. Does the sugar-cane grow well in Japan? 11.
12. Where does the sugar-cane grow well? 12.
13. When you go into a room, do you put on your cap or do you take it off? 13.
14. Which is faster, an airplane or a bicycle? 14.
15. Did you begin to study English in your middle school days? 15.

II. Find the good answer and put the mark "x" before it.

Example: When your hands are dirty, do you wash them?

x (a) Yes, I do.
(b) No, I don't.
(c) Yes, I did.
(d) Yes, they are.

1. What do you do when you are sleepy?
(a) Yes, I am sleepy.
(b) No, I do not.
(c) I go to bed.
(d) I went to sleep.

2. What do you do when you are tired?
(a) Yes, I go to bed.
(b) I rest.
(c) I drink some water.

3. Is the world round or flat?
(a) Yes, it is.

6. What do you do as soon as you receive a letter?
(a) Yes, I do.
(b) I lie down.
(c) I answer it.
(d) He is my friend.

7. When the enemy airplanes come, our planes try to……
(a) run away.
(b) keep away from the coast.
(c) drive them away.
(d) sail away after them.

8. Why can an Indian see things that a white boy passes

図 2–13　海軍兵学校予科の期末考査問題

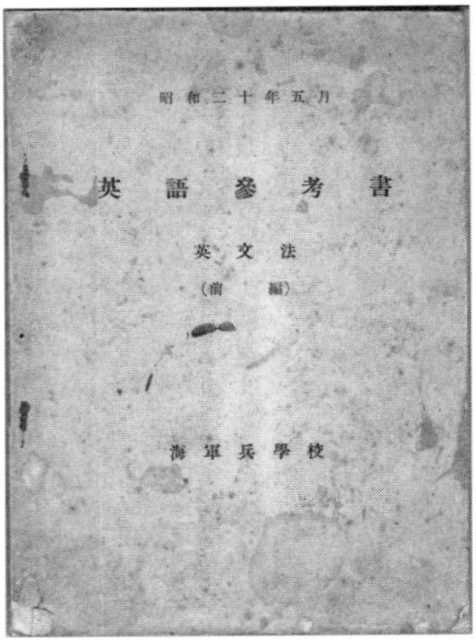

図 2–14　海軍兵学校用の『英語参考書　英文法（前編）』

（151ページの「英学雑談2」参照）。英語教官には東田千秋、皆川三郎（陸軍幼年学校から異動）、日系2世の木村忠雄ら37名がおり、授業はオーラル・メソッドにより英語で行われていた。1945（昭和20）年7月31日の日付のある第一学期期末考査の問題を見ると、“Can warships alone protect our country?” や “Who was the first English sailor to go all round the world?” などの英問に英語で答えさせている（図2–13）。

1945（昭和20）年3月には海軍兵学校予科（第78期）用に『英語教科書（予科生徒用）』が刊行された。この教科書は焼却処分をまぬがれた1冊だけが奇跡的に残り、元生徒の高林茂によって復刻された。予科には中学3年修了者程度を入学させたから、英語のレベルは現在の高校程度である。教科書は全39課140ページで、海軍らしく第1課のA Sailorをはじめ、海にちなんだ題材が多い。フィリピン、マラヤ、スマトラ、ボルネオといった「大東亜共栄圏」に関する読み物や、真珠湾攻撃などの戦果を誇る教材もあるが、敵国人のドレイク提督やナポレオン、さらには米国を扱った教材もあるなど、中学用の『英語』よりも戦時色は薄い。なお、『英語』では “Heaven helps those who help themselves.” は個人主義的、キリスト教的だから不適当だとして許されなかったが、海軍のこの教科書には載っている。

なお、海軍兵学校は1945年5月に『英語参考書　英文法（前編）』を刊行した（図2–14）。敗戦前に刊行された日本で最後の英語教材であろう。全160ページにおよぶ詳細なもので、内容は品詞論、名詞、代名詞、形容詞、動詞までだが、後編は刊行されなかったようである。

1945（昭和 20）年度は一般の中等学校では勤労動員で授業休止が多かったが、陸軍や海軍の幹部候補生たちには敗戦時まで英語学習を続けさせていたのである。

外国語教育と階層差

太平洋戦争期には、駅の表示から英語表記を消すなど、一般庶民に対しては英語および英米への敵愾心が政策的に扇動された。しかし、国民学校高等科や中等教育機関では英語教科書が用意され、時間数削減や勤労動員による中断はあったものの、英語教育が継続された。一般庶民には国際的な視野を与えず、中等程度以上の教育を受けた者には外国語の素養と国際的な教養を保障していたのである。

また、陸海軍の幹部を養成した学校では勤労動員を課すことなく、恵まれた環境の下で敗戦時まで外国語を含む教育を実施していた。

中等学校用の『英語』は、青木常雄をチーフとする東京高等師範学校英語科のスタッフによって編集され、オーラル・メソッドにもとづく入門期指導、語彙選定、言語材料配列などの面で戦前期の英語科教育の到達点を示している。しかし、戦時的な題材が盛り込まれたために、戦後の占領下では「墨ぬり」削除の対象となる。

次節では、そうした敗戦直後の英語教科書と英語教育のダイナミックな展開を見てみよう。

第5節 敗戦占領下の墨ぬり・暫定英語教科書

墨ぬり・暫定教科書の価値

1945（昭和20）年8月の敗戦に伴う連合国軍総司令部（GHQ）占領下で、教科書の戦時的な教材に「墨（すみ）ぬり」が実施され、翌年度には戦時版を改訂したパンフレットのような「暫定教科書」が発行された。こうした特異な英語教科書は、戦時下の軍国主義教育から敗戦占領下の民主主義教育への転換を証言する第一級の資料であり、歴史遺産である。

にもかかわらず、英語科用については本格的には研究されておらず、英語科教育の戦前と戦後とをつなぐ上での失われた環（missing link）となっていた。その原因は、なによりも資料発掘の困難さによるものだった。この時期の英語教科書の実態を解明するためには、資料として①削除前の「戦時版」、②「墨ぬり」本、③改訂発行された「暫定教科書版」の3種類を比較対照しなければならない。しかし、戦争と敗戦直後の混乱、物不足、旧教科書の回収によって、いずれの資料も現存するものがきわめて少なく、原本は全国の図書館にもほとんど所蔵されていない「幻の教科書」となっている。

筆者は約15年をかけて、『英語』などの戦時版3種7巻と暫定教科書版9巻22分冊のすべて、および墨ぬり本12冊の実物を調査することができた。墨ぬり本の内訳は、中学校用の『英語』巻1が2冊、巻2が7冊、高等女学校用の『英語』巻2が2冊、国民学校高等科用の『高等科英語』が1冊である。このうち、「墨ぬり」英語教科書を中心とした展示会を2005（平成17）年7月に和歌山大学附属図書館で開催したところ、『朝日新聞』（大阪本社版）が7月15日付夕刊1面トップで報じるなど、関心は予想外に高かった。英語教育の戦後処理はまだ終わっていないことを実感した瞬間だった。

英語以外の墨ぬり教科書については、中村紀久二[18]に代表される包括的な研究や、卓越した研究業績を有する国語の吉田裕久、数学の長崎栄三、理科の三石初雄、音楽の菅道子などの教科別の研究がある。[19] また国民学校用の暫定教

[18] 中村紀久二編（1985）『墨塗り教科書　解題・削除指示資料集』芳文閣出版部

[19] 吉田裕久（2001）『戦後初期国語教科書史研究』風間書房を始め、長崎栄三（2000）「中等数学第一類・第二類の墨塗りと暫定教科書――終戦直後の中学校数学教育」『東京学芸大学　学芸大数学教育研究』11号、pp. 69～82、三石初雄（1990）「戦時理科教科書の戦後直後における削除修正

科書に関しては中村紀久二監修による復刻版があるが、[20] 残念ながら、中学校、高等女学校、青年学校の暫定教科書については復刻資料はなく、英語教科書に関する先行研究もない。

こうした事情から、本節では「墨ぬり」および「暫定」英語教科書の削除・修正の実情を忠実に提示するために、できるだけ多くの事実資料を盛り込みたい。そうすることで、教育方針の転換が教材にどう反映され、戦後の英語科教育がどのような理念のもとに再出発したのかを具体的に見ていきたい。

墨ぬり指令と削除方法

（1）墨ぬり指令

教科書への墨ぬりは、1945（昭和20）年9月20日に文部省が独自に発した「終戦ニ伴フ教科用図書取扱方ニ関スル件通牒」に始まる。そこには次のような指示があった。

> 戦争終結に関する詔書の御精神に鑑み適当ならざる教材につきては左記に依り全部或は部分的に削除し又は取扱に慎重を期する等万全の注意を払はれ度此段及通牒
>
> 1. 省略削除又は取扱上注意すべき教材の基準概ね左の如し
>
> （イ）国体軍備等を強調せる教材
>
> （ロ）戦意高揚に関する教材
>
> （ハ）国際の和親を妨ぐる虞（おそれ）ある教材
>
> （ニ）戦争終結に伴ふ前述の事態と著く遊離し、又は今後に於ける児童生徒の生活体験と甚だしく遠ざかり教材としての価値を減損せる教材
>
> （ホ）其他承詔必謹の点に鑑み適当ならざる教材（以下略）
>
> 2. 教材省略の為補充を必要とする場合には国体護持、道義確立に関する教材、（中略）等を夫々の教科科目の立場より土地の状況、時局の現実等に稽（かんが）へて適宜採取補充すること（以下略）

過程」『日本理科教育学会研究紀要』第31巻、pp. 1〜10、菅道子（2002）「終戦直後における音楽教科書の『墨塗り』措置――『儀式唱歌』の取扱いを中心に」『和歌山大学教育学部紀要・教育科学』52集、pp. 79〜96。なお、墨ぬり英語教科書に関しては、筆者の論文にもとづく岩本努（2007）「墨ぬり英語教科書からわかることは？」（歴史教育者協議会編『学校史でまなぶ日本近現代史』地歴社）がある。

[20] 中村紀久二監修（1984）『文部省著作　戦後教科書』大空社

同年10月10日には文部省の教科書責任者とGHQの民間情報教育局（CIE）の担当者が、教科書の削除について検討会議を開いている。10月22日には、GHQが教科書から一切の軍国主義と超国家主義を含んだ教材を除去することを指令し、翌1946（昭和21）年1月25日には国民学校の国語と算数の教科書に関する削除修正箇所の表が再通知されている。ただし英語教科書に関する統一的な削除指令は確認されていない。

前節で述べたように、戦時版の『英語』は、軍事的な記述を含む課が中学校用3巻平均で31%、女学校用で19%、全体で25%を占めていたから、これらの多くが「墨ぬり」削除の対象となったのである。

（2）削除方法

実際の削除はどのような方法で行われたのであろうか。合計12冊の墨ぬり英語教科書を分析した限りでは、削除方法は6種類に大別でき、これらを複合した事例も見られた。図2–15～17および表2–11から明らかなように、実際の削除方法は多様であり、「墨ぬり」はその象徴的な呼称である。なお、削除方法の構成比は削除の分量を反映するものではない。「墨ぬり」や「棒引き」などは比較的少量の削除に用いられている。他方で、「切取り」や「貼合せ」による削除の分量は数ページないし1課全体に及ぶ場合がほとんどである。

また、同一の削除箇所でも、資料によって削除方法は多様である。たとえば中学2年用の第1課では5冊が全面削除されているが、そのうちB・C・G本の3冊が「切取り」、D本が「紙貼り」、E本が周辺を紙片で留めて「貼合せ」し、最初と最後のページだけ「紙貼り」したものである。

都立一中（現、日比谷高校）の教員だった池谷敏雄のように「リーダーは削除個所が通達されて、神道と極端な国家主義あるいは軍国調のところは全部墨で

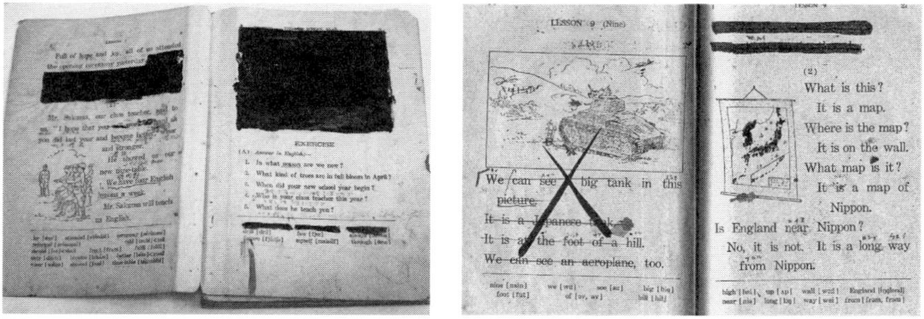

図2–15 「墨ぬり」の例（左は中学2年用F本第1課、右は中学1年用A本第9課）

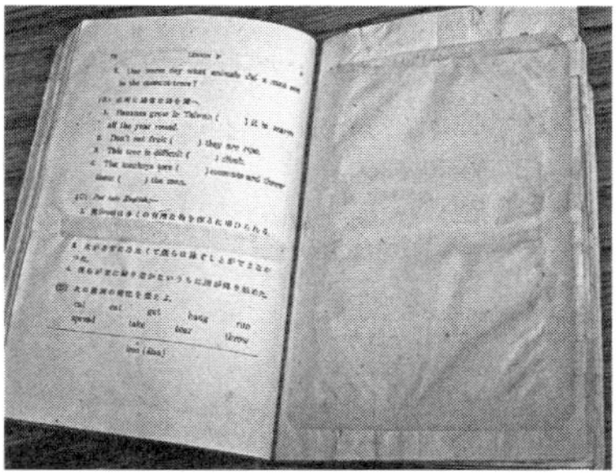

図 2–16 「紙貼り」の例
（中学 2 年用 D 本 第 21・22 課）

図 2–17 「貼合せ」の例
（中学 2 年用 D 本 第 11・12 課）

表 2–11　教科書別の削除方法一覧

教科書	所蔵者	墨ぬり	棒引き	紙貼り	切取り	バツ付け	貼合せ	計
中学用 1 A	江利川春雄	36	5	0	1	13	0	55
中学用 1 B	池田　彰宏	6	0	7	1	0	0	14
中学用 2 A	吉村　徳蔵	13	0	6	0	1	3	23
中学用 2 B	江利川春雄	13	9	0	6	0	0	28
中学用 2 C	愛知教育大	6	0	0	5	0	0	11
中学用 2 D	江利川春雄	0	1	22	0	0	0	23
中学用 2 E	温故伝承館	21	25	26	0	0	5	77
中学用 2 F	温故伝承館	6	25	11	0	0	4	46
中学用 2 G	松村　幹男	0	0	0	5	0	0	5
女学校用 2 A	江利川春雄	4	0	0	1	0	0	5
女学校用 2 B	江利川春雄	2	1	0	0	0	1	4
高等科英語	中村　新三	0	2	0	0	0	0	2
計		107	68	72	19	14	13	293
構成比		36.5%	23.2%	24.6%	6.5%	4.8%	4.4%	100.0%

（註）中学用『英語 1』B 本は大阪府立北野中学校生徒の池田彰宏が使用したものの複製版（石渡延男編『平和教育実践資料集』エムティ出版、1995 年）。中学用『英語 2』の A 本は吉村道男が私立城北中学校（東京）で使用、C 本は名古屋市の平松久が使用、E 本は名手酒造の温故伝承館（和歌山県海南市）所蔵で、和歌山県立海南中学校で吉田敬が使用、G 本は松村幹男が広島県立三次中学校で使用。高等女学校用『英語 2』の A 本は「埼玉県立川越高等女学校図書の印」があり、B 本は「白高女二年」の大久保フサシが使用。

〔付記〕校了後、新たに『英語 2』（中学用）の削除本を 1 冊入手した。これは目次中の第 1, 11, 12, 20, 22, 24, 27 課（いずれも戦時色が強い）にペンで「棒引き」がされており、本文は未削除である。

【凡例】削除・修正方法欄の記号については、次のとおりである。

- 切取り：不都合部分をナイフ・はさみなどで切り取っている。
- 貼合せ：糊で見開きのページを貼合せ、内部の不都合部分を見えないようにしている。
- 紙貼り：不都合部分に紙を貼り付けている。
- 墨ぬり：不都合部分に濃い墨をぬっている。棒状と面状のものがある。
- 棒引き：不都合部分に鉛筆または色鉛筆で棒状に線を引いている。多くの場合、下の文字が見える。
- バツ付け：鉛筆または墨で不都合部分に×印をつけている。多くの場合、下の文字が見える。
- 全面削除：削除部分が1課の全体に及ぶ。削除方法には「切取り」、「紙貼り」などがある。

『英語2』（中学校用）

課 / テキスト	A	B	C	D	E	F	G	全面削除	部分削除	無削除
1. The New School Year	―			貼		貼		71%	29%	0%
7. The Father of Wireless		―		―				0%	43%	57%
8. How the Colonists Went to America		―	―					0%	29%	71%
11. My Diary	×				貼	貼		86%	14%	0%
12. Admiral Yamamoto and His House	貼							100%	0%	0%
21. Coconuts				―	―			0%	71%	29%
22. Nippon and Its Neighbours	―			貼				86%	14%	0%
24. Working All Together								14%	14%	72%
25. The Story of the Clocks ― I		―						0%	14%	86%
27. The Glider	貼			貼	―	―		86%	14%	0%
III. Vocabulary		―			貼	―		0%	43%	57%
							平均	40%	26%	34%

『英語2』（高等女学校用）

課 / テキスト	A	B	全面削除	部分削除	無削除
14. Tokyo	―	―	0%	100%	0%
15. The World	―		0%	50%	50%
19. The Two Goats		―	0%	50%	50%
23. The South Seas			50%	50%	0%
		平均	13%	62%	25%

『英語1』（中学校用）

課 / テキスト	A
The Preparatory Course	××
2. "That is..."	―
4. "What is...?"	―
8. "Look at..."	×―
9. "We can..."	×―
12. "They are..."	×
17. Aeroplanes	
23. Past and Present	―
27. How We Spent a Week?	×―
28. Good-Bye, Dear Birds, Good-bye!	―
32. Be a Good Japanese Boy!	―
III. Romazi-Tuzuri	―
IV. New Words	―

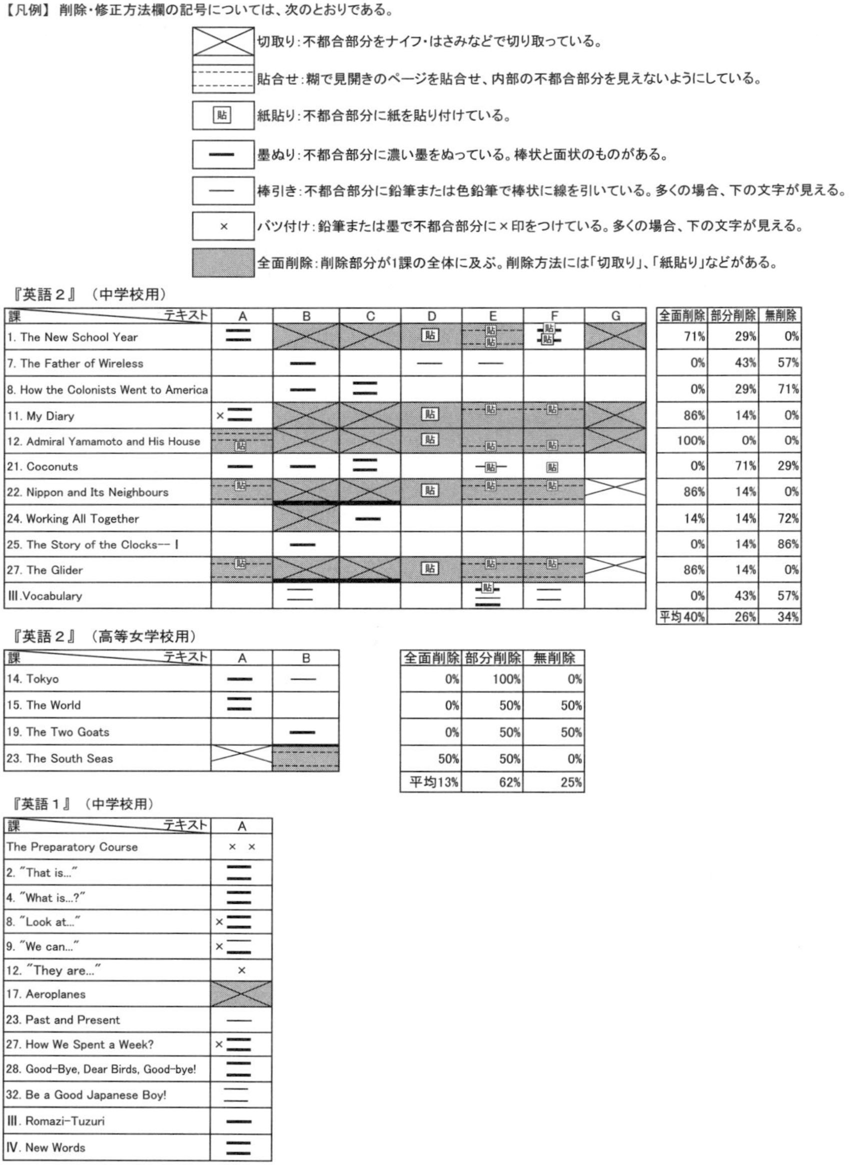

図2-18　削除方法の模式図

抹消したものであった」という回想もある。[21] しかし、上で見たように、同じ箇所でも削除判断はまちまちであり、無削除の教科書も残っていることから、英語科の場合は上からの統一的かつ具体的な指示にもとづいて削除が実施されたのではなく、1945（昭和20）年9月20日の文部省通牒などを一般的な指針としながら、現場教師の判断と裁量で、かなりの学校で実施されたといえよう。当事者の回想もさまざまで、松村幹男のように「教師の指示にしたがって不都合なページに墨を塗り、その部分を自宅で切り取って提出した」（2005年10月1日談）といった事例もあれば、若林俊輔のように英語教科書については墨ぬりの記憶がないという回想もあるのである。[22]

暫定英語教科書の成立事情

暫定教科書の編集作業は1945（昭和20）年秋以降には始まっていた。教科書懇話会の水谷三郎は当時の緊迫した様子を次のように書き残している。[23]

> 教育行政を重視した総司令部は、11月10日、全教科書の完全英訳を命ずるとともに、総司令部の印刷許可がない教科書の製造禁止を指令して来た。新学期まで余すところ150日、例年ならば発行会社の倉庫は教科書で埋まり、遠隔地に向かっては発送が始まる時期、文部省では好戦章句削除作業と並行して、暫定教科書の編纂に苦しんでいた時であった。（中略）遅々として進まぬ英訳作業にいら立った総司令部は、昭和21年1月中旬になって、昭和21年度用教科書は4月1日の新学期開始までに供給すべしと指令し、これを遂行すべき文部省並びに教科書会社の責任者名簿の提出を命じた。しかしながら文部省の英訳作業はもちろんのこと、製版・印刷・用紙の一切の事情は絶望的であった。一方、総司令部における検閲も不慣れのため捗々（はかばか）しくなかった。こうした事情によって窮余工夫されたのが16頁刷り放し教科書であった。挿絵のない、五号活字のお粗末なもので、最初50銭という定価がついて、新聞紙が騒いだため、35銭に訂正するていたらくであった。もちろん原稿も製版も主要教科目が優先的に取扱われ、比較的重要でない教科書の製造は抑制され、用紙は優先的に主要科

21 池谷敏雄（1969）『英語教師四十年』評論社、p. 42
22 伊村元道・若林俊輔（1980）『英語教育の歩み――変遷と明日への提言』中教出版、p. 137
23 水谷三郎（1961）『教科書懇話会の歴史』教科書懇話会世話人〔水谷三郎〕、pp. 4～5

> 目に集中分配された。なお総司令部の検閲は、原稿、校了直前の校正刷、製本後の３回であった。校正刷の検閲が済むとその日付を入れて
>
> APPROVED BY MINISTRY OF EDUCATION
>
> (　月　日、19--)
>
> という表示を扉または奥付に印刷することが定められた。

GHQ 占領下の混乱した状況のなかで、暫定教科書が「窮余工夫された」様子がわかる。一方、GHQ の側からの教科書政策は、ワンダーリック（Wunderlich, Herbert John）の博士論文 *The Japanese Textbook Problem and Solution: 1945–1946* が第一級の資料である。[24] 彼は 1945 年９月から翌年４月末日まで総司令部の民間情報教育局教育課で教科書やカリキュラムを担当したアメリカの海軍少尉（後に中尉）である。

同論文（pp. 259–262）によれば、軍国主義的、超国家主義的、神道的なイデオロギーを排除するために、CIE の教育課は暫定教科書で使用すべき題材の選別と認可の基準を作成した。1946 年２月４日のスタッフ会議には教育課長の Donald Nugent やワンダーリックを含む８人が集まり、次のような削除の基準を作成し、教科書課のスタッフに伝達した。

> 他国の権利を尊重し、平和的で責任ある日本政府を最終的に樹立するために、以下の基準を設定し、それによって軍国主義や侵略の精神を表現する教材を教科書から削除すべきである。
>
> (1) 男子の英雄的で通常の活動としての戦争の賛美。
>
> (2) 天皇や日本のために死ぬことの賞賛。
>
> (3) 軍人らしさや、最高の男らしさとしての戦争英雄の理想化。
>
> 人々の平等な権利と自決の原則の尊重にもとづいて国家間の友好関係を発展させるために、以下の基準を設定し、教科書から超国家主義的な教材を削除すべきである。
>
> (1) 大東亜共栄圏という領土拡張の教義。
>
> (2) 日本が世界を先導するとする日本中心の「八紘一宇」の教義。

[24] 筆者は中村紀久二氏からこの論文のコピーをいただいた。本稿執筆後、ワンダーリック論文の本論部分（付録編を除く）は土持ゲーリー法一の監訳で『占領下日本の教科書改革』と題して 1998 年に玉川大学出版部から出版されたが、本書ではこの訳文は使用しなかった。

（3）天皇の守護と国家発展のために、桜の花びらが散るように自分の生命を犠牲にする大和魂。
（4）国際連合憲章の目的や原則と矛盾する題材。
日本国民の間の民主的傾向を復活・強化し、個人の自由への欲求を奨励し、基本的人権を尊重するために、以下の基準を設定し、天皇制に関連した教材を教科書から削除すべきである。
（1）起源が神であるとする天皇崇拝の強制。
（2）天皇を守るために死ぬことの義務視。
（3）天皇の命令への絶対服従と追従心。

このように、① 軍国主義と侵略、② 超国家主義、③ 天皇制に関する記述を主な削除対象とし、細目に分けて具体的に対象を指定している。このうち、特に ③ 天皇制に関する記述を除去せよという方針は、文部省が1945年9月20日の「墨ぬり指令」の中で「教材省略の為補充を必要とする場合には国体護持」に関する教材も使用せよとした方針とは正反対である。

ワンダーリック論文によれば、暫定教科書の総数は457種類で、うち344種が1946（昭和21）年4月から、113種が同年10月から使用される予定だった。

文部省教科書局長だった有光次郎は『朝日新聞』1946年4月8日付の「新教科書について」の中で、暫定教科書について次のように述べている。

いま新らしい暫定教科書を見ると、甚だ粗末なものである。用紙もわるいし、表紙らしい表紙も無い。また当分の用に当てるため二三ケ月分を分冊とした折本又は仮綴のものでもある。ただしかしこの教科書は外形は粗末ではあるが、新しい教育の方向に添って軍国主義や極端な国家主義或は国家神道などの教材を除き、人間性を尊重し民主主義的国家の建設、国際親善に寄与し得るやうな国民の育成を目ざして編纂されている。

暫定英語教科書の編集は、GHQ / CIEの監督の下に文部省教科書局の第一編修課で行われ、外国語科担当官は宍戸良平だった。宍戸は戦時下の『英語』にも、新制中学校用の *Let's Learn English* にも関わった人物である。しかし、ワンダーリック論文の付録に掲載された暫定教科書編集者リスト[25]には宍戸良平

[25] 有光次郎が作成した Compilers of Textbooks, Bureau of Textbooks, Ministry of Education, pp. 338～348

の名はなく、英語担当者として唯一挙げられているのは次の意外な人物である。

> Hiroi Kinoshita, 45, Textbooks for technical studies, commerce, and English.
> Tokyo Imperial University, B. LL.
> 1934–35: Part-time official in the Ministry of Education, Minister's office, Accounts Section, Correspondence section; Thoughts Bureau.
> 1936: Professor at Matsue Koto-Gakko.
> 1942: Appointed Textbook compiler in the Ministry of Education.
> Works: "Nihon-no-Seiji"[26]; "Kokoku Koyuho Seishin to Junpo" [*sic*][27]

この人物は教科書局にいた木下廣居である。[28] 木下は工業、商業、英語を担当したようだが、1982年の逝去まで創価大学法学部教授を務めた政治学者であり、英語教育に関しては素人といえよう。したがって、宍戸良平も何らかの形で協力した可能性がある。なお、戦時下で『英語』の編集に関わった加藤市太郎と福田陸太郎に尋ねたところ、改訂作業に関しては何の連絡も受けなかったと証言している（1994年1月16日および1月27日の談話）。

暫定英語教科書の発行状況

『高等科英語』は2分冊で、第1分冊は1946（昭和21）年2月20日発行、第2分冊は8月30日発行で、ともに32ページである。『英語』は6巻で各3分冊、各分冊の名目上の発行年月日（検定年月日）は同じで、3月17日から4月14日の間である。戦時的な教材が多い巻ほど改訂に手間取り、発行が遅くなったのかもしれない。なお、『英習字1』は3月1日だが、『青年英語1』は7月8日だから1学期にはほとんど間に合わなかったようである。

（1）印刷・発行状況

『英語』の著作兼発行者である中等学校教科書株式会社は、当時の逼迫した

---

[26]『日本の政治』皇国青年教育協会、1943年
[27]『皇国固有法の精神と遵法』文松堂出版、1944年
[28]『文部時報』第825号所収「文部省職員抄録　昭和21年2月15日現在」

図 2–19　配布時の暫定英語教科書

図 2–20　手製で製本された暫定英語教科書

発行状況を「第五期営業の概況（自昭和二十年六月一日　至昭和二十一年五月三十一日）」の中で次のように記している。

> 現下の印刷、製本能力は戦災によって工場機械等の焼失したもの莫大に上りその能力の低下著しく、加ふるに食糧事情の逼迫は労務者の能率に至大の影響を及ぼし到底短時日の間にこの膨大な冊数に上る教科書の製造供給を完遂することは至難であるため、一方に於ては、一教科書を二冊乃至三冊に分割発行し取敢へず、十六頁乃至三十二頁の第一分冊を発送供給する方法を講ずると共に、又他方各印刷製本所並に当社係員は連日夜業を行って之が促進に務めたのである。このために現下の極めて困難な諸事情下にも拘らず新学期までには大体第一分冊の供給を完了し引続き第二分冊、第三分冊の製造供給も進捗中で授業に支障なからしめることが出来たのは、まことに欣快（きんかい）に堪へないところである。

膨大な数の教科書をごく短期間に発行した苦労がわかる。これらに国民学校用などを加えると「こんど配給される総数は第二分冊を含めて一億七百八十三万五千五百冊」だった（『読売報知新聞』1946 年 4 月 7 日付）。これだけの数の暫定教科書が、乏しい物資、厳しい印刷・輸送事情、短期間の納期という困難のなかで供給されたのである。

なお、『英語』の《前》《中》はそれぞれ 16 ページの一枚刷りだが、《後》分冊はどれも 40 ページを超えるため、簡易製本されて配布された。

(2) 発行・配布時期

暫定版『英語』の第2分冊以降の実際の発行は名目上の日付よりもかなり遅かったようだ。「昭和21年度用暫定教科書は編纂・検閲に手間どり、昭和22年2月頃までその発行が断続的に続けられ、年度末には未発行のまま中止された教科書も多く、準備された用紙はそのまま昭和22年度用に繰越された」との証言もある。[29] 教科書の配布時期には地域差もあったようだ。東京都立三中(現、両国高校)の教諭だった高梨健吉は、「4月の新学期に暫定英語教科書の第1分冊が届いた」と述べている(1993年10月16日の談話)。他方で、秋田県立秋田中学1年生だった高橋俊昭は次のように証言している(1994年2月13日の談話)。

> 暫定教科書の第1分冊が届いたのは夏休みにかなり近づいてからで、それまでは口頭練習や先生が黒板に書いたものを写して勉強しました。巻1は結局3分冊とも届きましたが、翌1947年度の当初は、やり残した巻1の《後》と巻2のはじめの7課 The Father of Wireless を習った覚えがあります。それに遅れて届いた *Let's Learn English* 巻2を習った記憶があります。

このように、地方では配布が遅れる場合が多く、しかも生徒に完全に行き渡る数ではなかったようである。

削除・修正の内容と特徴

戦時版、墨ぬり版、暫定教科書版の3種を比較して、削除・修正の内容的な特徴を明らかにしてみよう。1946(昭和21)年4月7日付の『朝日新聞』は暫定教科書について次のように書いている。

> 新教材の補充はもっぱら第二分冊で行うことになっているので、第一分冊には相当削除のあとがみられる。算数や理科、習字、農業といった教科では軍艦、弾丸といった兵器の名称や「八紘一宇」式な戦意昂揚的字句が姿を消しただけで、一乃至五パーセント程度の削除。もっとも変ったのは国語でざっと半分位は切りとられた。(中略)なお中等学校が五年制に復帰し

[29] 水谷三郎(1961)『教科書懇話会の歴史』教科書懇話会世話人〔水谷三郎〕、非売品、p. 137

たが、五年生用の教科書は間に合はず、今年は各校の適宜裁量でゆく、また従来の教科書は一切使わぬ建前だが、国民学校の図画や工作は削除が僅かなのでその分を明示して古本の使用を認めることにした。

削除・修正内容の概要がわかるが、英語については記されていない。そこで、手元の資料で墨ぬり版と暫定版の削除・修正の程度を比較し（表 2–12・2–13）、特徴を概観すると次のような点が浮かび上がってくる。

表 2–12　墨ぬり版・暫定版の削除・修正の程度　（課数：括弧内は構成比）

削除・修正の程度	墨ぬり版『高等科英語』			暫定版『高等科英語』		
	本文（19 課）	付録（9 課）	小計（28 課）	本文（19 課）	付録（9 課）	小計（28 課）
文に及ぶ大きな削除・修正	0（0%）	0（0%）	0（0%）	3（16%）	0（0%）	3（11%）
語句レベルの小さな削除・修正	0（0%）	1（11%）	1（4%）	0（0%）	1（11%）	1（4%）
EXERCISE のみの削除・修正	0（0%）	0（0%）	0（0%）	0（0%）	0（0%）	0（0%）
小　　計	0（0%）	1（11%）	1（4%）	3（16%）	1（11%）	4（14%）
削除・修正なし	19（100%）	8（89%）	27（96%）	16（84%）	8（89%）	24（86%）

削除・修正の程度	墨ぬり版『英語 1』（中学用）			暫定版『英語 1』（中学用）		
	本文（34 課）	付録（8 課）	小計（42 課）	本文（34 課）	付録（8 課）	小計（42 課）
文に及ぶ大きな削除・修正	8（24%）	0（0%）	8（19%）	6（18%）	4（50%）	10（24%）
語句レベルの小さな削除・修正	2（6%）	3（38%）	5（12%）	7（20%）	2（25%）	9（21%）
EXERCISE のみの削除・修正	1（3%）	0（0%）	1（2%）	14（41%）	0（0%）	14（33%）
小　　計	11（32%）	3（38%）	14（33%）	27（79%）	6（75%）	33（79%）
削除・修正なし	23（68%）	5（62%）	28（67%）	7（21%）	2（25%）	9（21%）

削除・修正の程度	墨ぬり版『英語 2』(中学用)			暫定版『英語 2』(中学用)		
	本文 (30 課)	付録 (3 課)	小計 (33 課)	本文 (30 課)	付録 (3 課)	小計 (33 課)
文に及ぶ大きな削除・修正	6 (20%)	0 (0%)	6 (18%)	7 (23%)	0 (0%)	7 (21%)
語句レベルの小さな削除・修正	0 (0%)	1 (33%)	1 (3%)	2 (6%)	1 (33%)	3 (9%)
EXERCISE のみの削除・修正	4 (13%)	0 (0%)	4 (12%)	1 (3%)	0 (0%)	1 (3%)
小　　計	10 (33%)	1 (33%)	11 (33%)	10 (33%)	1 (33%)	11 (33%)
削除・修正なし	20 (67%)	2 (67%)	22 (67%)	20 (67%)	2 (67%)	22 (67%)

削除・修正の程度	暫定版『英語 2』(高女用)			暫定版『英語 3』(中学・高女用)		
	本文 (30 課)	付録 (4 課)	小計 (34 課)	本文 (18 課)	付録 (3 課)	小計 (21 課)
文に及ぶ大きな削除・修正	7 (23%)	0 (0%)	7 (21%)	7 (39%)	1 (33%)	8 (38%)
語句レベルの小さな削除・修正	0 (0%)	2 (50%)	2 (60%)	2 (11%)	2 (67%)	4 (19%)
EXERCISE のみの削除・修正	6 (20%)	0 (0%)	6 (18%)	2 (11%)	0 (0%)	2 (10%)
小　　計	13 (43%)	2 (50%)	15 (44%)	11 (61%)	3 (100%)	14 (67%)
削除・修正なし	17 (57%)	2 (50%)	19 (56%)	7 (39%)	0 (0%)	7 (33%)

表 2-13　戦時版と暫定版との総ページ数の比較　　(ページ)

	『高等科英語』	『英語 1』	『英語 2』	『英語 3』	3 巻の合計
A　戦時版	62	171	164	92	427
B　暫定版	59	71	94	66	231
A / B	95%	42%	57%	72%	54%

(註)『英語』は中学校用、ただし暫定版の巻 3 は高等女学校と兼用。暫定版は 3 分冊の合計。

(1)『高等科英語』は戦時的教材を含まないため、ほとんど削除されていない。これに対して、中学校用の『英語』は 3 巻合計で戦時版の 427 ページから暫定版の 231 ページへと 54%に削減されている。しかし、内容が半減しているわけではない。その理由は、① 活字の小型化、② 挿絵の削除、③ 新出単語の不掲出、④ 練習問題の圧縮、⑤ 付録の簡略化などにより、本文は最大限に温存されているからである。また、暫定版では新教材が補填された場合もある。

（2）墨ぬり版と暫定版を比較すると、全体的には暫定版の方が削除・修正の割合が多い。ただし、墨ぬりされた部分が暫定版で復活した例外もある。

（3）暫定版の中学用 1、中学用 2、高女用 2 の 3 冊について、削除・修正された課の理由を構成比で見ると、(a) 軍国主義が 34%、(b) 分量削減が 34%、(c) 挿絵削除（絵を使った問答が不可能になった）が 14%、(d) 国粋主義が 10%、(e) 記述改善が 8%だった（2 つの理由にまたがる場合は各 2 分の 1 と計算）。ただし、これは課を単位とした比較であり、削除・修正部分の分量は「軍国主義」による場合がずっと多くなる。全面削除や大幅な削除の場合が多いからである。次に個々の教科書の特徴を見てみよう。

a.　国民学校用『高等科英語』

戦時版と暫定版との相違は 10 箇所ほどあるが、重要な変更点は以下の 3 点である。

（1）『高等科英語』の削除・修正はきわめて少ない。挿絵もほぼそのままだが、第 1 課の戦時版では大東亜共栄圏地図と国民服姿の教師だったが、暫定版では世界地図と背広姿の教師に代わった（第 3 章第 5 節参照）。第 2 課にあった国民帽も学生帽に描き替えられている。色を題材とした第 11 課でも、戦時版にあった挿絵が暫定版では削除された。

（2）付録のローマ字表を見ると、戦時版の「敵機 tekki」と「敵 teki」が、墨ぬり版ではペンで消され、暫定版では削除されている。だが、武士道に関係のある「勝ってかぶとのををしめよ」、「しき島のやまと心を人問はば朝日ににほふ山桜花」は GHQ が削除対象とした「大和魂」に該当するはずだが、墨ぬり版、暫定版ともに削除されていない。

（3）表紙を見ると、戦時版には黒枠があり「文部省」の文字が左下にあったが、暫定版では枠がなくなり「文部省」は右下に移った。

なお、この暫定版に準拠したレコードも 1947（昭和 22）年に出されていた（図 2–21）。SP 版 4 枚で、吹き込みは青木常雄（東京高等師範学校）と巌本マーガリート（東京女子大学）、発行は民主教育新聞社で、「マッカーサー司令部協賛・文部省認可」とある。44 ページにおよぶ解説も付けられている。こうした音声教材は入門期の英語学習に重要であり、極端な物資難の時代にあって貴重な努

図 2–21　青木常雄らが吹き込んだ『高等科英語』準拠のレコード (1947 年)。なお青木は、このレコードについて「郵送の途中に、音盤が殆んど全部破損してしまい、出版会社が破産したため、日の目を見ずに終わったのは残念だった」と回想している (『教壇生活の思い出』p. 26)。

力だった。

b.　中学校用『英語 1』

(1) 2 冊の墨ぬり版を見ると、何らかの削除が行われた部分の割合は，本課では 34 課中 11 課で，全体の約 3 分の 1 に当たる。付録では 8 のうち 3 で、修正箇所は大小合わせて 51 ヵ所である。削除修正された部分は，tank, aeroplane, glider, warship, soldier, sailor, fighter, bomber, airman, fighting などの戦争に関係のある語句、文、絵がほとんどである。ただし，このような語句が修正されていないページもあり、削除修正の不徹底さが見られる。また、天皇制に関する部分も対象となった。1946 (昭和 21) 年は天皇の人間宣言とともに明けたが、「皇居遥拝」をテーマにした第 32 課 Be a Good Japanese Boy! では、墨ぬり版 A 本と「暫定版」の両者で “We stand in a line, turn towards the Imperial Palace and bow. We thank our soldiers and sailors for their brave deeds. We pray for our success in war.” を削除しており、B 本では前半の皇居遙拝の部分は削除されていない。文部省の「墨ぬり指令」(1945 年 10 月) には天皇制に関する記述は含まれておらず、むしろ削除後に補充すべき教材例の筆頭に「国体護持」教材を挙げていたくらいだから、皇室崇拝に関する記述を削除すべきだとは認識していない教員もいたようである。

(2) 墨ぬり削除で言語材料に欠損が生じ、学習に支障をきたす部分ができた。星山三郎は、削除の「結果は相当重要と思はれる単語や語法、又は文章形式までが幾つか省かれるとか、提示の時期を失するといふことが起きて来た」[30] と述べている。たとえば、オーラル・メソッドの Question & Answer Drill に必要不可欠な Question, why, because などの重要単語が削除されている。また、墨ぬりA本の第4課 What is . . . ? では冒頭の "What is this? This is a warship." という文が削除されたために、目標文が失われてしまった。"What is that? It is an aeroplane." という文がすぐ後に出てくるが、"What is this?" は5課先まで待たなければならなくなった。また、第9課 We can . . . では戦車、飛行機および大日本帝国地図が登場しているために、冒頭の目標文 "We can see a big tank in this picture." に始まる前半の6文が削除されている。その結果、課の主題は後半の What is this? Where is . . . ? に移ってしまった。これでは第4課の復習にすぎなくなる。

(3) 戦時的な語句を穏当な語句に差し替えて使用した例も見られる。たとえば、soldiers → brothers, sailors → sisters, fighting → working, airman → scientist などで、まるで兵士が復員して平時の仕事に戻ったかのようだ。こうして、わずかな単語の差し替えで、題材内容は戦時から平時に一変した。

語句の差し替えは暫定版にも引き継がれた。Nippon がすべて Japan に置き替えられ、ドイツ色も執拗に一掃されている。第7課に登場するドイツ少年 "Karl" は "Taro Yamada" に、"I cannot speak German." は "French" に、"You are a German boy." は "Japanese boy" に替えられている。ただし、『高等科英語』の暫定版では "Can you speak German?"（14課）がそのまま残されており、不徹底である。

(4) 暫定版では分量を削減するために、約8割もの課が何らかの削除修正を被っている。このうち、The Preparatory Course（予備課；12ページ）および Classroom English が全面削除されたことは、オーラルメソッドで教えることを意図したこの教科書の最大の特徴を失わせかねない。ただし、Drill in Sounds が挿絵付きで残されたので口頭練習は可能である。なお、戦時版では冒頭にあったアルファベット表が暫定版では《中》分冊にまわされており、不便になった。戦時版では各ページにあった新出単語と発音表記も暫定版では第3分冊の末尾の新語欄に一括され、この分冊が届く秋以降にならなければ利用できなかった。

c. 中学校用『英語 2』

(1) 墨ぬり版の7冊すべてで事実上の全面削除が行われている課は3課ある。① 山本五十六海軍大将を題材にした第12課 Admiral Yamamoto and His

[30]「中学英語教師のメモ（現行リーダーの教材について）」『英語の研究と教授』1947年2月号

House、②大東亜共栄圏を題材にした第22課 Nippon and Its Neighbours、③「独軍の落下傘部隊に関連して、わが国の空の神兵に就いても注意を喚起する」(『英語編纂趣意書』) ことを意図した27課 The Glider である。この他、防空訓練および戦闘場面の挿絵などを含む第11課 My Diary は6冊が全面削除、1冊が大幅削除、学校での軍事教練などを描いた第1課の The New School Year は5冊が全面削除、2冊が大幅削除である。削除された文例を見てみよう。

> My parents always say that all Japanese boys are to become brave and strong soldiers in future. So I will try to do my best to train myself through military training. (両親はいつも、日本男児は将来みな勇敢で強い兵士になれと言います。そこで、僕は軍事教練を通じて精一杯、自分を鍛錬したいと思います。)
>
> Our principal told us that we should think of our soldiers and sailors at the front and do our best. (校長先生は僕らに、戦場にいる陸海軍兵士のことを思い、全力を尽くすよう訓示されました。)

全面削除された教材に代わる教材は補充されていないが、新出の言語材料はほとんどなく、大きな実害はない。概して『英語』は軍事色の強い課では戦意高揚のために題材の内容理解(教化)に比重が置かれ、重要な言語材料はあまり配置されていない。

なお、第24課 Working All Together は協力の必要を説く寓話で、一見すると削除の理由がわからず、暫定版では無削除のまま再録されている。しかし、墨ぬりのB本では全面削除されている。『英語編纂趣意書』によれば、実はこの教材のねらいは「この寓話を通じて一億一心の精神を涵養する」ことだった。同じ教材でも、どのような時代的コンテキストの中で使われるかによって客観的な意味が変わるのである。

(2) 第1課では戦時版の "We have four English lessons a week." という記述が「暫定版」では "five English lessons" に変えられている。法令上は4時間のはずだが、この頃は国史、修身、地理の授業が禁止されていた上に、おりからの英語ブームもあって英語の授業時間数を増やす学校もあった。たとえば、東京都立三中で英語を教えていた高梨健吉は「昭和21年当時、三中の地理の先生は授業が許されないので労働組合の専従となり、その埋め合わせもあって英語の時間は随分増えた。生徒は週6〜7時間は英語を習ったと思う」と回想している（1993年10月17日の談話）。なお、敗戦直後の社会の実状に近づけるための改変は他教科でも行われていた。たとえば国民学校6年用の暫定国語教科書の教材「雨ニモ負ケズ」（宮沢賢治作）の記述は「一日玄米三合と味噌と少しの野菜」とあるが、これは食糧難を考慮して文部省側が原作の「玄米四合と . . . 」を勝手に変えたものだった。

（3）付録の「ローマ字綴り」ではNipponが削除され、「活況kakkyo」が身近な「鉄橋te*kk*yo」に代えられた。しかし、Taro → Ikeda、Tokyo → Kobeといった改訂は意味不明である。

d. 高等女学校用『英語』

（1）女子用の戦時版は男子用よりも戦時色が薄い。特に巻2はイギリスの家庭生活や学校生活などを題材とした課が全体の3割を占めているため、登場人物を見るとイギリス人がトップで全体の37%の課に登場し、次いで日本人が27%となっている。決して軍国主義と国粋主義一辺倒ではなかったのである（第2章第4節参照）。そのため、墨ぬりは4課だけで、暫定版でも本文をそのまま使えた課が73%あった。

戦時版の女子用は銃後の覚悟を促す題材が目を引く。たとえば、巻2の第26課From Harue's Diaryや29課The Mother's Heartなどがそうで、暫定版では全面削除されている。神社への戦勝祈願も削除・修正された。巻2の第14課Tokyoでは、戦時版の"In Tokyo there are the Imperial Palace, the Meiji Shrine and the Yasukuni Shrine."の下線部（明治神宮と靖国神社）が墨ぬり版B本では削除され、暫定版では"In Tokyo there are the Imperial Palace, the Museum and many famous parks."に改められている。神社参拝に関する記述が一掃されているのは、GHQが神道に関わる教材を厳しく排除したためである。ただしImperial Palace（皇居）は許されている。中学用で皇居遥拝の記述が削除されたことと合わせて考えると、GHQによる検閲のサジ加減を知る上で興味深い。

（2）巻2の墨ぬり版のうち、2冊とも全面削除されたのは「大東亜共栄圏」の風物を取り上げた第23課The South Seasのみである。A本ではこの課の最終ページが残されているが、次の課への影響を防ぐためで、事実上の全面削除とみなせる。第14課では"Greater East Asia"（大東亜）の語句がA本で削除されている。第15課The Worldでは、"Our country, Nippon, is in Asia, and is the strongest in the world."の下線部、"Manchoukuo"（満州国）、"Our language will be used more and more in the Greater East Asia" の3箇所がA本で削除されているが、B本では無削除である。暫定版では "Manchoukuo" や同盟国だった "German", "Italy" という語が削除され、"Nippon" が "Japan" に改められている。第19課では墨ぬり版B本で「昭南」(日本統治下のシンガポールの呼称)が「大阪」に修正されているが、A本では無削除である。

(3) 暫定版では巻1冒頭の「予備課」と付録の Classroom English が全面削除されており、オーラル・メソッドで教えるには不満が残ろう。

e. 中学校・高等女学校兼用『英語3』(暫定版)

(1) 暫定版第3巻の編集過程はかなり複雑である。本課18課のうち、戦時版から採られた教材は高等女学校用から11課(61%)、中学校用から5課(28%)、新規補充教材が2課(11%)で、付録の会話表現と文法は高等女学校用から採られた。戦時版の『英語』巻3は、男子用に War-planes and Their Uses (軍用機とその使用法)、Simose Explosives (下瀬火薬)、The Submarine (潜水艦)、女子用に The Glider (グライダー)、War-planes (軍用機)、The Mother of a Japanese Soldier (日本兵士の母) などの軍国主義的な内容の題材が多かった。そのため、これらを除いた残りの教材では1冊の教科書が作れず、中学校用と女学校用の戦時色の薄い教材を合体させ、さらに2課分を新規に補充して、ようやく男女共用の1冊を編集したのである。

(2) 戦時版の巻3から採られた課でも、本課18と付録3のうち何らかの削除修正を受けたものは19 (90%) に達している。その理由は軍国主義が42%、国粋主義が29%、記述改善は29%である。内容的には、たとえば第1課 For the Joy of New Life の練習問題(英作文)では戦時版の「昨日は二三人のお友達と一しょに靖国神社に参拝しました。」が「昨日は二三人のお友達と一緒に上野公園に行きました。」に、「神社の桜花は満開でまことに美しうございました。」が「上野公園の桜花は...」に改訂されており、「私どもは神前で大東亜戦争の完遂を祈念いたしました」はもちろん全面削除されている。第13課 English Weather の練習問題では、"In winter which is colder, Nippon or Manchoukuo?" という問題が "In winter which is colder, Japan or America?" に変更されている。日本人にとって最も親密な国が「満州国」からアメリカになったということか。それにしても、日本とアメリカ(州ではない)の冬はどちらが寒いのだろう? 筆者には即答できない。

(3) 新規に補充された14課 Calls および16課 On Reading in Relation to

Literature（Lafcadio Hearn 原作）の2課は、筆者の調査では、ともに斎藤静著 *Present-day English Readers* 巻4（冨山房、1940年改訂版）の27課および22課とまったく同じ文章である。逼迫する発行期日の中で、かなり慌ただしく編集作業を行った様子がうかがわれる。

f.　中学校・高等女学校兼用『英語4』（暫定版）

（1）戦時版の『英語』第4巻は空襲による原稿の焼失のために発行されなかったから、暫定版の巻4は新規に編集されたものであろう。筆者の調査では、たとえば第11課 Leonardo da Vinci は斎藤静著の検定教科書 *Present-day English Readers*（1936年版）巻5第16課の後半部分とまったく同じ文章であることなどから、この巻の編集に当たっても戦前のリーダーの材料を一部で使用した可能性がある。

表2-14　『英語4』（中学校・高等女学校兼用）目次

1	Welcome to April	11	Leonardo da Vinci
2	How Roosevelt Became Strong	12	The Newspaper
3	The Rich Man's Guest	13	Development of the United States
4	The First "Thanksgiving"	14	The Work of the Inventor
5	The Ancestors of the English	15	Where the Sun Shines at Midnight
6	A Forest Flower	16	Chemistry and the Work of the Chemist
7	Pasteur		
8	An Impression of England and Englishmen	APPENDIX	
9	The Olympian Gods	I	U.S.A.; The Country and the People
10	The Last Princess	II	Grammar
		III	Notes

（2）各課には本文の後ろに英問英答、空所補充、和訳、和文英訳などの Exercise や語句や発音のまとめを行う For Study が付けられている。また、付録には文法（準動詞、時制の一致と話法）および本課の注解に加えて、6ページにも及ぶ読み物 U.S.A.; The Country and the People が載せられている。第13課にも Development of the United States があり、一気にアメリカ教材が充実した。戦時下とはうって変わって、同課はアメリカに対する次のような肯定的な記述で締めくくられている。"The energy of the nation combined with the natural treasures of the land have made America a wealthy and a thriving country.

No wonder that the American is very proud of it.”

(3) 第1課 Welcome to April は新学期にふさわしい教材で、最後に Robert Browning の Pippa’s Song が載せられている。この詩は翌年度に発足した新制中学の教科書 *Let’s Learn English* 巻3にも Pippa Passes として載せられた。

g. 中学校・高等女学校兼用『英習字1』(暫定版)

中等学校教科書株式会社著作兼発行の『英習字』は戦中の1944 (昭和19) 年3月に1巻だけ発行されたことが確認されている (90ページの図2–9参照)。戦後の暫定版もまったく同じ内容である。

なお、『中教出版十年史』(1953年) には『英習字』(1、2、3) が1944 (昭和19) 年発行の「標準教科書」として記されている。しかし、この2巻と3巻は文部省の『検定済教科用図書表』にも記載がなく、実際には発行されなかったと思われる。暫定版の『英習字』も1巻だけが発行され、2巻と3巻は英文法や英作文の教科書と同様に発行中止になった。

h. 青年学校用の『青年英語1』

青年学校は1935 (昭和10) 年の青年学校令によって、軍事的訓練を施していた青年訓練所と実業補習学校を統合して発足し、1939 (昭和14) 年には男子青年学校が義務制となった。1947 (昭和22) 年の新制発足に際して、青年学校の一部は新制中学校に移行吸収され、翌年度で廃止された。

青年学校の課程には英語科 (外国語科) に関する規定はなかったが、1946 (昭和21) 年7月に発行された暫定教科書『青年英語1』(*English Readers for Youth School. Book One*) は、この時期の青年学校で英語教育を実施していたことを実証する画期的な資料である (図2–22)。著作兼発行は国策会社の青年学校教科書株式会社で、事実上の国定教科書である。

文部省教科書課の宍戸良平は「目下進行中にして本年度中に間に合はせるものとしては、実業学校用の『実業英語一・二・三・四』、青年学校用の『青年英語一・二・三』がある。いづれも用紙事情や印刷能力低下のため分冊として発行される」[31] と記している。前者は4巻すべてが刊行されたが (後述)、『青年英語』の第2分冊以降は発行が確認されていない。第1分冊を見ると、ほとんど各ページに挿絵があり、言語材料的には国民学校用の『高等科英語』とほぼ同

[31] 宍戸良平「英語教科書について」『英語の研究と教授』1946年10月1日号、pp. 29–30

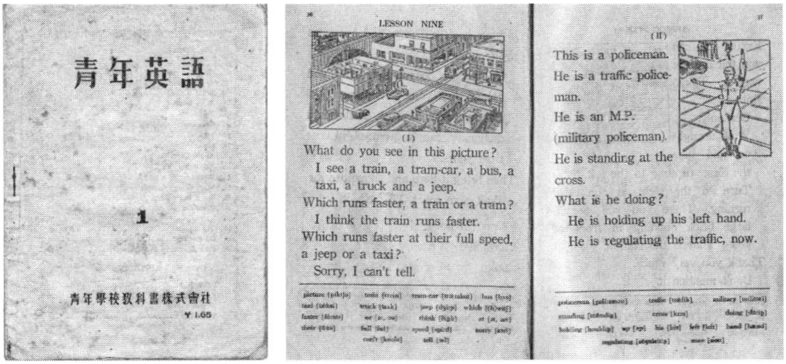

図 2–22　青年学校用の『青年英語 1』（1946 年 7 月刊）

じ程度で、新語数は 414 語、各課平均 23 語である。占領下を反映して、第 6・9・10 課には日本駐留中のアメリカ兵が登場するから、戦後になって編集されたものであろう。本文の英語は “Have you a radio-set?”, “Yes, I have . . .”, “It is twenty to six.”, “colours” などのように戦前同様のイギリス式である。

i.　実業学校用『実業英語』

実業教育振興中央会著『実業英語』（全 4 巻）は実業学校実業科用として実業教科書株式会社から 1946（昭和 21）年 9 月に発行された。『実教出版 50 年の足跡』（1992 年）によれば、実際の著者は広島高等師範学校教授だった牧一（まきいつ）である。この教科書の最大の特徴は、分冊刊行された他の暫定教科書と異なり、巻ごとに製本され、豊富な挿絵と色刷りの口絵まで付けられていることである。

内容的には、同時期の中学校用と同様に豊富な読み物（The Lighthouse Lamp, Anecdotes など）、外国事情（May’s Letter from Cheltenham, Tom’s Letter from Geneva, Switzerland）、歳時記（Spring, At the Seashore, Autumn）などから構成され、実業に関係する課は意外と少ない。各課の最後には Grammar and Drill が付いており、巻末には 13 ページにわたって「英文法の大要」がまとめられている。戦時下で発行された中学校用の『英語』と同様に、一部には The Co-co-nut や A Chat about India-rubber などの「大東亜共栄圏」の物産を扱った課があるから、少なくとも原稿の一部は戦時下で準備されていたのかもしれない。

敗戦直後の英語学習状況

(1) 暫定英語教科書の学習状況

暫定教科書『英語4』を使った東京都立大泉中学校における授業風景が、青木常雄の「学校参観記」に次のように紹介されている(『英語の研究と教授』1947年3月号)。

> 犬飼氏の四年英訳の授業を観る。「英語」IVのLeonardo da Vinciの第二時目。
>
> 復習は前時間の教材に即した英問英答。上級では原則として之は無理だが、此課は至極なだらかに進んで行く。新教材はoral introductionで始まる。textにこだわらず話の筋を追って行く'came about'は前時間の'took place'にreferし'happened'とparaphraseし、"His work came to the notice of Duke Lorenzo."はHis work was noticed by D.L.と言ひ換へ、"making up his verse as he went along"は、while he was playing on the lute, he composed his songと直して言って聞かせた。'palace'や'courtier'などの英語の説明も巧妙だった。
>
> 本を開いて範読。発音、区切、抑揚、速度等皆良し。次いで生徒に読ませたが、readingの練習は意味がすっかり判ってからにしたい。
>
> 語句の吟味に移る。生徒がworkを[wɔ:k]と発音すると、[wə:k]と直す。これでよいわけだが、この一語だけを直すのでなく、凡そwoは「ワー」に近くwaは「ウォー」に近い、と言ってやり各数語づゝ例を挙げるがよいと思ふ。(以下略)

授業ぶりはオーラル・メソッドを用いた見事なものである。敗戦の翌年、教材は粗末な暫定教科書ではあったが、教師しだいでこのような授業が行われていた事実に注目したい。

ただし、全国の中学校がこうした授業を展開できたわけではない。教室、教材、教員、そして食料にも事欠くなかで、多くの生徒はこの薄い暫定教科書すら順調に消化できたわけではなかった。愛媛県の長浜高等女学校でこの暫定教科書を教えた祐本寿男は、「私が保存している教科書を見ると2年用の最後の分冊だけ欠けているので、巻2《後》は教室で教えなかったものと思う」と証言している(1993年10月17日の談話)。さらに、愛知県下の旧制中学校の報告書の中に「英語教育の強化がめだつが、学力はすこぶる低下しており、四年生で

『ブックII』使用といった状況であった」とある。[32]

(2) 教科書の遅配と不足

暫定教科書が新学期に間に合わない学校も多く、生徒全員に行き渡らないこともあった。その場合は教科書のくじ引き、筆写、教師によるガリ版印刷、旧教科書の再利用、はては市販の「虎の巻」をテキストとして使うことで急場をしのいだ。青木庸效は旧教科書を再利用した様子を次のように回想している（1994年2月9日の談話）。

> 兵庫県淡路島の国民学校6年生の時に敗戦で、2学期になると教科書に墨を塗った覚えがあります。翌21年の4月からは県立の旧制洲本中学校に入学しましたが、はじめは英語の教科書もノートもありませんでした。そこで担任の小林清一先生が4、5年生に呼びかけて、彼らが以前使っていた *Companion Readers*（巻1）を供出してもらいました。それが1年生のほぼ全員に渡り、これを借りて英語の勉強を始めたわけです。その後だいぶ経って、たしか秋以降に仮折りの貧相な教科書が来て、糸で綴じ合わせて使った覚えがありますが、*Companion Readers* でだいぶ進んでいましたから、この糸綴じ教科書で習うほどのこともありませんでした。翌22年になると *Let's Learn English* で習いました。

当時の4、5年生が使ったという飯島東太郎著 *Companion Readers* は1940（昭和15）年の5種選定に選ばれた教科書で、題材に戦時色がほとんど無かったために、戦後でも使用可能だった。教科書が手に入らない生徒には、教科書の「虎の巻」（生徒用自習書）が代用教材になった。

こうして、校舎は焼け、教科書は揃わず、ノートにも鉛筆にも事欠き、容赦なく襲ってくる空腹と闘いながらも、空前の英語ブームに沸きかえる中、したたかに戦後の英語科教育は再出発を開始したのである。

英語教育史の中の墨ぬり・暫定教科書

1945（昭和20）年秋から使われた「墨ぬり」英語教科書と、翌年度1年限りの「暫定」英語教科書は旧制最後の英語教科書であり、教育政策の転換を証言

[32] 中村新三（1986）『戦後教育の原点を探る――墨塗り教科書展を終えて』私家版、p. 9

する第一級の資料である。

「墨ぬり」英語教科書を12冊検討した結果、削除の方法は「墨ぬり」のみならず「棒引き」「紙貼り」など少なくとも6種類に及び、削除箇所の判断にも不統一があることがわかった。英語科の場合は、文部省通牒などを一般的な指針としながら、現場教師の判断と裁量で、かなりの学校で教科書の削除・修正が実施されたと結論づけることができる。

1946（昭和21）年度の暫定英語教科書は、『英語4』を除いてすべて戦時版の改訂・再編版である。改訂の理由は割合の大きい順に4種に区分できる。

① 軍国主義、国粋主義、大東亜共栄圏、天皇制、神道などの戦時的な記述を削除する政治的な理由。

② 分量を削減するための技術的な理由。

③ 挿絵の削除に伴う便宜的な理由。

④ 改訂・再編に伴い記述を改善した積極的な理由。

このうち、最も本質的な変更点は①であり、「墨ぬり」された教材と共通する部分が多い。こうした削除・修正を余儀なくさせたものは、日本の敗戦と占領軍総司令部の権力であり、日本の過去の教育に対する重い清算要求であった。しかし、墨ぬり指令の中心人物だった久保田藤麿・文部省青少年教育課長（当時）によれば、墨ぬり教科書の目的は「例の機密書類の焼却と似通ったところがあった。つまり、日本へ進駐してくる米軍の目から、教科書のなかの軍国主義的なところを事前に隠してしまおうというのがねらい」[33] だったという。墨ぬりという証拠隠滅は、真摯な反省ではない。過去の誤りに対する出発点での自己批判の欠如は、新たな誤りに道を開きかねない。

『英語』の戦時版は、題材に戦時的な制約はあるものの、戦前の新教授法運動と英語教科書編集水準の到達点を体現した教科書だった。しかし、戦後の改訂作業には元版の編集に携わった東京高等師範学校系の英語教育専門家たちは参加を要請されなかった。暫定教科書の編集は文部省の責任で行われたが、英語の編修官は英語教育の専門家ではない政治学者の木下廣居で、工業や商業の教科書も手掛けていた。時間的な制約もあるが、暫定版の記述変更を見ると、戦時版のコンセプトだったオーラル・メソッドによる指導の視点を十分に理解していたとは言い難く、言語材料面での本質的な改善も認められない。題材論的には、戦時的な記述を改変するのが精一杯で、戦後民主主義教育の理念を体現

[33] 読売新聞戦後史班編（1982）『昭和戦後史 教育のあゆみ』読売新聞社、25ページ。

した積極的な教材を盛り込むまでには至らなかった。

暫定英語教科書と、翌年に出された新制中学校用の*Let's Learn English*および新制高校用の*The World through English*との間には内容的、人的には直接の継承関係はない。しかし、口頭練習への配慮、易から難への言語材料の並列、語彙の精選、題材における日本人の視点の導入など、『高等科英語』や『英語』に体現された戦前の英語科教育の獲得物を戦後の検定教科書に連続的に伝承したのは「墨ぬり」教科書であり、暫定教科書だった。こうした教科書の存在によって、戦前、戦中、戦後の戦火と廃虚と政治的激動の中を、日本の英語科教育は一時の中断もなく継承できたのである。

第6節
戦後の英語教科書史から何を学ぶか

すべての子どもに外国語学習の機会を保障した新制中学校制度は、2007（平成19）年に60歳の還暦を迎えた。昭和も歴史となり、冷静にふり返ることができるようになった。戦後の英語教科書を読み直し、子や孫に引き継ぐべき英語教育の遺産目録を整理してみよう。

戦後教科書は「墨ぬり」から

戦争で教室は焼け、子どもたちは飢えていた。だが向学心は強かった。希望があったからである。街には米兵が闊歩し、英語の看板が目についた。こうして、簡易な英会話本を中心に、一気に英語教材があふれた（図2–23）。ラジオの英語会話番組は杉山ハリスと西内正丸を講師に敗戦の1ヶ月後には再開された。英語教科書も、堀英四郎編著 *The Practical English Readers* の第5版が敗戦の年の11月10日に発行された。

1947（昭和22）年度に発足した新制中学校は男女共学となった。その精神を象徴するかのように文部省著 *Let's Learn English* の表紙には男女が一緒に歩く姿が描かれ、翌年に初版が出た *Jack and Betty* の表紙では、男女が手まで握っている（図2–24）。やがて男女が手を取り合うフォークダンスが運動会の定番となる。学校の民主化は、米軍のジープと軽快な曲「オクラホマ・ミキサー」

図2–23 敗戦直後の英会話教材

図2–24 新制中学用の *Jack and Betty*

に乗ってやってきた。あのダンスは恥ずかしかった。坊主頭の少年には、ちょうちんブルマの少女がまぶしすぎた。

ちなみに、*Let's Learn English* は文部省著作となっているが、実際の著者は宍戸良平・木名瀬信也・中村道子の3名である。[34] ただし、ニューヨークで初等教育を受けたバイリンガルの中村によって、米国人の執筆と見まごうばかりのアメリカニズムがこの教科書に吹き込まれた。文型や文法事項の配列の面でも、外国語としての英語教育（EFL）の基本原則である「易から難へ」の構成には必ずしもなっていない。他方で、この教科書によって初めて示された登場人物の統一と話題中心の単元構成は、*Jack and Betty* に代表されるその後の検定教科書に大きな影響を及ぼした。

新制中学校が発足した年の4月には、この教科書以外にも黒田巍編 *Ai-iku-sha's Robin Readers* が出ていた。奥付には「本書は学生・生徒の同意を得て学校の補助読本として採用することが出来ます」とある。「学生・生徒の同意を得て」というあたりに戦後民主主義の息吹を感じる。

戦後民主主義と *Jack and Betty*

1949（昭和24）年度からは民間の検定教科書時代に入る。中学校外国語用だけで2006年度分までに149種類も出されたため、採択率の高い教科書を優先的に考察したい。採択率は1963（昭和38）年度の中学用では *Jack and Betty* の開隆堂が64.8%と、2位の三省堂22.8%を大きく引き離し、1978年度の44.5%まで首位を守っていた。1967（昭和42）年度に登場した東京書籍の *New Horizon* は1981（昭和56）年度に首位を奪い、開隆堂、三省堂と御三家を形成している。

Jack and Betty はアメリカ中産階級の日常生活を描くことに徹した親米教科書として有名だが、それは時代の反映でもあった。1949（昭和24）年5月に実施された時事通信社の世論調査によれば、日本人が「もっとも好きな国」はアメリカが断トツの62%で、2位のイギリスは4%でしかない。逆に、「もっとも嫌いな国」はソビエト連邦の53%で、アメリカが「嫌い」はたった1%だった。「冷戦」体制に日本人の意識もスッポリはまっていたわけだ。もっとも、アメリカの対日占領政策も巧みで、ブッシュ政権の対イラク政策とは大違いだった。

[34] 江利川春雄（2002）「文部省著作 *Let's Learn English* の編集とその周辺」日本英語教育史学会『日本英語教育史研究』第17号

図 2–25 *Jack and Betty* 1948 年版（左）と 1956 年版（右）の父親像

教材には、「どんな次世代を育てるか」という思いが込められている。*Jack and Betty* の初版を見ると、Jack の父親は自動車会社の技術者だった。汗と油にまみれて物作りに励むことが、戦後復興期の理想像だったのである。ところが、『経済白書』が「もはや戦後ではない」と宣言した 1956（昭和 31）年版では、父親はオープンカーを運転し、おめかしして家族ドライブとしゃれこんでいる（図 2–25）。給料が上がったのだろう。後継の *New Prince*（1966 年度版）になると、主人公の Roy は父親の職業である医者志望で、あこがれの階層が上昇している。*New Horizon*（1972 年度版）を見ても、これまた主人公 Mike は父親と同じ医者志望。これでは、子どもが塾に行くはずだ。

1950 年代に入ると、日本は朝鮮戦争を足がかりに高度経済成長の軌道に乗ろうとしていた。この頃が戦後の英語教育と英語教科書の青春期だった。当時の日本映画と同様、黄金期と呼べるかもしれない。自由奔放で、創意と活力に満ち、恐いもの知らずだった。

学習指導要領（試案）は 1951（昭和 26）年に改訂され、翌年 3 月に外国語科英語編が刊行された。英語と日本語訳からなる 3 巻 759 ページの大作で、英語教育専門家、中高の英語教師、文部省が三位一体で作り上げた。1947（昭和 22）年に新制中学が発足した当初、英語教師の約 9 割は正規の免許を持たず、なかには sometimes を「ソメチメス」、11、12 を ten-one, ten-two と教えた教師もいたという。だからこの指導要領には英語教師に必要なあらゆる情報が満載され「英語教育百科全書」といった壮観さがある。もっとも、あまりの長大さに、読み通した教師はほとんどいなかったが。

付録 III の「英語教科書の採択基準試案」は特に歴史的価値がある。「教科書の採択にあたっては教師はみずから審査員であることを自覚しなければならない」と明記され、教科書は「民主的な生活様式を発達させ、国際的観念と平和愛好心とを養うのに役だつこと」など、平和と民主主義の普及者としての教科書の使命を謳っている。

そうした時代の息吹のなかで、1952（昭和27）年度には中学用だけで26種類もの英語教科書が出ており、教師たちは手にとって好きな教科書を選んだ。この年、全国の過半数の学校で採択されたのが *New Jack and Betty* で、シリーズ8種中の最高傑作だった。この教科書は初版の2倍を超す大冊で、巻1でも176ページあった。当時は英語を週4〜6時間教えることができたから、過去完了、関係副詞、分詞構文、仮定法、話法まで盛り込まれていた。日本語をいっさい使っていない点にも隔世の感がある。English Step by Step という副題が示すように、言語材料が段階的に配列され、学びやすかった。

1949（昭和24）年度にデビューした *Jack and Betty* シリーズは、点字版や東南アジア版、さらには同名の教材映画まで作られたほど大人気だった。人物、場所、風物などで徹底的にアメリカにこだわった題材がウケる時代だったのだ。しかし初版を注意深く読むと、英語表現の方は必ずしもアメリカ英語一辺倒ではなく、Do you have . . . ? の代わりに Have you . . . ? が、OK. の代わりに All right. が使われている。イギリス英語一辺倒だった戦前の教科書の影響が残っているわけで、こんな逸話もある。

初版 *Jack and Betty* のタイプ原稿が GHQ の検閲に回されたとき、担当官の Redman は「OK. はスラングだから All right. に直すべきだ」と指示した。著者の稲村松雄らが訂正して再提出すると、彼は陽気に "OK!" と言って受け取った。

初期の *Jack and Betty* で学んだ生徒たちはみな定年を迎えてしまったが、中学生だったころ、どんな気持ちでこの教科書を手にしたのだろうか。「ジャック・アンド・ベティー物語」を制作したテレビプロデューサーの堀川敦厚は、1950（昭和25）年に入学した中学時代の想い出をこう語っている。

> Jack と Betty の生活は、学生生活も家庭生活も、僕らの目にはまぶしいほどに明るく輝かしく映った。もちろん、最初にこちらの目に飛び込んできたのは、生活の豊かさでしたけど、（中略）背景に潜む精神文化のようなものも盛り込まれていたような気がするんです。
>
> （『JACK AND BETTY あの日あの頃』1992年）

当時の「精神文化」といえば、なにより democracy が時代のキーワードで、

戦後初期の *The Gate to the World*（中学用）や *The World through English*（高校用）などにも、democracy を冠した教材があった。後者の改訂版である小川芳男著 *The New World through English*（1949 年）には Democracy and Japan と題する課があり、日本国憲法に従って戦争を放棄し、全世界との平和友好に向けた使命を熱く語る次のような一文があった。

> As the new Constitution enjoins us, we have to renounce war and to cultivate peace with all the world and to observe treaties in future with pure and absolute faith. But we must set out on our noble task right now and by ourselves.

1951 年版指導要領にも、教科書の題材には「民主主義をとりあげるべきである」とある。*New Jack and Betty 3*（1952 年）に載った Sportsmanship and Democracy はそんな時代の空気を伝えている。今でも立派に通用する教材である。

> History tells us that the largest number of people were sometimes wrong while only a few people were right.（中略）Members of a democratic society should be tolerant. They should give every team a chance to play. They should give each side in an argument a chance to express its opinion. No one in a democratic society is allowed to think that he is better or higher than any one else.

Jack and Betty はアメリカを美化しすぎているとの批判も出たほど、当時の子どもたちに「豊かで自由な」アメリカへのあこがれをかき立てさせた。なかには Jack や Betty が実在すると信じて、教科書に載っている Jack の住所 Evanston の Sheridan Road 78 番地にファンレターを出した生徒たちもいた。1992（平成 4 年）年に、堀川氏らのテレビロケ隊はこの番地が実在することを発見。だが行ってみると、なんと、そこは古くからの墓地だった。とすると、Jack の正体は . . . 。Unbelievable!

「55 年体制」下の指導要領と教科書

1950 年代の英語教育「青春時代」は長くは続かなかった。教育は政治の荒波

I　43

3. Student Government

John's class has student government.

Through student government, the boys and girls of the class help take care of themselves.

They help each other and do things by themselves and for themselves. They have their laws.

care　government　laws　student　things　themselves　each　other　through

図 2–26　民主主義を教える英語教材
松田秀次郎編 *The One World 1*（1950 年）

にもまれ、厳しい試練にさらされていく。1955（昭和 30）年に日経連は「新制大学卒業者の英語学力に対する産業界の希望」を発表、「学力低下」の克服と「役に立つ英語」への転換を要望した。同じことを半世紀以上も言い続けているわけだ。

東西冷戦が激化するもとで、保守と革新の 2 極化による「55 年体制」が成立した。文部省 vs. 日教組の対立構造もこの頃からである。同年、政府与党は『うれうべき教科書の問題』を出して教科書偏向キャンペーンを開始した。動きは迅速で、この年の暮れに出た『高等学校学習指導要領』から「試案」の文字を消し、翌 1956 年には教育委員会を公選制から任命制に変え、教科書調査官を新設して検定体制を強化した。検定不合格が続出し、福原麟太郎のような重鎮でさえ災難にあった。『週刊朝日』（1957 年 5 月 26 日号）に載った「落とされた福原英語」は痛ましい記録である。この記事が出たころ、学校現場は勤務評定問題で揺れに揺れていた。教師の苦悩と闘いを描いた石川達三の名作『人間の壁』が新聞に連載され始めたのも、この年の 10 月からである。

こうして、1958（昭和 33）年に中学校学習指導要領が官報に告示された。「試案」ではなく法的強制力を伴う国家基準とされたために、以下の点で英語教科書に深刻な影響を及ぼした。東京教育大学の藤井一五郎は「無味乾燥な、一向に変わりばえしない教科書が出揃う心配がある」といち早く予言したが（『英語教育』1959 年 6 月号）、その後の過程は予言どおりとなった。

文型・文法事項や語彙が学年別に細かく規定され、たとえば 1 年用に過去形を使えば検定に不合格となった。教科書編集は著しく制約された。なにより教科書が文型や文法中心の構成になり、多様な指導法が困難になった。

標準時数を3〜5時間に削減した。この「最低3時間」という乏しい時間数がさまざまな問題を生み出すことになる。

能力・適性・進路に応じた指導が主張され、中学の英語教科書はA、B、Cの3種類となった。1960（昭和35）年の指導要領改訂でコース分けは高校でも行われるようになり、就職組の「英語A」には産業に関する教材を求める規定があるなど、高度成長を担う「期待される人間」の育成が英語科にも要求された。逆に、進学者向けの「英語B」には英語国民の「思想感情」「制度」が、題材形式には「伝記、小説、劇、詩、随筆、論文」が追加されるなど、教養的側面が求められた。

1952年版指導要領に載っている語彙数は「だいたいの手びき」を示しただけのもので、面白いことに英語版と日本語版では700語も違う。今なら大問題だが、当時は「試案」だからと気にした様子もない。第1学年の新語数は300〜600となっているが、*New Jack and Betty 1* の新語は750語もあった。こんなのびやかな体制の下でなら、「ゆとりの教育」は可能だろう。

ところが、1958年版の指導要領では1年生が300語程度と規定されたから、一気に6割も削減しなければならない。これほどわずかな語彙で、どうして面白い教科書を作れようか。教科書編集者は苦悩した。だが、語彙数はその後も削減の一途をたどるのである（表2–15）。

このように、1950年代初頭には中高の6年間で上限6,100〜6,800程度だった新語数は、その後一貫して削減され続け、21世紀の子どもたちには2,700語程度しか許されない。半世紀の間に6割減である。ちなみに、旧制中学校の代表的なリーダーだった神田乃武 *New Crown Readers*（1923年版）の新語数は1〜3巻だけで3,448語、全5巻では6,710語あった。それでも、当時の中学生の英語力では「使い物にならない」として英語科廃止論にさらされたのだが。

もちろん語彙削減の背景には中等教育の大衆化、授業時数の減少、オーラル重視による活用語彙の精選といった側面はあろう。しかし、このままではハリー・ポッターの魔法でも使わない限り、「学力低下」をくい止めることはできまい。こうした危機感を背景に、2008（平成20）年3月に出た学習指導要領では、中学校の語彙数が1,200語程度に増えた。戦後初めて増加に転じたのである。しかし、クラスサイズの縮小や教員の増員などを伴わなければ、かつての「詰め込み主義」に戻るだけだということを肝に銘じる必要がある。

表 2–15　減り続ける新語数

指導要領の年次	中学校	高等学校	合計
1951〔日本語版〕	1,200〜2,300	2,100〜4,500	3,300〜6,800
1951〔英　語　版〕	1,200〜2,100	2,100〜4,000	3,300〜6,100
1958 / 60	1,100〜1,300	1,500 / 3,600	2,600〜4,900
1969 / 70	950〜1,100	1,200〜1,500 / 2,400〜3,600	2,150〜4,700
1977 / 78	900〜1,050	1,400〜1,900	2,300〜2,950
1989 / 89	1,000	1,900	2,900
1998 / 99	900	1,800	2,700

（註）「年次」中の斜線の区切りは左が中学、右が高校。「高等学校」中の斜線の区切りは左がいわゆる就職コース、右が進学コース。

政府側からの一連の教科書統制に対抗して、日教組や 1959 (昭和 34) 年に発足した新英語教育研究会は、教科書批判と教材の自主編成運動を展開した。ただし、この問題は文部省を非難するだけでは済まない。1958 年版指導要領は、言語材料の統一基準化を求める下からの要求を取り込んだ側面があったからである。高校進学率は 1954 (昭和 29) 年に 50% を超え、高校入試に英語を課す都道府県が広がりつつあった。そのなかで、入試問題や県下一斉テストを作成する必要から、教材内容の統一化を望む声が学校現場から出されていたのである。

まさに、藪をつついて蛇が出た。その蛇に教科書がさらに強く締めあげられるのは、続く広域採択制からで、その先の「週 3 体制」になると息も絶え絶えになる。

広域採択制で国定と同じに

1960 年代以降の中学用教科書が「実質的には国定と同一」だと言ったら、教科書関係者からお叱りを受けるだろうか。しかし、これは筆者ではなく文部省が「義務教育諸学校児童生徒に対する教科書の無償給与実施要項案問題点」(1961 年) の中で言っているのである (第 1 章第 11 節参照)。不気味な予言だが、実は過去に実績があった。英語教科書を「五種程度」とする統制は、国家総動員体制下の 1940 (昭和 15) 年に経験ずみだったのである。前例があると役所は強い。強い役所はシナリオを描き、自ら演出していく。

1963 (昭和 38) 年の教科書無償措置法 (アメ) と抱き合わせに、広域採択制 (ムチ) が導入され、65 年に全面実施となった。これまで学校単位だった中学用教科書の採択は、広域の地区ブロック単位で行われることになり、採択権が教師から教育委員会に移されてしまった。

さらに、1966（昭和41）年度から検定が3年に1回となり、同一教科書の3年連続使用が義務づけられた（1991年度から4年に延長）。1972（昭和47）年度からは、1社が1種類の教科書しか出せなくなった。出版社にとっては一発当たれば大儲けだが、はずれれば地獄。営業担当者は全国を駆け回り、1年を超す長期出張もあったという。なにより、不合格や不採択を避けるために、ますます指導要領に忠実になり、斬新な企画を抑えるようになった。

他人が選んだ教科書を3年も4年も使い続けなければならないのは、つらい。合わない教科書は授業から生気を、教師からは精気を奪い、退屈と怠慢を誘発する。しかし中学校ではこんな体制が半世紀以上も続き、学校採択時代を知る教師はみな退職してしまった。明治以来、中学教師は自分の教科書を自由に選んでいた。そこでは毎年、自らの教育観とプロの目利きが試された。

現在では、広域採択制に対して「あきらめている」と答えた教師が35%と最も多く、「制度を改正してほしい」は23%である。教科書展示会に出席しようにも「出張扱いになる」との回答は23%だけ（『新英語教育』2001年7月号）。学校の多忙化のなかで、無力感が教師を覆っている。

1958年版の中学指導要領が施行された1962（昭和37）年度には、6種類もの英語教科書が一気に消えた。その後も減少を続け、72年度は5種、75年度には4種にまで激減した。文部省が「実質的には国定と同一」とした5種程度への集約が、シナリオどおりに達成されたのである。

この1972（昭和47）年度には*New Prince*が採択率1位の56%で、この1種だけを選んだ県は13に及んだ。いわゆる「県定」教科書の登場である。こうした「県定」はその後も続き、2002（平成14）年度には6府県あった。

他方、高校用の教科書は学校採択制であり、指導要領の規制も比較的緩やかなため、多彩な教科書が出続けている。各種を合わせて1962（昭和37）年度に73種、72年度に76種、99年度は7分野で実に204種類ある。1973（昭和48）年度からは「英語会話」の教科書4種類が初登場し、コミュニケーション重視の傾向が強まった。しかし、英会話の検定教科書はこの時期の発明品ではなく、夏目漱石を教えたDixonの『英和日本学校用会話新篇』（1888：明治21）以来、戦前には32種類も出ていた。英会話が苦手なのは、教科書のせいではないようだ。

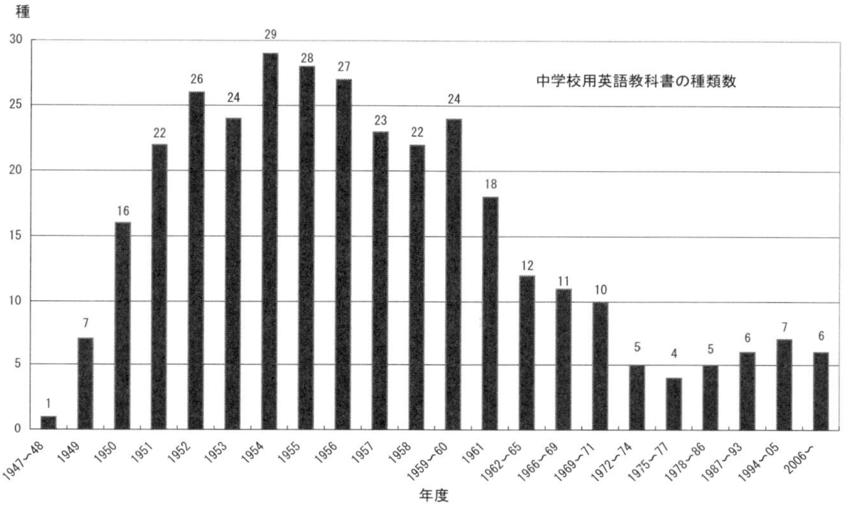

図 2–27　戦後の中学校用英語教科書の種類数

1960年代の英語教科書

学習指導要領と広域採択の厳しい制約のなかを生き抜いた代表的な教科書を概観してみよう。

(1) *New Prince Readers*

Jack and Betty シリーズは *Standard Jack and Betty*(1962年)のころから人気に翳りが出はじめる。経済力をつけて自信を回復した日本人は、アメリカ一辺倒の教材には食傷気味となっていた。1963 (昭和38) 年の日米テレビ初中継で飛び込んできた凄惨なケネディー暗殺、人種差別、ベトナム戦争など、アメリカの影の部分も見えてきた。こうなると、いつまでも生徒を Jack や Betty に擬態させておくわけにはいかない。こうして、東京オリンピックに沸いた1964(昭和39)年度から *New Prince Readers* が登場した(図 2–28)。多様な話題を盛り込んで雑纂的とし、徐々に日本ものの教材を増やした(後述)。

(2) *New Approach to English*

1960年代はオーラル・アプローチの全盛時代だった。ELEC は、開祖 C. Fries を顧問に迎え、中島文雄ら超一流の執筆陣を擁して、この教授法に忠実な教科書作りにアプローチした。ところが指導要領の厚い壁が立ちふさがっ

図 2–28　*New Prince Readers 1*（1968 年版）

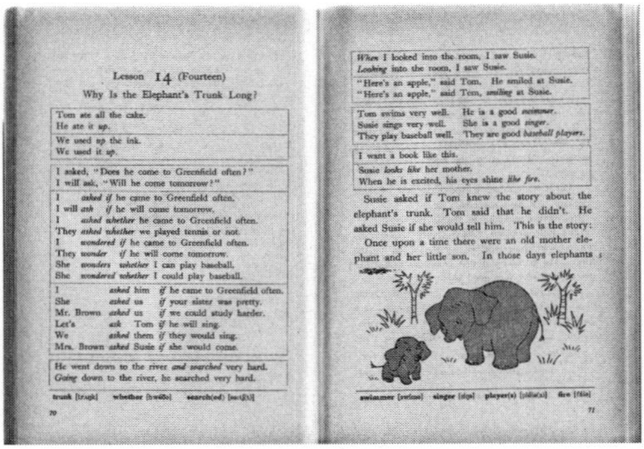

図 2–29　*The Junior Crown 3*（1962 年版）

た。改稿につぐ改稿を余儀なくされ、本来の持ち味を発揮できないまま 1962（昭和 37）年に発売。さっぱり売れず、シェア 1％前後に低迷したまま静かに息をひきとった。

（3）*The Junior Crown English Series*

スターダムにのし上がった教科書もあった。その代表が、W. Clark らによる *Junior Crown*（1962 年）である。第 1 課が一般動詞の I have a book. で始まり、be 動詞は 17 課になってから。This is a pen. があたり前だと思っていた教師たちの度肝をぬいた。所有の Have you . . . ? をアメリカ式の Do you have . . . ? にしたのもこの教科書が最初だ。各課の冒頭には詳細な文型パターンが付けられ、ELEC の *New Approach* 以上にオーラル・アプローチに徹している（図 2–29）。巻末に付けられた文型練習用の折り込みチャートも斬新で、各社は競ってこれをまね、1972 年版ではすべての教科書に付けられた。海外渡航の自由化が 1964（昭和 39）年に迫るなか、主人公が世界旅行をするという設定も評判を呼んだ。

教師を喜ばせたのは、絢爛豪華な教師用指導書類である。詳細な Teacher's Manual、教案集の Teacher's Guide に加えて、Teacher's Edition まで付いた。これには訳文、解説、解答が満載で、外見は生徒用とそっくりだから教室に持ち込めば準備なしで授業ができた。採択競争が熾烈をきわめるなかで、教師への過剰サービスはこのころから本格化したのである。

（4）*The New Globe Readers*

福原麟太郎のこの1962年度版は、初版の *The Globe Readers*（1954年）を引き継いだ読解力重視派だ。イギリスの風物が中心で、発音表記も英国式だった。失礼ながら、教科書よりも教師用指導書の方が面白い。各TMの巻頭にある福原の談話筆記「英語の話」は、英文学と英国文化のウンチクが縦横にあふれ、教養派の最後の総帥たる福原の面目躍如たるものがある。

しかし、時代の変化は容赦ない。*Globe* は旧制中学用の面影を残した最後のリーダーだったが、同じ福原の *Kenkyusha English Readers* と合計しても1969（昭和44）年度の採択部数は約6,000部（シェア0.1%）にまで落ち込み、力尽きた。語彙や文法材料が極端に削減された中学校では、読解中心主義が貫けるはずもなかった。それは教養主義の落日を象徴した。かくして1972（昭和47）年度の中学用からは、明治以来の伝統を誇るReadersの名称が消え、以後はCourseやSeriesが一般的となる。

週3体制の衝撃

1969（昭和44）年には中学校指導要領が改訂され、72年度から実施された。学習活動に代わって「言語活動」が強調された。場面に応じた運用力をめざせとの方針だが、文型・文法事項の学年指定はそのままで、肝心の授業時間数も標準3時間（4時間可）に削減されてしまった。

1977年版の中学校指導要領によって、1981（昭和56）年度から完全な週3時間体制となった。これに対し、同年には「中学校英語週三時間に反対する会」が結成され、反対署名、国会請願、文部省への陳情等をくり返した。事務局の若林俊輔氏宅の8畳間は、全国に発送する書類で天井まで埋め尽くされていたという。こうした尽力で、1989年版指導要領では「週3+1時間」に戻された。「学力低下」が憂慮されるいま、10年に及ぶこの闘いから学ぶものは大きい（第1章第13節参照）。

週3体制の下で、教科書の文型はそれまでの5種37から5種22に、文法事項は21項目から13項目に激減した。乏しい言語材料を学年別に配当しなければならないから、教科書はますます類似していった。

文構造が軽視され、本文の上に付いていた「目標文」が、1986（昭和61）年度版ではみな下に付けられるようになった。明治期から主張されてきた「帰納的」な文法指導法がついに定着したのかもしれないが、この方法の前提となる学習時間が少なすぎた。結局、文法軽視で英語が理解できず、時間減で英語に慣れることもできない。生徒ならずともキレる、ムカつく、ハラがたつ。1980 年代から学校が荒れた。私立中学では週 5〜8 時間の英語がザラだったから「公立離れ」が加速し、学習塾が大繁盛した。

文法軽視のしわ寄せは高校に回されたが、1983 (昭和 58) 年度からは高校からも検定済の文法教科書が消えた。このため、生徒思いの英語教師たちは (筆者も) 地下非合法活動を余儀なくされ、隠れキリシタンのごとく市販の「隠れ文法教科書」を使った。その伝統は次の指導要領下でも引き継がれ、「オーラル・コミュニケーション G」なるコードネームで呼ばれることになる。

日本人主体の題材へ

高度経済成長と 1964 (昭和 39) 年の東京オリンピックの成功で、日本人は自信をもちはじめる。所得倍増でテレビを手に入れた日本人は、アメリカ人の悪役レスラーを空手チョップでなぎ倒す力道山の活躍に溜飲を下げていた。「日本プロレス界の父」と呼ばれた力道山は、実は在日コリアンだった。今はあの熱狂的な拍手喝采を、アジア連帯の声援だったととらえ直したい。

こうして 1960 年代には教科書の題材に日本ものが目立ってくる。ハーン (小泉八雲) 文学の傑作 Mujina はその代表である (第 2 章第 2 節参照)。中学用 *New Prince* シリーズの看板役者として、1962 (昭和 37) 年の初舞台から 1986 (昭和 61) 年の千秋楽まで 8 期中 7 期を勤めあげた。目鼻立ちは良くないが、希代の名優である。

文学といえば、「明治 100 年」と言われた 1968 (昭和 43) 年には川端康成が日本人初のノーベル文学賞を受賞し、記念講演は「美しい日本の私」だった。これをまねて、国鉄 (現 JR) は「ディスカバー・ジャパン」運動の副題を「美しい日本と私」にした。本音は大阪万博後の乗客減を挽回するためで、現実の日本は公害列島と化していた。「美しい日本」だとか「美しい国」(安倍内閣) などという美辞麗句の裏には、今も昔もうさん臭い意図が隠されているようだ。

この頃から *New Prince Readers* にも日本人が増えていく。1975 (昭和 50) 年度版には米国にホームステイ中の日本人ナオミが登場 (図 2–30)。着物姿でモテモテだが、芯は強い。いよいよ帰国という彼女に、Ben 君は「アメリカ人になって僕たちと一緒に暮らそうよ」と口説く。しかしナオミ嬢は “I like your country, but I also like Japan.” と断り、日本人としての意地を見せた。この年、

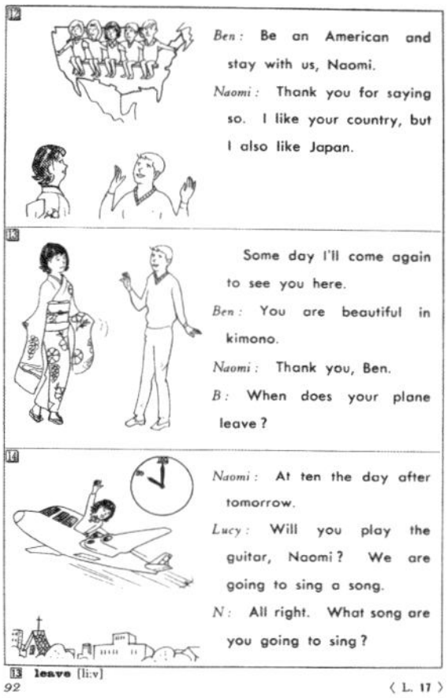

Ben: Be an American and stay with us, Naomi.
Naomi: Thank you for saying so. I like your country, but I also like Japan.

Some day I'll come again to see you here.
Ben: You are beautiful in kimono.
Naomi: Thank you, Ben.
B: When does your plane leave?

Naomi: At ten the day after tomorrow.
Lucy: Will you play the guitar, Naomi?　We are going to sing a song.
N: All right. What song are you going to sing?

13 leave [li:v]
92　〈L. 17〉

図 2–30　着物姿を披露するナオミ *New Prince English Course 2*（1975 年版）

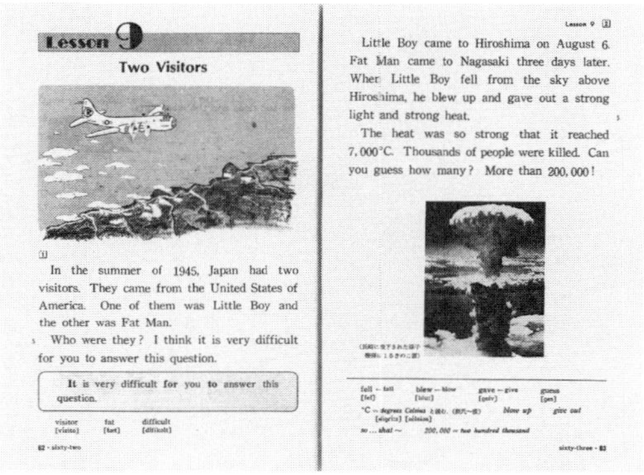

Lesson 9
Two Visitors

1
In the summer of 1945, Japan had two visitors. They came from the United States of America. One of them was Little Boy and the other was Fat Man.
Who were they? I think it is very difficult for you to answer this question.

It is very difficult for you to answer this question.

visitor [vízitə]　fat [fæt]　difficult [dífikəlt]

62 - sixty-two

Lesson 9 2
Little Boy came to Hiroshima on August 6. Fat Man came to Nagasaki three days later. When Little Boy fell from the sky above Hiroshima, he blew up and gave out a strong light and strong heat.
The heat was so strong that it reached 7,000°C. Thousands of people were killed. Can you guess how many? More than 200,000!

sixty-three - 63

図 2–31　言葉の魔力と原爆の悲惨さを考えさせた *New Crown 3* の教材（1990 年版）

日本は中国との国交正常化を実現し、アメリカの思惑を超えて独自外交を展開しようとしていた。いつまでも言いなりにはならない。

1978（昭和 53）年度版では、海外赴任中の日本人オカさん一家が Brown さん一家と並んで主役の座を占めるまでになった。おまけに、父親の Brown 氏は空手の黒帯で、母親の趣味は日本人形の収集だというから、日本の株も上がったものだ。

この年には *New Crown* シリーズが登場し、日本人の視点と異文化理解を大胆に取り入れて、その後の題材論に大きな影響を与えた。とりわけ、Little Boy や Fat Man という軽妙な英語が、実は広島と長崎に投下された原爆の名前だったとする 1990（平成 2）年度版巻 3 の Two Visitors は、言葉の魔力と被爆の悲惨さを同時に考えさせる逸品だった（図 2–31）。

高校用でも、1980 年代には日本文化を積極的に発信しようとする教材が目立つようになる。たとえば、*VISTA English Series I*（1982 年度版）では、鎌倉と箱根、日光、京都、長崎、札幌の 5 編シリーズで外国人に日本を紹介する設定になっている。

1989（平成元）年告示（1993 年度実施）の中学校学習指導要領は、「国際社会に生きる日本人としての自覚を高める」という方針を打ち出し、日本人の生活や文化を海外に発信する教材を推奨している。こうした目標は、戦時下 1943（昭

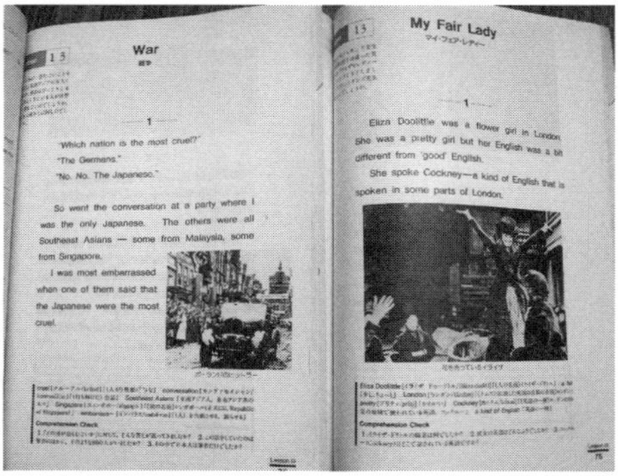

図 2–32 政治的圧力で My Fair Lady（右）に差し替えられた *First II* の教材 War（1988 年）

和 18）年の中学校規程で「国民的自覚に資する」と掲げられて以来である（86 ページ参照）。

こうして、1993（平成 5）年度の中学用教科書では日本人が登場する課が全体の 74%にも達し、アメリカ人の 53%を大きく上回った（表 2–16）。前回の指導要領にもとづく 1981（昭和 56）年度版教科書では、アメリカ人が 63%、日本人が 62%だったから、ついに主客が逆転した。題材内容では、日本人が海外で「国際貢献」をする題材が増えた。たとえば、日本青年海外協力隊の活動（*Everyday 2, Total 3*）や、日本人医師のネパールでの医療奉仕活動（*Sunshine 3*）などである。また、俳句、将棋、囲碁、落語などの日本の伝統文化を積極的に発信する題材も増えた。日本文学では宮沢賢治の『注文の多い料理店』と『銀河鉄道の夜』が合計 3 つの教科書に登場したのを筆頭に、『夕鶴』『浦島太郎』なども載せられている。

ただし、日本中心の題材は、戦時下の『英語』のように、日本を過度に美化し、ナショナリズムを煽るものであってはなるまい。真の国際理解には、自国の負の歴史を直視することも不可欠である。その点で、中村敬らの高校用 *First English Series I・II*（1988 年）が東南アジアでの日本軍の残虐行為に言及したことは、英語教材史上の特筆すべき試みだった。にもかかわらず、教材 War は検定合格後に一部政治勢力の横やりで My Fair Lady に差し替えさせられた（図 2–32）。それに対して、英語教育界の多くは無関心で、必ずしも有効な反撃ができなかったという。[52] そうした体質はどこから来たのか。思い返せば、戦後英語教育の再出発に際して「墨ぬり」という隠蔽によって過去の精算を怠って

---

52 中村敬・峯村勝（2004）『幻の英語教材——英語教科書、その政治性と題材論』三元社

きた。そうした歴史にさかのぼって自己点検を行うべきではないだろうか。

地球的視野と多文化共生へ

1968（昭和43）年に日本のGNPは世界第2位となり、高度成長で資本を貯め込んだ日本企業は世界各地に進出するようになった。1969（昭和44）年改訂（1972年度実施）の中学校学習指導要領では、題材を英語圏だけでなく「広く世界の人々」にまで広げるよう求めている。こうして、英語教科書の脱英米化と多文化主義は1970年代から徐々に進み、1980年代から本格化する。

表2–16のように、*Jack and Betty* に代表されたアメリカ一辺倒の題材は年を追うごとに後退し、1980年代に入る頃から日本人主体に転じていく。登場人物では、オーストラリアやカナダなど英米以外の英語圏が増え、非英語圏も急増した。英語教科書の多文化化が一挙に進んだのである。

表2–16　中学用教科書の多文化化　（%）

地域＼年度	アメリカ		日本		アジア / アフリカ / 中南米		欧州・豪州	
	人物	場所	人物	場所	人物	場所	人物	場所
1949	88	78	2	3	0	0	12	7
1972	69	59	17	5	2	4	18	8
1981	63	37	62	18	12	7	25	11
1993	53	24	74	40	32	6	30	9

（註）指導要領が適用された初年度の3巻揃いの全教科書（25種75冊）を分析。各地域の人物や設定場所が何%の課に登場するかを計算し、各採択率を掛けて算出。

1972（昭和47）年度の中学用を見ると、三省堂の *Total English: Junior Crown Series* では、アメリカ人のVincentがソ連（ロシア）に住むStanislasと当時最先端のカセットテープで声の文通をしている。東西冷戦下にあって、平和共存への願い込めた先駆的な題材である。

アジア、アフリカ、中南米などの登場人物は、1981（昭和56）年度の中学用で12%の課に登場し、1993（平成5）年度用では32%に急増した。高校用では、若林俊輔らの *The New Century English Series I*（1982年度版）が「諸外国の宗教・文化・人種などの相違を偏見にとらわれずに認め、相互理解を深める」（編修方針）として、多文化主義を打ち出している。この1980年代からは中・

高を問わず、キング牧師に代表される人権問題や、酸性雨や森林伐採などの地球環境問題を扱う教科書が増えた。

1993（平成5）年は国際先住民年だった。同年の中学用教科書には、ニュージーランドのマオリ族，オーストラリアのアボリジニ、北極圏のイヌイットなどが登場した。また、多言語事情の面からアメリカを考える教材もあった。時代は確実に変化した。

1980年代以降に急速に進んだ文化多元主義や異文化共生の考え方を徹底し、真のコミュニケーションを望むならば、おのずと少数言語の尊重や、過去の言語侵略の批判が問題になる。「英語帝国主義」論が世界で本格的に論じられるようになったのは1990年代からだが、英語教科書には80年代から先駆的な教材が登場していた。1984（昭和59）年度版の *New Crown* にはウェールズの方言札が登場し、英語強制の歴史と少数言語の大切さを教えた（196ページの図3–63参照）。高校用では、*First English Series*（1988年）に載ったLanguage Can Kill Youが台湾における日本語強制の問題を取りあげた。

中学校の英語教科書は1993（平成5）年度から大判化され、一段とカラフルで楽しそうになった。コミュニケーション重視で音声教材が増えたため、文字が減り挿絵が増えた。

2002年度版では、環境問題、平和と人権、多文化共生、国際ボランティアなど、地球規模の視野を養う教材が一段と増えている。アメリカにしか目を向けなかった50年前に比べると、題材の多様性と広がりには目を見張るものがある。

「役に立つ英語」論の流れ

題材論とは別の角度から戦後の英語教科書史をながめると、会話重視の根強い潮流が見えてくる。戦後の「役に立つ英語」論は1955（昭和30）年に日本経営者連盟が出した要望書から始まる。これを受けて、文部省は1960（昭和35）年に英語教育改善審議会を発足させた。その答申には「今後5カ年間、文部省主催で現職教員がhearingとspeakingの力をもっと身につけるように再訓練すべきである」とある。そのために助成金を出し、英語漬けの研修を行った。その意味では、2003～07年度に実施された文科省の「『英語が使える日本人』の育成のための行動計画」は二番煎じにすぎないが、政府の補助金を初年度だけで打ち切るという無責任さは1960年代にはなかった。

1969（昭和44）年改訂の中学校指導要領では「聞く・話す」を中心にした「言

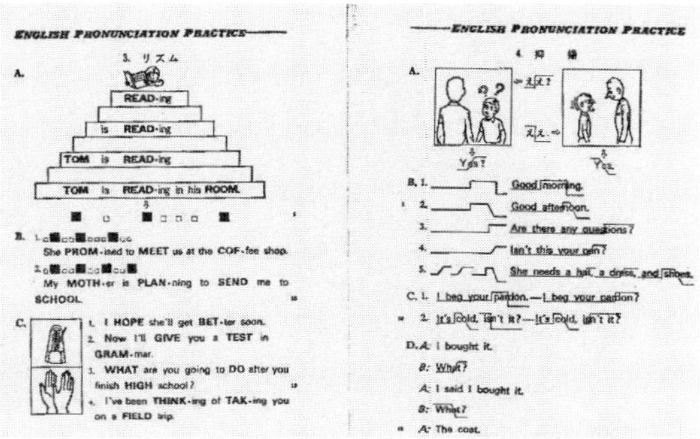

図 2–33　高校用英会話教科書 *Oral English Workshop*（1973 年版）

語活動」が強調され、従来の文法シラバスからの脱却が図られた。翌年改訂の高校指導要領では「英語会話」が新設された。「英会話を教えられる教師が何人いるんだ」などと陰口をたたかれたが、当時の教科書を読み直してみると、なかなかよくできている。たとえば、田崎清忠らの *Oral English Workshop*（1973年）を見ると、冒頭でリズムやイントネーションを本格的に指導するなど、会話の基礎固めに効果的な構成となっている（図 2–33）。ただし、本来ならば中学校の入門期に教えるべき内容かもしれないが。

1981（昭和 56）年度時点での高校用検定教科書を数えると、英語会話が 4 種類だけだったのに対して、英文法は 22 種類も刊行されていた。これが現場のニーズだった。にもかかわらず、文部省は 1978 年の指導要領改訂（1982 年度実施）によって、カリキュラムから英文法を一掃してしまう。

1989（平成元）年改訂の指導要領では「外国語で積極的にコミュニケーションを図ろうとする態度を育てる」と定め、1998（平成 10）年改訂版では「実践的コミュニケーション能力」の育成を謳っているのはご承知のとおり。語彙も時間数も削減されて易しそうに見えるが、反復が少ないから定着しにくい。

英語との言語的距離が遠い日本のような特異な EFL 環境で、英文法の時間を廃し、オーラル重視に転換したことが正しかったのだろうか。1993（平成 5）年度から高校入学時の英語学力は 8 年間一貫して低下し続けているという深刻な報告もある。[36]

戦後英語教育は 60 歳の還暦を迎えたが、安泰な老後はだいぶ先のようだ。

[36] 斉田智里ほか（2003）「高校入学時の英語能力値の年次推移」*STEP BULLETIN*. Vol. 15、日本英語検定協会

戦後の英語教科書史が教えるもの

世界のグローバル化は、米国や英語による世界の一元化ではなく、多民族と多言語が平等に共生できる世界でなければならない。21世紀の日本の外国語教育は、そうした時代の要請に応えるための変化が必要である。

すでに英語教科書の題材は、非英語圏を含む地球規模に広がっている。その延長線上には、多様な言語と文化に直接触れる「多言語主義」が展望される。しかし、1998（平成10）年の指導要領では「英語を履修させることを原則とする」として、時代に逆行する英語一辺倒主義の強化を打ち出した。多言語主義の豊かな可能性になぜ枠をはめ、網をかぶせるのだろうか。

冷戦も「55年体制」も瓦解した。ならば、この旧体制の遺物である法的拘束力をもった学習指導要領を、検定制度とともに、根本から見直す時期にきている。当初の指導要領は謙虚な「試案」であり、教師を励ます助言の書だった。もとより「告示」は法律ではなく、法令、政令、省令の下の「お知らせ」である。無理な解釈をせず、本来の位置に戻すべきであろう。そうすることで、教師と生徒の活力と創造性を最大限に引き出し、自律的な「学び」を本気で再生させよう。

そのために、戦後教科書の歴史が下した審判に謙虚に耳を傾け、誤りを総括し、その遺産を次の世代に受け継ぐ必要がある。

(1) 文型・文法事項の学年別指定は誤りだった。これは1989（平成元）年の学習指導要領で廃止されたことからも明らかである。ただし教員にも責任がある。お上に依存していれば楽だが、この依存症を断ち切らない限り、教育の主体にはなれない。

(2) 語彙や文型・文法の上限設定は誤りだった。教科書を損ない、学力低下を招いた。そうした批判を受け、文部科学省は指導要領を「最低基準」だと言いだした。学習内容に強制枠をはめる体制に亀裂が入ったいま、法的強制そのものをやめるべき時期に来ているのではないか。

(3) 教科書の広域採択制を廃止し、教員の主体的な選択権を保障すべきである。すでに採択地区の大幅細分化を始めた県も出てきた。ILOやユネスコは教師の教材採択権を謳っている。世界標準に合わせ、「教科書の採択にあたっては教師はみずから審査員」とした1952年版指導要領（試案）の精神に立ちかえるべきであろう。

以上が、英語教科書と英語教育の未来のための前提条件ではないだろうか。

英学雑談 2

昭和 20 年 8 月の海軍英語教育

一面識もない人から分厚い封筒が届いた。封を切るや、「あっ」と声をあげてしまった。幻の英語教材、海軍兵学校の『英語参考書　英文法（前編）』が目に飛び込んできたのである（104 ページの図 2–14）。1945（昭和 20）年 5 月に発行された戦時下最後の英語教材だろう。戦災と敗戦直後の焼却処分をかいくぐり、「よくぞご無事で」と頬ずりしたくなった。

送り主は同年 4 月に海軍兵学校に入学した海軍最後の将校候補生だ。青春の想い出とともに半世紀以上も守り抜いてきた一冊を、研究のためにと寄贈してくださった。もちろん、国会図書館にも、全国の大学図書館にもない。

こういう超レアものの資料に出逢うと、英語教育史研究はますますやめられない。世の冷たい視線に抗する免疫ができ、ツラの皮が厚くなる。ツラの皮が厚くないと、今どき英語教育史なる地味な学問はできない。それはそうだろう。グローバル化の波に乗り遅れまいと、世は国を挙げて「実践的コミュニケーション」「使える英語」、そして TOEFL、TOEIC、英検。なにを今さら明治だ、大正だ、海軍だ。それくらい私でもわかる。だから、授業ではちゃっかり TOEIC の教材も使っている。

しかし、面白いものは仕方がない。近ごろは海軍の英語教育にとり憑かれてしまった。とくに太平洋戦争期の英語教育は手に汗にぎる。沿革史や回想記は全国の古書店から大量に入手できた。難関は教材の収集だった。が、幸い兵学校には強固な同窓会組織がある。ここに SOS を出したら補給船が現れた。もち前の組織力と機動力で全国の同窓生に声をかけ、たちどころに資料と情報を提供くださったのである。上記の文法書も含め、資料が 1 メートルを超えた頃から、海軍英語教育の驚くべき実態が見えてきた。

まずはその英語重視ぶり。陸軍士官学校は 1940（昭和 15）年度の入試から英語をはずしたが、海軍は最後まで課し続けた。1945（昭和 20）年 4 月に入学した予科 78 期生たちの度肝を抜いたのが、“Arm swing, half knee-bend!” とグラウンドに響く英語の号令だった。

教授法は英国人 Palmer が提唱したオーラル・メソッドで、娑婆では英語禁止のご時世に、ここだけは日本語禁止が徹底していた。あるとき、英語の授業中に生徒がムカデにかまれて大騒ぎになった。それでも教官は "What's happening?" などと英語しか使わない。生徒は「ムカデ」を英語で言えず、激痛にあぶら汗を流すばかりだった。

一般の中等学校が授業停止だった昭和20年に、海軍兵学校では敗戦翌日の8月16日にも英語の授業が行われた記録が出てきた。さらに、8月20日から26日までの時間割も残されていた。これを見ると、さすがに軍事学は消えており、英語、数学、国語などの普通学が毎日4時間ずつビッシリ組まれていた。海軍おそるべし。

それにしても、海軍はなぜ敗戦の年に「予科」を開設したのだろうか。当時、中学生は勤労動員によって深刻な学力低下に陥っていた。このままでは、国際情勢を把握し、ハイテク兵器を駆使する近代戦の将校は育たない。しかも優秀な人材を陸軍にごっそり持っていかれるのは面白くない。そこで海軍当局は中学2・3年の生徒を青田刈りして1年間みっちり勉強させてから本科に送ることにした。もちろん授業料は取らない。腰に短剣を付けた制服姿もカッコいい。志願者が全国から殺到し、20倍を超す難関を突破した4千余名だけが、この別天地の住人になれた。

戦時下の兵学校校長・井上成美はラジカル・リベラリストを自称した異才。彼は敗戦を見越して、戦後復興を担う若者たちを温存したのだという。そのために、即戦力の育成を主張する上層部に抗して、修業年限の短縮に反対し、軍事学よりも普通学を優先させた。結果として、兵学校には敗戦時に15,129人の生徒が残った。これは1869(明治2)年から敗戦までの77年間に輩出した海軍士官の総数11,182人を上回る。高い基礎学力を持つ彼らの多くは大学に進み、各界で指導的な地位についた。海軍は消えても、「種の保存」は果たされた。戦後復興のための人材育成を、文部省に代わって海軍が行っていたようなものだ。

いま、グローバル化という新たな「日米戦争」のなかで、教育にも効率化と即戦力のみが求められている。大学は予算と人員の削減で、やたらに仕事が増え、教育研究の効率は下がるばかり。国立大学は独立行政法人となり、中期目標・中期計画を立てて 6 年以内に成果を出せという。「教育は 100 年の計」などと誰も言わなくなった。

だからこそ、海軍の資料から見つけた次の言葉を進呈しよう。敗戦時の首相だった鈴木貫太郎（海軍大将）は井上成美にこう語った。

「兵学校教育の本当の効果があらわれるのは 20 年後だよ。いいか 20 年後だよ」

第3章
英語教科書の図像学

教科書の本文は忘れてしまっても、挿絵（イラスト）だけは鮮明に覚えているという経験がよくある。子どもは絵本から文字言語に接する。初期の外国語学習の場合にも、魅力的な挿絵は学習意欲をそそり、本文理解の道しるべを与え、異文化への興味をかき立ててくれる。同時に、挿絵は教材に含まれるイデオロギーを可視化し、テキスト内容についてのイメージを固定化する。したがって描き方によっては、挿絵は両刃の剣となる。

テレビやインターネットがなかった時代には、海外認識や精神形成にとって、教科書の挿絵は今では考えられないほど大きな役割を果たしていたのではないだろうか。図像学（iconography）の視点から検証してみよう。

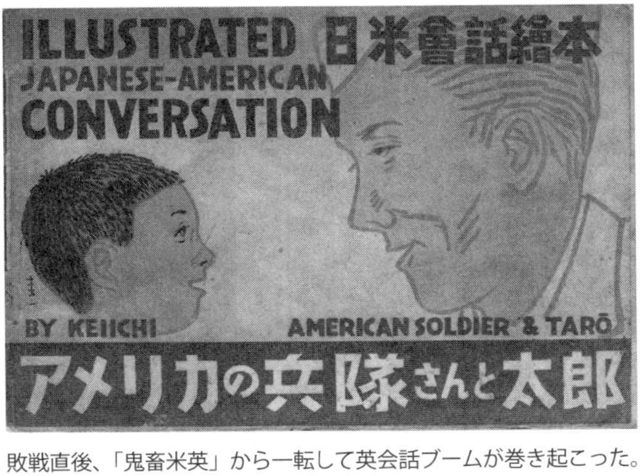

敗戦直後、「鬼畜米英」から一転して英会話ブームが巻き起こった。
『日米会話絵本　アメリカの兵隊さんと太郎』（1946年4月刊）

第1節
挿絵を「読む」

「手相を見るって英語でなんて言うの？」と女子学生。

「ええと、watch . . . いや確か read one's palm だよ」

「ふーん、手相を読むって感じなわけ。ちょっとヘン」

「read＝読む、とだけ覚えたな。でも read にはじっと見て理解するとか解釈する、という意味もあるよ。だから占星するのも、漁師が天気を見るのも read the sky」

と言ってるうちに、ふと思った。英作文や英文法の教材は文字ばかりなのに、いわゆるリーダーとなると挿絵や写真だらけだ。文字だけではなく、実は挿絵や写真も read しているのではないだろうか。

英米のリーダーを輸入した明治の日本人は、初めて見る風物に目を見張りながら、挿絵を「読んだ」ことだろう。絵巻物や地獄絵を読む精神文化は日本に根づいていた。一方、西欧キリスト教世界では図像から寓意を読みとる図像学が発達していたから、リーダーの挿絵も本格的なものが多かった。

さて、そうした舶来教科書の中から、まず 1882 (明治 15) 年にアメリカで刊行された *Scribner's Geographical Reader and Primer* を取り上げてみよう。Primer の部のオーストラリアを扱った課は本文が 10 行しかない。

> オーストラリアは最小の大陸で、大英帝国に属する。最も知られているのは南東部で、大半の白人が住む。低い山々は豊かな金を産し、海岸に沿って連なる。そこから発する川は肥沃な平原を西に流れる。金の採掘が人々の主な仕事であるが、牧羊や畜産も重要産業である。白人居住者は大半が英国出身者で、その人口はニューヨーク州より少ない。先住民は黒人である」（原文は英文）

たったこれだけである。子どもが読んだら「ふーん、そうか」で終わりだろう。だが、この行数の 1.5 倍もある銅版画が付けられており、強烈なイメージを焼き付ける (図 3–1)。さて、何が見える、いや「読める」だろうか。

二つの世界。白人入植者の世界と、アボリジニと呼ばれる先住民の世界。天をつく木と中央の大きな植物が、両者を二分割している。別世界なのだ。手前

図 3–1
オーストラリアの「二つの世界」
Scribner's Geographical Reader and Primer
（1882 年；米国）

に書き込まれたエミューの絵も、国境の標識石のように人工的に左右を切り裂いている。

試みに右半分を覆い隠してみよう。左は原始さながらの情景。シダのような熱帯性植物が繁茂し、森は深い。槍とブーメランでカンガルーを追う先住民。手前の男は鳥とトカゲを持っている。

さて、ここで問題。絵の中のアボリジニは何人でしょう？

正解はあとまわしにして、次に左半分を隠してみよう。右は白人世界。イギリスの田園風景だといっても誰も疑わないだろう。羊の毛を刈る白人。川では羊を洗っている。こちら側の動物は家畜なのだ。森が伐採され、白人の家が建ち並んでいる。中央の木は右側の幹だけ白く、こちら側が陽の当たる世界であることを示している。やがて白豪主義政策が右の世界をますます白く塗りつぶし、左の世界を浸食していった。

ところで、右手中央に描かれている情景は何だろう。鉄橋のような構造物から伸びたホースで岩に放水している。金採掘のことが本文に記されていたように、これは水圧を利用した金の採掘風景である。オーストラリアでは 1851 年にゴールド・ラッシュが起こった。一攫千金をねらう男たちが砂金に群がった。金は貨幣経済の象徴である。右半分の世界を「近代」に一変させてしまった。羊毛も遠くイギリス市場と結びついていた。だから白人は先住民に見向きもしない。そもそも、トカゲなんか「文明人」は食べない。手前には垣根が描かれ、土地や財産の私有制が暗示されている。そんな所有観念のないアボリジニは、ただただ境界線の手前で立ちつくすばかり。

以上がひとつの読みである。だが、絵は現実そのものではない。当然、画家の主観やメッセージが入り込む。また読者は読者で、絵をさまざまに解釈する。だから絵を読み解くことは、ときに両者のバトルとなる。

さて、先ほどの質問の正解。アボリジニは2人、ではなく実は4人。よく見ると、中央の灌木の下に、白人に背を向け赤ん坊を抱く母親がいる。一種の「だまし絵」の手法だろうか。この母子を意識すると解釈が変わってくる。左の男は獲物を持ち帰った父親なのだ。自然と一体のつつましい家族。そういえば中央の草にも実がなっているし、エミューも親子だ。それぞれがそれぞれの生活を営む。労働と収穫と繁栄。世界のどこでも、親はせっせと働き家族を支える。子どもたちは挿絵をそう読んだのかもしれない。

第2節
サルの知恵

川にさしかかった猿の一団。「どう渡るかねえ」とワイワイやりだした。一匹がおもむろに木に昇り、尻尾を枝に巻きつけた。そいつに別の猿がぶら下がり、あとの猿も続く。先頭の手が地面に届くと、前後にユサユサ振り始めた。しだいに振幅が大きくなり、ついには川向こうの木に手が届く。猿の橋の完成だ(図3–2)。一匹めが尾を解けば、対岸にスイング。着地、おみごと!

猿を見ていると人間を見ているようで飽きない。子どもたちは挿絵の猿にたやすく自分自身を重ねたことだろう。低学年に恰好の題材だ。*Barnes' New National Readers*(1883: 明治16年)巻2のThe Monkey Bridgeと題された課の一枚である。この米国の名教科書は日本でも黄金時代を築いた。どの挿絵も第一級。序言で、「アメリカ随一の画家と彫版工による比類ない挿絵」と自慢している。1、2巻では挿絵の7〜8割に動物が登場する。ゲーム機がなかった時代、動物は子どもにいちばん身近な存在だったのだ。

それにしてもこの猿、一匹一匹に個性がある。顔、体格、つかむ場所がそれぞれ違う。猿の気ままさがよく表現されている。一匹は逆向だ。生徒でもマニュアルどおりにいかな子は必ずいる(ただし筆者は生徒がサルだとは言ってい

図3–2　猿の橋（その1）
New National Readers 2
（1883年；米国）

ない。念のため）。個が尊重されると自然な連帯が生まれる。「いじめ」はなさそうだ。中心の一匹は安定した姿勢と余裕の表情。前後から頼りにされている。クラスなら委員長だろう。試みに対角線を引いてみた。委員長サルの顔でぴたりと交わった。猿軍団の中心が画面の中心。ヤツはただ者ではない。

なだらかな弧を描き、対岸の木に今まさに手が届く。その瞬間で止めた構図。橋が未完成ゆえに、動きとスピード感が出ている。子どもは動くものが好きだ。しかも猿。この挿絵は大当たりした。その後の教科書にも採用（盗用？）された。昭和期にも、たとえば金子健二著 *The Pleiads Readers for Girls' School 3*（1927年検定済）に本文もそのままに再録されている。金子は文部省督学官まで勤めた大御所。猿まねとは言いたくない。著作権の感覚に乏しい時代だったのだろう。

次は英国の *Longmans' New Readers 4*（1887年）の1枚（図3–3）。これまた人気の舶来教科書だった。挿絵の感じは図3–2とはだいぶ違う。本文によれば、士官猿の号令一下、兵卒猿が工兵隊のように整然と橋を架けるのだ。右上の一匹が司令官だろう。橋は見事。が、立派すぎるマスゲームのように、一人ひとりの顔が見えない。個の集団への埋没。滅私奉公。どこかの国のサラリー

図 3–3　猿の橋（その 2）
Longmans' New Readers 4（1887 年 ; 英国）

図 3–4　猿の橋（その 3）
河村重治郎編 *The Sleeping Apple and Other Tales*（1938 年）

マンだ（サルリーマンかな）。そして、渡る者と渡られる者との格差社会。頭を踏んづけて進む。さすが英国の教科書、ビクトリア朝の階級社会を暗示しているのか。とすれば、個性重視の図 3–2 は米国フロンティア時代の草の根民主主義社会の反映。考えすぎかな。

それにしても、猿の知恵でこんな芸当ができるのだろうか。立花隆の『サル学の現在』（1991 年）によれば、枝の間に自分の身体を架け橋のように渡して子どもやメスを通らせる尾長ザルがいるという。こうした「ブリッジ行動」は、しかし一匹でやるようだ。何匹も連なる橋は無理なのだろうか。日本モンキーセンター（愛知県犬山市）の専門家に挿絵を鑑定してもらった。すると「まず無理でしょうね。猿は気ままですから」との回答。観察記録もないという。なーんだ、フィクションか。おそらく実際のつつましいブリッジ行動をオーバーに教材化したのだろう。

山梨県の猿橋という地名にも期待したが、『大言海』によれば猿が藤づるを使って対岸に渡った故事に由来するとかで、猿の数珠（じゅず）つなぎではなかった。残念！

でも、読み物としては面白いから腹も立たない。図 3–4 はもうギャグ。河村重治郎編 *The Sleeping Apple and Other Tales*（1938 年）の中の一枚。井戸に映った月を取ろうとした猿たちは、枝が折れ、まっ逆さまに。猿猴捉月（えんこうそくげつ）の故事そのままだ。やはり猿知恵では無理か。人間様とは違うのだ。

と思っていたら、なんと、米国の自然地理学の上級用教科書にも図 3–2 の挿絵が使われていた。*Monteith's New Physical Geography for Grammar and High Schools, and Colleges*（1885 年）だ。当時は猿が本当にこんな橋を架けると思っていたようだ。猿もサルもの。人間が一杯食わされていた。

第3節
目　線

「生徒と大事な話をするときは、ひざを折って、目の高さでしなさい」

たしか、教育実習のガイダンスのときの講話だ。そういえば、小学校のとき好きだった K 先生も、いつも目の前に顔を寄せて話を聴いてくれた。先生の体温をじかに感じた。

目は口ほどにものを言う。二人の目と目を結ぶ線は、互いの関係をより雄弁に語る。タテ社会の日本では「目上」と「目下」の区別がキツく、敬語や謙譲語がおびただしい。その点、英語は「平民的言語」である（内村鑑三『外国語之研究』1899 年）。それでも、look up to は日本語で「見上げた人物だ」と言うときと同じ発想だし、look down on も「見下す」だ。目線の上下が心理的な上下関係を示している。いずれの民族にも、そうした発想や表現はあるのだろう。ルーツをさかのぼれば、猿だったころから引き継がれた「生きる知恵」なのかもしれない。動物行動学によれば、猿などは恭順を示すために、できるだけ低姿勢になって体を小さくし、上目か横目で上位者を見るという。人間も同じだ。社会的地位の低い者は、先にあいさつを発して平身低頭するが、ボス（目上）は「やあ」と軽く返す程度。「あいさつの力関係」は確かに存在する（鈴木孝夫『教養としての言語学』1996 年）。

さて、そうなると教育の場で使われる挿絵の目線が気になってくる。戦後の教科書から見てみよう。

図 3–5 はリンカーンと黒人奴隷の像。これを見ると、白人リンカーンが「おまえたちを解放してやったのはこのわしだ」と言わんばかりに偉そうに見える。奴隷解放宣言に署名した彼は偉大だが、同時に「奴隷を 1 人も解放しなくても連邦を救えるものなら、私はそうするだろう」と言い切った連邦第一主義

図 3–5 リンカーンと黒人奴隷
岩崎民平他 *Everyday English 3*（1954 年）

図 3–6 感謝祭の情景
（左）萩原恭平ほか著 *Revised Jack and Betty 3*（1953 年）
（右）太田朗ほか著 *New Horizon English Course 3A*（1969 年）

者。そうした政治的な目線の揺らぎが、ある意味ではみごとに描かれている。ただし、そこまで中学生に指導するのは無理かな。

風物教材としてよく採り上げられてきたのが、感謝祭（図 3–6）。いずれも本文では、入植したての白人たちを助けた「インディアン」への謝恩の挿話が述べられている。でも、挿絵の感じは違う。左の図では目線が同じ高さで対等だが、右では感謝の目は天の神に向けられ、右奥の地べたに座り込んでいるインディアンには誰ひとり見向きもしない。史実に近いのは後者だろうか。

図 3–7 は米国人の一家がアフリカに滞在したときの一コマ。黒人少年は半裸。白人は彼を見下ろし、長身でネクタイ姿。コロニアル（植民地）様式の建物は高床式だから、女性も黒人を見下ろす構図になる。ただし、本文では帰国後も文通が約束され、人種を越えた友情が描かれている。実は、舞台は南アフリカのケープタウンで、教科書が発行されたのは苛烈なアパルトヘイト（人種隔離政策）時代。もしかして、静かな抗議が意図されていたのかもしれない。なら

図 3–7　アフリカ少年を見下ろす白人たち
W. L. Clark ほか著 *The Junior Crown English Course 3C*（1967 年）

図3–8　ユダヤ人シャイロックを見下ろすアントニオ
牧一ほか著 *The New Beacon English Readers 2*（1956年）

図 3–9　生徒を見下ろす教師
黒田巍ほか著 *New Voyage in English 2*（1963年）

ば、なおさら構図が惜しい！

次は高校用。「ヴェニスの商人」はよく採り上げられ、図 3–8 は劇的な場面を描いてみごと。目線がみなユダヤ人高利貸しのシャイロックに注がれている。金を借りたアントニオの方が毅然と背筋を伸ばし、高みから見据えている。対する債権者のシャイロックは背をかがめ、斜めから仰ぎ見る。彼の劣位は動物行動学的にも明らかだ。法衣のポーシャは女性だが、壇上で目線が高く、異教徒を裁く威厳を保っている。教科書の本文に出てくる“the cruel Jew”や“unfeeling Shylock”はキツい表現。見下すべき人物像かもしれないが、教育的には、彼の言い分も聴くべきであろう。「おれが損すりゃあざ笑い、稼ぎゃ馬鹿にした。おれの民族を蔑んで、商売の邪魔をし、味方に水をさし、敵を焚きつけた！ どうしてか？ おれがユダヤ人だからだ。」（第 3 幕第 1 場）

初めて教壇に立ったとき、意外に高いので戸惑った。大教室ほどそうで、学生は後ろから U 磁石の形に座る。「わしが嫌いなんか」と思ってしまう。慣れは恐い。高い教壇も、私語やマンガ読みを叱りとばすには好都合。おっと、あぶない、初心を忘れつつある。図 3–9 の絵が身にしみる。少年がガムを噛んで叱られている。不安で一杯の入学時、前日にガムで叱られたクラスの子のまねをしたのだ。友だちになりたくて。（原作は Saroyan）

教壇は見張り塔ではない。叱る前に、相手の目の高さで言い分を聴こう。

第 4 節
「誤り」の効用

不安そうな目をした少女（図 3–10）。彼女に何が起こったのだろう。

本文を読むと、イングランドの娘さんで、カゴにも前掛けにも一杯にイチゴを摘んできたとある。イチゴ摘みは楽しい。日本でも観光農園は大はやりだ。なのに、どうして？

本文の 5 行目に “What an odd bakets she has on her arm!” とあるから、きっとカゴが不細工で恥ずかしいのだろう（bakets はもちろん basket の誤り。新出単語 arm の発音表記も mra と誤植。どうせ初版だろうと奥付を見ると「訂正再版」。文部省検定済なのに . . .）。さて、その不細工なカゴはどんなのかな、と思って挿絵を見たが、ない！ 老眼のせいかな . . . と思って同僚に見せたら、みんな口

図 3–10　カゴを描き忘れた挿絵
廚川辰夫 *Girls' Champion Readers 2*（1921 年の訂正再版）

をそろえて、カゴなんか「ない！」

どうりで娘さんはオドオドするはずだ。イチゴの入ったカゴをなくしたら、お母さんに叱られる。「君が悪いんじゃないよ。カゴを描き忘れた教科書屋さんが悪いんだから」と気の毒になる。見ると、著作者はかの厨川辰夫（白村）。東京帝大英文科卒、名著『近代文学十講』（1912年）で一世を風靡した英文学の大家、京都帝大教授で文学博士。名前だけ貸したのかもしれないが、一読すれば気づいたはず。Strawberries には「まぬけなやつ」の意味もあったなと苦笑してしまう。

それにしても、この絵と文章、どこかで見た覚えがある。と思って書庫をかき回したら、あった！ 米国の *Cyr's Graded Art Readers*（1902年）に載っていたものだ（図3–11）。Art と銘うつだけあって挿絵はもう芸術品。もちろん、原作にはカゴも描かれている。中世イギリスではイチゴは「正義の実」とされていた。それをカゴごと盗むとは。

教科書でも論文でも、安易な借用はすぐ馬脚を現す。なにより文化を貧しくしてしまう。しかも教材だ。かつて大西雅雄が日本の英語教科書を憂えて「糊とハサミで改訂改訂また改訂、二百余種がほとんど同一の材料を盗み合いっこし、真似し合いっこし」（英語教授研究所 *The Bulletin* 1931年3月号）と嘆いたのもわかる。今はそんなことはないだろうけど…。

戦前の教科書を読むと、吹き出してしまうことがよくある。Ox（雄牛）の乳房がパンパンに張っていたり、Frank 君が可憐な少女にされている類のカット

図3–11 カゴを描いているオリジナルの挿絵
Cyr's Graded Art Readers 2（1902年；米国）

図 3–12　ドアがないのにノック？
文部省 *The Mombushō English Readers for Elementary Schools 3*（1910 年）

はざら。大西は「一巻中に 83 の誤謬、誤植ないし欠陥を備えた」恐るべき検定教科書があったと報告している。なんとも大らかな検定制度だった。

だから、検定を強化しろ、いや、いっそ国定にしてしまえ、というのは短絡だ。証拠をお見せしよう。文部省著作の小学校用英語読本 3（1910 年）の第 14 課は“Somebody is knocking. Is Mr. Jones at home?”で始まる。ドアをノックする習慣は今でこそ常識だが、当時は大切な異文化情報。さすが文部省版、と思って挿絵を見ると、ない！ この家にはドアがないのだ（図 3–12）。Mr. Jones 宅にしては何から何まで日本風で、書生（？）も日本人。ポーズはどう見ても「おひかえなすって」。西洋風に奥さん連れで友人宅を訪問したと本文にあるのに、その奥さんも行方不明。

この教科書の編纂の中心は東京外語教授の浅田栄次、挿絵は東京美術学校教授で官展派の重鎮となった岡田三郎助だ（『教育時論』1908 年 3 月 15 日）。偉い人にもミスはある。誤りを謝る素直さがあればいい。ところが、そうはいかないのが「官」の論理。第 1 巻にも“Dou you not see many eggs on the table?”という誤文がある（もちろん Dou は Do の誤植）。ところが手もとの第 5 版（1912 年）を見ても、まだ直されていない。けっきょく、この文部省リーダーは約 30 年間もほぼそのまま使われ続け、約 240 万冊も発行された。

究極の挿絵ミス（？）は、敗戦の翌年に出された準国定の暫定教科書『英語 1』（中学用）。17 課の本文には“Look at those black specs over the hill. They are aeroplanes.”とあり、絵の中の飛行機を数える教材。なのに肝心の飛行機のカットがない（図 3–13a）。1944（昭和 19）年の元版にはあったのに（図 3–13b）、戦時色ゆえか改訂でカットされてしまったのだ。これぞ究極のカット！

LESSON 17 (Seventeen)

AEROPLANES.

(1)

Look at those black specks over the hill. They are aeroplanes. Can't you hear the buzzing?

Yes, I can. They are coming towards us.

How many aeroplanes are there flying? Can't you count them?

Yes, I can: one, two, three, four, five, six, seven,

図 3–13a 削除された飛行機をどう見るの？
中等学校教科書株式会社『英語 1』（中学用）の暫定教科書版（1946 年）

図 3–13b 元版には飛行機があった
『英語 1』（中学用）の戦時版（1944 年）
＊敗戦直後に「墨ぬり」された跡がある。

それから半世紀以上がたった。教育改革でにぎやかだ。でも「個性と創造性を高めます。上から通達が来ましたので」という発想ではだめ。教材面でも、生徒と教師の創意が自由に活かせる条件整備がなにより必要だ。昔の検定教科書には誤りもたくさんあった。けれども規制がゆるい分、種類も多く、個性に満ちあふれていた。「あれ、教科書でも間違えるのか」と柔らかく考えられる人間を作ること。それがめざすべき方向ではないだろうか。

第5節
地 図

地図をながめるのは楽しい。休みが近づけばなおさらだ。渓谷あり高原あり、はたまたパリにロンドン。現地を思い浮かべながら、魔法のじゅうたんに乗ってヴァーチャル空間を想像力で旅することができる。ロマンチックな時間だ。

ところで、英語教科書の導入部といえばThis is a pen. ばかりが有名だが、This is a map. もよく登場していた。map の [æ] の音で「ア」との区別を教えれば日英対比に好都合。しかも英語は世界を知る手段だから、地図を題材に使わない手はない。探してみると、あるある。でも map の挿絵をながめているうちに、「あっ」と思った。時代によって、内容があまりにも違うのだ。

まずは大正・昭和戦前期を代表する神田乃武の *Crown Readers*。第 12 版

図3–14 地図はアメリカとイギリス
神田乃武 *The New King's Crown Readers 1*
（1934年の修正12版）

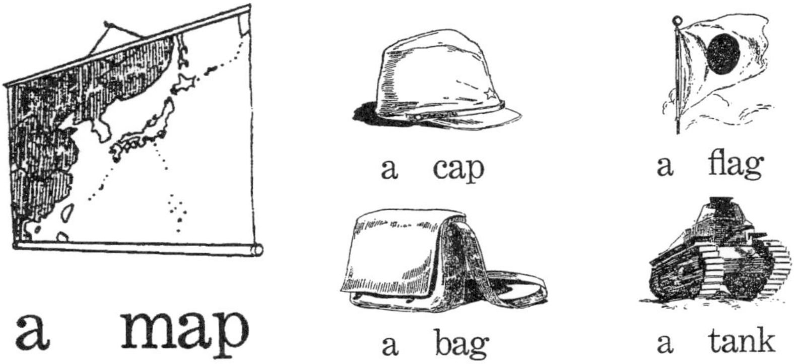

図3–15 日中戦争期は中国大陸地図、日の丸、戦車
神田乃武 *The New King's Crown Readers 1*（1938年の修正13版）

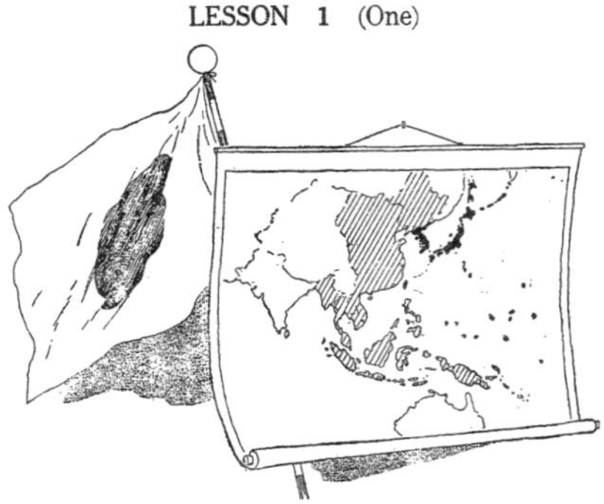

図3–16 大東亜共栄圏地図と日の丸
中等学校教科書『英語1』（高等女学校用）（1944年）

図3–17 世界地図と背広姿
文部省 *The Monbusyō New English Readers for Elementary Schools 1*（1939年）

図 3–18　大東亜共栄圏地図に国民服
文部省『高等科英語』(1944 年)

図 3–19　再び世界地図と背広姿に
文部省『高等科英語』(1946 年の暫定教科書版)

(1934 年) には This is a map. の単元があり、地図はアメリカとイギリスだ (図 3–14)。ところが、次の第 13 版 (1938 年) になると、なぜか極東地図に差し替えられ、日の丸や戦車が続く (図 3–15)。何が起こったのだろう？ 調べてみると、この前年の 1937 年 7 月 7 日、北京郊外の蘆溝橋に突如銃声が鳴り響き、日中全面戦争が始まった。国内ではザックザックと軍靴の音が強まっていく。『国体ノ本義』が出され、国民精神総動員運動が開始されたのもこの年。地図の差し替えの裏には、こうした時代の変化があったのである。よく見ると、黒い影の部分は戦場たる中国大陸。対する大日本帝国は白地で、植民地だった朝鮮半島も台湾も白だ。

日本はさらに南進を続けた。太平洋戦争下で刊行された準国定の『英語 1』(1944 年) も This is a map. This is a flag. で始まる (図 3–16)。日の丸が暗示しているように、地図の斜線部は日本軍が展開していた中国および南方地域。この教科書は名詞の選定でも「時局がら関心をもつものを取り入れ」る方針だったが (『英語編纂趣意書』1944 年)、挿絵にも入念だったのである。

1 枚の挿絵は時代と教育観を映し出す。そのことは、文部省著作の高等小学校用リーダーの推移を見ればもっと明解だ。『文部省新英語読本 1』(1939 年) は、これまた This is a map. で始まる (なんという地図へのこだわり！)。この時点では、まだ世界地図 (図 3–17)。それが改訂され『高等科英語』(1944) になると一変する (図 3–18)。当時はアジア・太平洋戦争も末期。教師は国民服をまとい、表情も厳めしい。物資難の時局がらスティックは使わない。黒く塗られた部分は「大東亜共栄圏」だ。しかし歴史が示したように、実際には現地は日本軍に塗りつぶされてはいなかった。一般意味論でいう map and territory (地図と現地）という言葉を思い出す。広義には「理論と現実」の意味もあるが、領土拡張に燃える参謀本部の机上の空論は、まさに現実によって葬り去られた。内外のおびただしい犠牲を代償にして。かくして敗戦。翌1946年に『高等科英語』が改訂発行されるや、再び世界地図に戻された（図3–19）。教師も背広に着がえ、温厚な顔つきに変身。

実は、3つの絵にはもっと深い意味が隠されている。ヒントは教師が指さす地域。図像学的な解釈から、それぞれの声を筆者なりに再現してみよう。

図3–17の教師。「ここ満州国の建国以来、諸君の先輩らは日本の生命線たる満蒙開拓の意気に燃え、王道楽土の建設に邁進しておるのであります」

図3–18の教師。「ココ南方戦線ニ於イテ我ガ皇軍ハ死力ヲ尽クシ鬼畜米英トノ聖戦ヲ遂行中デアル。神国日本ノ少国民トシテ銃後ヲ固メ、一億火ノ玉、常在戦場ノ精神デ未曾有ノ国難打開ニ献身セヨ」

図3–19の教師。「ここ真珠湾への奇襲攻撃により、あの無謀な太平洋戦争が始まりました。これからは平和で民主的な祖国復興のためにも、アメリカとの友好親善のためにも、みなさんは一生懸命、英語を勉強しなければなりません」

This is a map. は単純な1文にすぎない。でも、その本当の教育的意味を知るためには、歴史の文脈の中に、挿絵と一緒にこの1文を置いてみなければならない。挿絵、恐るべし。教科書を図像学的に解釈し直す価値は、やはりありそうだ。

東西冷戦構造が崩壊した1990年代以降だけでも、世界地図は驚くほど塗り替えられた。その過程で、どれほどの血が流されたことだろう。語学教育の目標の一つは国際理解であるという。でも「国際」の意味を国と国との関係ととらえる限り、たえず国籍や国境が気になる。本当の目標は「あ、ガイジンだ」と思わなくなる世代を育てること。そして地図を塗り替えなくてもよい時代をつくること。宇宙船からは国境線は見えない。「北方領土」も「尖閣諸島」も「竹島」も、政治地図から解き放てば、点のような小島にすぎないのだ。

第6節
明治人のしたたかさ

日ごろ野球には縁がなくても、甲子園の高校野球は特別のようだ。オラが地

図 3–20　日本初の野球の絵
文部省編纂『小学読本』巻一　長野県翻刻
（1873 年）

図 3–21　オリジナルの野球の絵
Willson's First Reader（1860 年；米国）

域の代表だからと、眠っていた郷土意識がウズいてしまう。いつごろからか、日本人のムラ意識の中にもすんなり納まってしまったようだ。

でもこの野球、もちろん最初は異文化だった。初めて目にした日本人は、どう受けとめたのだろう。最も初期の絵図が図 3–20。明治新政府が 1873（明治6）年に初めて出した『小学読本』（巻一）に載ったものだ。「えっ、これ野球？」と驚いてしまう。手鞠のような玉 2 個に羽子板風の四角い棒が 3 本も。なんとも怪しげな挿絵だが、長い「鎖国」のあと、ようやくこの前年に野球が伝わったばかりだから、やむをえない。それでも、わずか 6 年後には最初の野球チームを作ってしまうのだから、明治人のエネルギーはすごい。

野球伝来の年は、学制が発布され近代教育が始まった年でもある。とはいえ、まともな教科書すらなかったから、この『小学読本』も急場しのぎに米国のウィルソン・リーダーを翻訳したもの。だから当然、原著にも野球の教材があった（図 3–21）。こちらは一目で野球とわかる。『小学読本』の絵はかなり「意訳」調だが、本文はガジガジの直訳調。「私は棒を以て球を打つを見たり、其球は堅きものなるや。これは、柔かなる球なるゆえ、人に当たるとも、傷つけることなし」といった調子。こんな文章、小学一年生にわかったのだろうか。さすがに翌年には改訂されてしまった。異文化との最初の出会いは、えてしてこんなものか。

図 3–22　さて、誰でしょう？
文部省 *The Mombushō Conversational Readers*（正則文部省英語読本）2（1889 年）

相手の文化を無批判に受け入れ、真似をすることが異文化理解ではない。文明開化を急ぎつつも、その点では明治の人々は案外どっしりと構えていた。たとえば、シェークスピアの *Julius Caesar* は、坪内逍遥の訳にかかると自由民権期を彩る政治小説『自由太刀餘波鋭鋒（じゆうのたちなごりのきれあじ）』（1884: 明治 17 年）となる。相手が世界の文豪だろうが日本文化の俎上に乗せ、浄瑠璃や歌舞伎のエキスをふんだんにまぶしてしまう。自分の土俵に異文化を引きずり込んで勝負をかけるといった趣がある。明治の人々の骨太さには脱帽する。

こうした脱帽例は教科書にもあった。以下はすべて童話を教材化したもの。図 3–22 と図 3–23 の絵を見て原作名を言い当てられる人は童話のオタク、いや失礼、童話の専門家になれる。まずは 1889（明治 22）年刊の前者。

一見、なんとも艶（なまめ）かしい湯上がり美人。国籍不明の衣装で、場所はサウナかな（でも、そんな童話あったっけ . . .）。さて、誰でしょう？ 本文を読んでみよう。

> She sat down on a stool by the kitchen fire, and felt so sad that she was ready to cry. — "What is the matter, Cinderella?" said a voice close by.

そう、正解は「シンデレラ」。語源的には「灰にまみれた娘」の意味だが、絵を見ると水もしたたる瓜実（うりざね）顔のお嬢さん。純和風の一重まぶたで、眉から鼻の線は江戸期の美人画の様式を残している。近所に越してきた女子大生の新出麗羅さん、といった親近感を覚えてしまう。

図 3–23　さて、なんの童話でしょう？
宮井安吉 *New English Class-Books for Elementary Schools 3*（1904 年）

図 3–24　オリジナルの挿絵
Swinton's Second Reader（1882 年；米国）

ところで、川戸道昭の研究（「日本で最初にシンデレラを描いた人物」『東日本英学史研究』第 4 号、2005 年）によれば、実はこの挿絵こそ、シンデレラを日本に初めて紹介した歴史的な一枚である。日本洋画壇のパイオニアだった印道真楯（1861～1914）の筆で、日本の文化史上きわめて重要な挿絵なのである。

図 3–23 は明治末の 1904（明治 37）に出た高等小学校用の英語教科書から。難問でしょう。「まんが日本昔話」ではありません。ヒントは中央にある丸いもの。何やら光っている。「ガチョウは一日一個ずつ光輝く卵を生みましたが、ある日、主人は一度に全部の卵を手に入れようとして、愚かにもガチョウを殺してしまいました」。そう、これはイソップ物語の金の卵を生むガチョウのお話。なのに絵には囲炉裏や糸繰り車があって、明治の農家そのもの。実は、この教材はもともと米国舶来の *Swinton's Second Reader*（1882 年）に載っていたものだが、挿絵はまったくの差し替え。原著の図 3–24 では「ガチョウさま、毎度どうも。えへへへ」と、揉み手なんかして、金に目がくらんだ男のいやらしさがよく出ている。でも、この絵のままでは遠い異国の話になってしまう。Kill the goose that lays the golden eggs.（目先の利益のために将来の利益を犠牲にする）という教訓は、不正を重ねる企業にも、幼稚園児を「お受験」に駆り立てる親にもぜひ噛みしめてほしい、古今東西に当てはまる金言だ。だから明治の人は絵を日本化することで、イソップを子どもに身近な教訓話にしてしまっ

た。したたかな知恵だ。

平成の世は相変わらずの横文字社会。「トータルファッションをクリエイトするエステティックサロン...」なんていう CM には恥ずかしくなる。まず脳の「エステ」でもしたら、と思ってしまう。カタカナ語を貼り付ければ西洋人に擬態できると思い込む悪い癖。実は心根はすごく the 日本人で、畳の方がくつろぐくせに。「エイゴかっこいい」の裏で、非英語圏を軽視し、自国文化には無知というのはまずい。明治の民衆は、もっとしたたかに異文化を受けとめていた気がする。

第 7 節
Lesson 1

「木曽路はすべて山の中である」

『夜明け前』の全編を象徴するこの一文をしたためるまでに、島崎藤村はまる 1 ヶ月を要したという伝説がある。何事もはじめが肝心。それは英語教科書も同じだ。冒頭を見れば教育観がわかる。そんな Lesson 1 を集めてみた。

まず図 3–25。第 1 課からいきなり This is a beater. には驚いてしまう。挿絵から想像はつくが、この "beater" は普通の辞書には載っていない。保線作業専

LESSON 1 (One)

This is a man.
That is a beater.

図 3–25　鉄道マンから始まる第 1 課
鉄道英語研究会著 *Railway Engineer's Reader*（1936 年の改訂版）

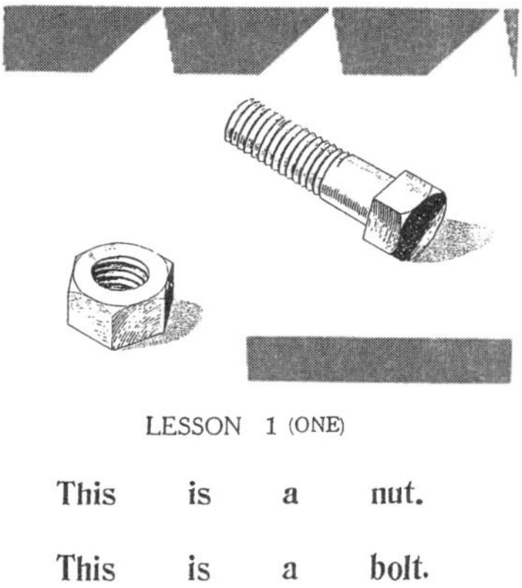

図 3–26　機械部品から始まる第 1 課
相引茂著 *The Concise Technical Readers 1*（1942 年）

図 3–27　日本銀行から始まる第 1 課
鈴木熊太郎ほか著 *The Imperial Commercial Readers 1*（1930 年）

用のツルハシのことで、鉄道業界の特殊な用語だ。実はこの教科書は鉄道学校用で、その名もズバリ *Railway Engineer's Reader* という。

身内だけにわかる言葉を使うことで仲間意識のタガが締まるのは、生徒も業界人も同じ。戦前の実業学校生は将来のコースが決まっていたから、教科書には ESP（English for Specific Purposes）の要素を加えてモティベーションを高める工夫を凝らしたものもあった。でも実業学校やその教科書の研究は「蚊帳の外」とされてきた感があり、筆者の属する日本英語教育史学会でも蓄積は乏しい。第一線の産業人を育てた学校なのだから、もっと陽の当たる場所に出したいものだ。そこで、図 3–26〜図 3–28 も実業学校用から。図 3–26 は一目で工業学校用とわかる。よく考えられていて、nut の発音は [náto] ではなく [nʌt]、bolt は [boruto] ではなく [bóult] と、なじみの外来語を使いながら音声指導にも配慮されている。

図 3–27 は商業学校用。冒頭から日銀とはさすが。当時の商業学校は 5 年制が多く、この商業リーダーは巻 1 だが 4 年生用。普通英語を学習したあとで使うハイレベルなものだった。貿易の必要から商業学校は外国語教育に熱心で、第二外国語を含め週 10 時間も教えた学校があった。

図 3–28 は農業学校用。春ののどかな農村風景だ。最初のページはこの絵だけで文字はなく、Picture Lesson を意図したのであろう。小鳥がさえずり、子羊が戯れる。少女は花を摘み、男は春の花を愛でている。屋根に巣を掛けるコ

図 3–28　理想郷のような農村風景で始まる第１課
小谷武治著 *New English Readers for the Use of Agricultural Schools 1*（1926 年）

LESSON I

Stand up.

図 3–29　犬の先生で始まる第１課
篠田錦策著 *The Beacon Readers for Normal Schools 1*（1926 年）

LESSON 1 (One)

A DOG

図 3–30　犬から始まる第１課
福原麟太郎著 *The Globe Readers 1*（1957 年）

ウノトリは幸いを呼び込む。著者は生命を育む自然の豊かさ、農業のすばらしさを生徒に伝えたかったのだろう。「すべての農業労働を　舞踊の範囲に高めよ」という宮沢賢治の詩「生徒諸君に寄せる」の一節を思い出した。そういえば、賢治も岩手県花巻の農業学校で教えていた。

戦前の学校体系の中でもう一つ重要なのが師範学校。教員養成系学部の前身だ。専用のリーダーも数種類発行されていた。図 3–29 は動作重視のグアン・メソッドにもとづく教材か。Stand up. で始まるリーダーはめずらしい。第２課は Sit Down. だから、「起立」と「着席」。なるほど、教室での号令が導入部なのだ。さすがは師範学校用。

でも、なぜ先生が「犬」なのだろう。著者の篠田錦策は東京高等師範学校で岡倉由三郎に学び、福原麟太郎の同僚。実は岡倉が明治に出した *The Globe Readers* は最初の方に犬の課があった。福原もこれを踏襲し、同名の新制中学用リーダーは 3 年用まで第 1 課はすべて犬の題材（図 3–30）。さらに福原の教え子の成田成寿も *Universal English 1*（1953 年）を This is a dog. で始めている。4 人の「犬」には共通のポリシーが詰まっていたようだ。ヒントは福原版の教師用指導書（TM）にあった。「イギリス人は非常に犬が好きで」と、例の *P.O.D*（*The Pocket Oxford Dictionary*）の蘊蓄（うんちく）のあと、「どの国のことばでも、その国の感情や思想を後ろに背負っているものでありますから、犬の一匹にしても日本とイギリス・ドイツ・ロシア各々違った感覚をもって読まなければならないことになるので、そういうことを考えますと、犬という一つの簡単なことばでも非常に興味の深いものであります」。なるほど、さすがは教養派の総帥だ。実用主義が幅をきかせる昨今では、こんな教科書は作れない（売れない）だろう。「外国文化＝英国文化」という時代でもない。でも、今の英語教育が置き忘れてしまった何か大切ものを感じるのは、筆者だけだろうか。

ところで、福原らが熱い思いを寄せていた英国では、リーダーは犬で始まるのだろうか。代表格のロングマン読本を開けてみた。すると、なんと、Lesson 1 には猫が寝ていた！（図 3–31）

「英国人は犬好きだって？ 知らニャーわよ、そんなこと」

異文化理解は難しい。

LESSON 1.

THE CAT.

図 3–31　第 1 課は猫だった
Longmans' New Readers Standard 1（1887 年；英国）

第８節
表紙の思想

> 給仕づとめの少年が
> たまに非番の日曜日、
> 肺病やみの母親とたった二人の家にいて、
> ひとりせっせとリイダアの独学をする眼の疲れ...
> 〈石川啄木「飛行機」(1911年）より〉

この詩の翌年に夭折した啄木の枕元には、極貧の中で買い求めた英書が残されていたという。「国禁」の原書を通して、最晩年の彼は「時代閉塞の現状」を突き破る思想の高みにたどり着いたが、その英語力は「リイダアの独学」によるところが大きかったようだ。旧制盛岡中学ではストライキで英語教師らを追い出し、「ユニオン会」という英語独習会を組織して米国舶来の *Union Reader* を読んだ。ユニオンには平易なPrimerもあり、美しい挿絵を見ながら綴りや短文を覚えるように工夫されていた。銅版画の表紙も美しい（図3–32)。啄木も

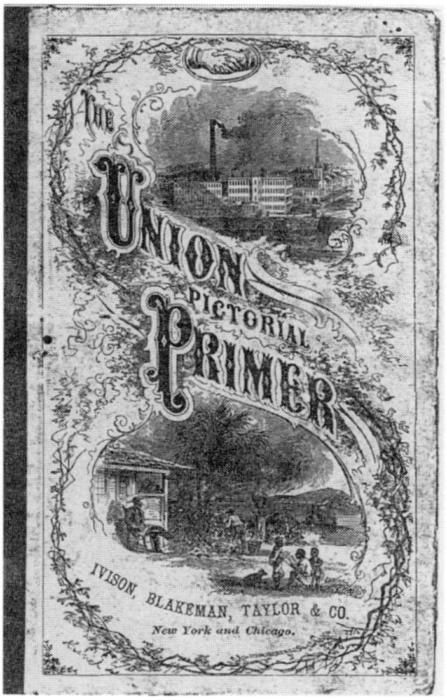

図3–32　「ユニオン」に込められた願い
The Union Pictorial Primer（1871年；米国）

図 3–33　統一、平和、繁栄への願い
The Union Pictorial Primer（1871 年；米国）

使ったのだろうかとながめているうちに、この表紙に込められた崇高な「思想」が伝わってきた。

上下に二つのイラスト。その情景のなんと対照的なことだろう。上は黒煙をあげる近代的な工場。下は田園風景で、綿花の収穫をテラスから見ている男は地主だろうか。川に浮かぶのは外輪船。ハックルベリ・フィンの世界だ。Union は言うまでもなく「ひとつ」(uni) になることだから、統一、団結、同盟などの意味。そういえば、この文字を中心に S 字型に伸びたツタのような植物が両方の絵をからめ取り、結び合わせようとしている。「もしや」と思って序文の日付を見ると 1866 年。南北戦争が終わった翌年だ。4 年にわたる内戦の戦死者は 62 万人。第二次大戦とベトナム戦争での米国の戦没者を足しても追いつかない。

そう、この表紙からは悲惨な南北戦争の傷を克服し、アメリカという統一国家 (the Union) を形成しようという熱いメッセージが読みとれる。だから最上部には握手が描かれている。南北戦争は北部の近代的な資本主義工業と、南部の前近代的な奴隷制プランテーション農業との対立が根底にあった。それぞれの世界が二つの絵に描き分けられている。ページをめくると、第 1 課の挿絵（図 3–33）で女神が持つ星条旗は統一 (Union) のシンボルそのもので、建物は連邦議会。汽車、蒸気船、農作業が農工商の調和のとれた国民経済の発展を暗示し、腕を組む男女と、手をつないで踊る子どもたちが統一、平和、繁栄を象徴している。

国家統一をはかるために、きまって採られるのが共通語政策。日本でも明治国家の同一性を支えるために「国語」という思想が創出された（イ・ヨンスク

図 3–34　表紙の口・目・手・耳
神田乃武著 *Kanda's English Readers for Primary Schools 1*（1900 年）

図 3–35　王冠の運命やいかに
神田乃武著 *The New King's Crown Readers*（1943 年）。王冠の表紙は破り取られた。

『「国語」という思想』1996 年）。移民の国アメリカではなおさらで、その任務を担ったのは、もちろん英語だった。そんな気概が、この *Union* や *National Readers* といった教科書名にも織り込まれている。そういえば、図 3–32 の「南部」の黒人少年は「ひとりせっせとリイダアの独学」をしている。奴隷の身分から一応解放されたいま、今度は学ぶことで真の自由を得ようとしているかのようだ。

さて、日本の英語教科書にもポリシーを持った表紙はあった。戦前のリーダーの代表格は、やはり神田乃武（ないぶ）のものだろう。その最初は 1899（明治 32）年に登場し、翌年には同じ表紙で『小学英語読本』も出た（図 3–34）。表紙に描かれた教授思想に、人々は時代の先端を行く斬新さを感じたことだろう。四隅に描かれている口、目、手、耳は、話す、読む、書く、聞くの「4 技能」の象徴である。明治 20 年代までは、スペリング、会話、読本といったように別々の教科書で分科ごとに教える場合が多かった。「分科の統合」と音声重視の新しい教授法が主張され始めたのは明治 20 年代の末から 30 年代。こうした時代の波の中で、4 技能を統一的に教えることを表紙で強烈にアピールした神田の教科書は大歓迎されたのである

神田乃武といえば、クラウン・リーダーもあまりに有名。初版（1916 年）から 15 版（1943 年）に至るまで、その表紙には一貫して王冠（crown）が描かれて

いた（図3–35）。これが、純然たる英国風のKing's Englishを教えることを誇るポリシーの象徴だったことは初版の序文からも明らかだ。ところがこの王冠、時局の悪化につれて思わぬ事件を招くことになる。1944（昭和19）年1月の衆議院で、この教科書が宿敵英国を礼賛するものとして槍玉に挙げられたのである。結局、英国国歌などの課を削除し、王冠を配した表紙を差し替えることで決着。生徒らは慣れ親しんだ表紙を破り取るよう命じられた。表紙の思想が裁かれ、非国民扱いされる時代だったのだ。おかげで*King's Crown Readers*という名称も御法度になり、同年2月に出された第16版では*The Kanda's English Readers*に改名されてしまった。Kandaという日本名が「国体明徴」にふさわしくなったのだろうか。だが、神田は米国アマースト仕込みの温厚な紳士。しかも亡くなったのは事件の21年も前のことだから、今さら何だカンダと言われたくはあるまい。地下での安眠を破られた神田もいい迷惑だった。

第9節
旗

1997年、ダイアナ妃の事故死に世界は仰天した。あおりで逆風にさらされたのが英国王室。その冷たい対応ぶりが国民のブーイングを浴びるや、しかし、すかさず柔軟姿勢に転換した。欧州の君主制は市民革命と命がけで戦い、また妥協を重ねてきたから、民意には気をつかう。そんな「気配り」は、英国皇太子の称号The Prince of Walesにも示されている。せめて建て前だけでもと、16世紀に併合したウェールズに気を使っているわけだ。こんな「気配り」をもっとダイアナさんにも注いでおけばよかったのに。

さて、葬儀ではUnion Jackの半旗が目についたが、この図柄にもある種の「気配り」が織り込まれている。図3–36はカラー図版で、英国の旗を教材にしたもの。教科書名の*The Royal Prince Readers*からして往年の王室人気を偲ばせるが、各王家の旗（standard）まで掲げられている。本文にはUnion Jackの由来が書かれ、イングランドを表す白地に赤のSt. Georgeの赤十字（図の2）と、スコットランドを示す青地に白のSt. Andrewの白十字（3）、そしてアイルランドの白地に赤のSt. Patrickの赤十字（4）の3つの国旗を合体させてできた「連合王国」（United Kingdom）の旗であると説明されている。いまだに根強い民族

図 3–36 ユニオン・ジャックの由来
The Royal Prince Readers 3（1904 年；英国）

問題を抱える英国は、1707 年に合併したスコットランドや、1801 年に併合したアイルランドにも、それなりに気を使わざるを得なかったわけだ。併合して「日の丸」しか掲げさせなかった国とは少し違う。

図 3–36 に戻ると、四隅にバラ（左上）、アザミ（右上）、クローバー（左下）が配置されている。それぞれ England, Scotland, Ireland のいわば国花だ。だから、英国のパブでギネスの泡の上に時おり描かれるクローバーマーク（shamrock）は、Irish たちの誇り高い民族意識の象徴なのだ。そういえば、ダイアナさんを「さよなら英国のバラよ」と悼んだのは気になる。バラは England の国花だが、彼女は The Princess of *Wales* だったはずだから、花なら leek か daffodil のはずなのに。もっとも、王室を離れて 1 人の English lady に戻りたかったようだから、まあいいか。

問題は図 3–37。Union Jack を "England" 国旗であると説明しているのは大いに疑問だ。ところが、実際にはこの種の記述が多い。ついでに言うと、筆者も慣例にしたがって「英国」という呼称を使うが、あの長い The United Kingdom of Great Britain and Northern Ireland という国称を「英国」と呼ぶのには違和感を覚えている。この「英国」は「英吉利」の略で、ポルトガル語の Inglêz（= *England*）からきた言葉だから、本来は「イングランド」だけを指すはずだ。もちろん、言葉は歴史的・社会的に意味の変遷をとげるし、竹村覚の『日本英学発達史』（1933 年）によれば、日本の文献に登場した「英国の国号数」は 139 種類もあった。だから、すぐさま「連合王国」に一斉転換とはいかないだろう。

図 3–37　国旗が映し出す時代と国際関係
井上思外雄著 *New Capital Readers 1*（1936 年の訂正再版）

図 3–38　日露戦争直後の小学校英語教科書より
英語教授研究会著 *New Imperial Readers for Primary Schools 1*（1906 年）

でも、語学教育が民族や国家の問題に深く関わる以上、国旗や国称には十分な認識と気配りを持っておきたい。少なくとも、England をところかまわず「イギリス」や「英国」と訳す鈍感さには注意したいものだ。

さて、その図 3–37 を眺めていると、つくづく「旗」が背負い込んだ歴史の重さを考えてしまう。この 8 本の旗のうち、敗戦や革命で 4 本が追い払われた。「日の丸」の隣りに置かれた「満州国」旗は「五族協和」をシンボライズしたものだが、そんな幻想とともにあえなく消えた。3 つ目の旗は内戦と革命で台湾に逃れ、いまだに紛糾の火種にされている。ナチス・ドイツのカギ十字旗は初版（1933 年）にはなかったが、ヒトラーの政権奪取によって改訂版で差し替えられたもの。この旗もまた「第三帝国」の悪夢とともに消え去った。ファシストを一掃した共和制のイタリアでは、戦犯と見なされたサボイア王家の紋章を国旗からはずした。歴史への責任の取り方が、それぞれの旗の変化に示されているわけだ。となると、「日の丸」が図 3–38 の時代そのままに、敗戦後も変わらないでいることは何を意味しているのだろうか。歴史的な責任を考えると、学校行事で強制的に掲揚させることが許されるのだろうか。

図 3–39　ユネスコ旗に託された願い
Moor, W. Lほか著 *Standard English 3*（1954年）

戦後、世界の人々は図 3–39 の旗に夢を託した。世界を包むオリーブの小枝は平和と和解のシンボル。人々の表情は期待に満ちている。それから年月がたち、国連も世界も難問だらけだ。各地では相変わらず旗の奪い合いが続く。それでも、平和な世界を実現する希望の旗だけは捨てたくないものだ。

第 10 節
家族の肖像

ゆく年、くる年、お正月。わが子の帰省に布団を干すお母さん。土産に迷う単身赴任のお父さん。久しぶりに一家そろってコタツを囲む家族も多いだろう。かと思えば、「正月はバイトとスノボで帰らないから」とすげない電話のご家庭も。保護者懇談では、40 人が 40 色の家族像を見せてくれる。陽気で社交的な彼女は、顔も性格もおかしいほど母親似。成績不振で万事に投げやりな彼は、両親の離婚でひとり苦しんでいる。1990 年代の教科書検定では、個性的な家族像を盛り込んだ「家庭一般」などの教科書が 4 点も不合格にされたが、どうして、現実の家族はみな個性的だ。そんな家族の肖像は英語教科書にも描かれてきた。

図 3–40 は感謝祭のディナー。戦後の検定第 1 号 *Jack and Betty* の初版（1948 年）からのもの。当時の日本では衝撃的な挿絵だった。なんせ敗戦直後で餓死者まで出た食糧難。焼け跡、青空教室の学校では、弁当を持参できない欠食児童が続出したとか。当時の国語教科書の教材「雨ニモ負ケズ」では、原作の

図 3–40　米国への憧れをかき立てたご馳走の絵
萩原恭平ほか著 *Jack and Betty: English Step by Step 3*（1948 年）

「一日玄米四合と」が「一日玄米三合と」に書き換えられてしまったほどだ。空きっ腹を抱えながら見つめたこの挿絵はまさに「異文化」教材で、豊かなアメリカ中産階級への憧れをさぞやかき立てたことだろう。本文がさらにヨダレを誘う。

> The table was almost overflowing with a great many kinds of delicious food. A big brown roast turkey lay in a dish in the middle of the table. Around the dish there were plates of pumpkin-pie, golden corn, green peas, mashed potato, oranges and nuts.

これでもか、と並ぶ食べ物の名前。こんな教材がハングリー精神を刺激し、高度経済成長にひた走らせたのかもしれない。

そのほんの数年前までは戦時下。家族の肖像 1 枚にも神経をとがらせる時代だった。図 3–41 と 42 は国民学校（小学校）高等科用の国定英語教科書から。1939 年版ではまだ英国人の家族が主役だった。やがて 1941（昭和 16）年に太平洋戦争に突入し、改訂されて『高等科英語』（1944 年）になると、日本人に一変し、John や May が太郎や花子に差し替えられた。おまけに家族の団欒風景は抹消された。当時は検定官が「家族団欒のさし絵は不適当なり。召応で出征している家庭を考えよ」とクレームをつける時代だったそうだ（第 2 章第 4 節参照）。

家族が引き裂かれたこの時代、母親ひとりで息子をサムライに育て上げる美談も教材化された。漢学塾から帰ったわが子に、母の繁乃は学習内容の復唱を

1.

John has a father and a mother.

They are his parents, and he is their son.

He has two brothers and a sister, too.

James and Henry are his brothers.

May is his sister.

図 3–41 太平洋戦争前は英国人家族
文部省 *The New Monbusyō English Readers for Elementary Schools 1*（1939 年）

1.

Taro has a father and a mother.

They are his parents, and he is their son.

He has two brothers and a sister, too.

Ziro and Saburo are his brothers.

Hanako is his sister.

図 3–42 太平洋戦争中は日本人家族に
文部省『高等科英語』（1944 年）

LESSON 29

THE MOTHER'S HEART

図 3–43 母の密かな努力
中等学校教科書『英語 2』（高等女学校用）（1944 年）

求める。間違えると即座に訂正できる博識の母を、息子は敬い成長する。実は、母は人知れず息子の塾に出向き、窓ごしに師匠の講釈を筆記して諳んじていたのだった（図 3–43）。これは米沢地方に伝わる「かながき四書」の寓話だが、「黒井悌次郎海軍大将こそ繁乃の孫である」と締めくくっているあたりは時局柄か。

「ひ弱な男とフワフワした女の国」などと揶揄される昨今だが、昔も今も親となれば強いもの。最後は、息子を救うためなら大砲までぶっ放す父親の話。

図 3–44　大砲で息子を救う父親
Barnes' New National Readers 4（1884 年；米国）

図 3–45　捕鯨船の砲手に転職した父親
岩崎民平ほか著 *Everyday English: Revised 3*（1957 年）

図 3–44 は明治の名教科書 *New National Reader 4* に載った An Adventure with a Shark から。

停泊中の艦艇。暑さのあまり、2 人の少年は海に飛び込み競泳を始めた。1 人は老砲手（an old gunner）の息子だ。やがて突然の叫び声。「フカだ！ フカだ！」。怪物のようなフカの背びれが一直線に少年に迫る。もう十数メートル。逃げきれない。老砲手はとっさに大砲にかけ寄り、照準を定めた。息を殺す船員。大砲の轟音。顔を覆う砲手。静寂のなか、砲煙が薄らぐ。大歓声。老砲手が目をあけると、水面にはフカの巨体が浮いていた。

原文の迫力は映画 Jaws さながら。この名作は各種の英語教科書のみならず、大正・昭和期の国定小学国語読本にも採り上げられ親しまれた。地震・雷・火事に続いて、「親父」がまだ強くて怖いものの代表格だった時代だ。

とすると、こんな教材は戦後にはムリか。日本国憲法では大砲を撃つのも御法度だし。と思いつつ、書棚をひっくり返したら、新制中学 3 年用にそれらしき教材があった。題は The Old Gunner and the Shark。戦後でも「砲手」なんていいのかな、と思いながら読むと、平易化されてはいるものの、まさしくあのフカの話だ。ページをめくるや挿絵にびっくり。なんと、あの大砲の親父さんは戦後、捕鯨船の砲手に転職していたのだ（図 3–45）。腕はさぞかし確かだろう。

その商業捕鯨も今は全面禁止。でも大丈夫、こんな親父さんならきっとたくましく家族を養っていることだろう。

第11節 内なるロビンソン

冬の夜は長い。正月のお餅とテレビには飽きたし、コタツで文学書と洒落こみたい。寒風に縮こまりがちな毎日だから、ここはスカッと冒険活劇。昔の人もそうだったのだろうか。

日本で最初に翻訳された英文学はDefoeの*Robinson Crusoe*で、オランダ語版からの抄訳ながら『漂荒紀事』として嘉永初期(1850年ごろ)には完成している。1848年には日本初のネイティヴ英語教師ラナルド・マクドナルドが利尻に上陸し、1851年には漂流民ジョン万次郎がアメリカ船で帰国した。鎖国がほころび始めたこの時代、「海外」への関心は押さえがたいまでに高まっていた。

かくして、漂流冒険ものの代表格*Robinson Crusoe*は幕末明治期に相ついで翻訳出版され、英語教科書の定番教材にもなった。筆者らの「明治以降外国語教科書データベース」によれば、文部省検定済の副読本だけでも、*Robinson Crusoe*は1907(明治40)年から1943(昭和18)年までに14種も出版されている。これはイソップ物語、ホーソンの伝記物語に次ぐ歴代3位。手許の英語リーダーを見ただけでも、20種類を超す教科書からロビンソンが顔を出した。

それにしても、岩波文庫で1部2部800ページにもおよぶこの大作は、岩尾龍太郎が『ロビンソンの砦』(1994年)で見事に読み解いているように、実に重層的で多面的な内容の作品。だから、原作のどの部分を切り取るかによって、不屈の冒険家、近代的経済人、植民地主義者、奴隷所有者などなど、教材としての性格が一変してしまう。日本の英語教科書はどんな採り上げ方をしてきたのだろう。

まずは明治期。図3–46は巨木を一人の手仕事で切り倒し、船を削りだすシーンだ。勤勉な労働と不屈の精神力によって孤島からの脱出を図ろうとしている。島国日本を脱し、列強ひしめく世界に雄飛しようとしていた明治の学徒には、胸に迫る一枚だったかもしれない。

だが、富国と強兵、脱亜と入欧が同時進行したのが明治。その末期には台湾や朝鮮半島を領有し、現地で「討伐戦」を繰り広げていた。図3–47は明治40年代のもので、「フライデー」を助けるために多数の「蛮人」(savages)を殺戮する場面。彼らは弓矢を持って襲ってくる裸の人食い人種(cannibals)という設定

図 3–46　勤労に励むロビンソン
Swinton's Third Reader（1882 年；米国）

図 3–47　「蛮人」を殺戮するロビンソン
浅田栄次著 *Asada's English Readers 4*（1909 年）

図 3–48　フライデーをキリスト教に改宗
梶木隆一ほか著 *English Today 3*（1955 年）

で、ステレオタイプな虚像の典型だ。ひとたびこの鋳型にはめれば、文明人が銃で撃ち殺しても罪にはならないとする虚構はハリウッド映画でもおなじみ。

ロビンソンは、救出日にちなんで Friday と名づけ、メイド喫茶でもないのに自分を「ご主人様」（Master）と呼ばせ、銃で武装させ、英語を教え、キリスト教に改宗させ（図 3–48）、要するに「文明化」の教師となる。しかし、その前に大事な通過儀礼がある。その場面こそ、教科書の挿絵としてもっとも好まれたハイライトシーンだった。図 3–49 から 54 まで、とくとご覧あれ。永遠に奴隷

ロビンソンとフライデーの諸相

図 3–49　東京開成館編輯所著
Girls' New Age Readers 3（1922 年）

図 3–50　岡田明達著
New Diamond Readers 3（1930 年）

図 3–51　清水繁著
Robinson Crusoe（1930 年）

図 3–52　澤村寅二郎著
Stepping = Stones to Literature 2（1930 年）

図 3–53　豊田實著
New Graduated English Readers 3（1931 年）

図 3–54　西脇順三郎ほか著
Junior English 3C（1962 年）

(slave) としてロビンソン様に仕えますという土下座。実にさまざまなアングルと意匠で、これでもかと描かれてきた。異文化教材としての教育効果はいかほどだったのだろう。この種の挿絵は第一次大戦後に隆盛をきわめたが、日本はこの戦争で南洋群島を獲得し、大陸にも食指を伸ばしつつあった。

Robinson Crusoe は資本主義創世期の秘密を凝縮した作品。世界文学の中でこれほど多くの翻訳・模倣・改作・縮訳版が出された作品は他にないそうだ。当然かもしれない。現代世界は、ロビンソンし、フライデーされてできあがったのだから。日本の近代の歩みも、西洋化こそ文明開化と考え (啓蒙家ロビンソン)、律儀な勤労で富国を達成し (経済人ロビンソン)、強兵によって周辺民族を支配した (植民地支配者ロビンソン)。その延長上にいまの日本があるとすれば、われわれの内にも、ロビンソンはどっこい棲みついているのかもしれない。教師として「教化」書でロビンソンし、生徒にフライデーさせてしまう日々。反省。

第12節
英語帝国主義

明治初期の日本で使用された米国の『ミッチェル地理書』(*Mitchell's New School Geography*, Philadelphia, 1872年) などは、帝国主義段階に入ろうとする1870年前後の欧米人の世界認識を知る上で興味深い。第1章第11節「異文化へのまなざし」で見たように、この教科書は人類の発達段階を低い順から野蛮人 (Savage)、未開人 (Barbarous)、半文明人 (Half-Civilized)、文明人 (Civilized)、文明開化人 (Enlightened) の5段階に区分していた。ヨーロッパ人は「人類の中で最も進歩した知的な人種」などと手前味噌で、その反面、「熱帯地方の住民は一般に色が黒く、心身ともに怠惰な (indolent) 性癖があり、いかなる高い文明にも到達していない」、北米インディアンは「復讐心に燃え好戦的である。彼らは白人文明の伸張の前に急速に姿を消しつつある」、日本人を含む蒙古人種は「才能に限界があり進歩が遅い」などと言いたい放題だ。

こうした人種的偏見が、未開の土人たちを文明の恩恵に浴させるなどと称して、帝国主義と植民地主義を正当化させてきた。そうした教材を見てみよう。

1885 (明治18) 年に英国で刊行された *The Citizen Readers* は日本でもよく使

「大英帝国」の図像学

MAP OF THE WORLD
(British Possessions Coloured Red)

HOISTING THE UNION JACK IN NEW GUINEA.

SOME OF THE QUEEN'S BLACK SUBJECTS.
(HINDOO LABOURERS).

図 3–55・56・57　*The Citizen Readers*（1885 年；英国）

ON THE WARPATH.

図 3–58・59　*The Royal Prince Readers 3*（1904；英国）

われ、三省堂から翻刻版も出ていた。その名のとおり、この教科書は大英帝国の市民となるために必要な英国の政治制度、植民地経営、国防、偉人伝などを盛り込んでいる。口絵は世界地図で、広大な大英帝国の領土が赤刷りされている（図 3–55）。本文には、Union Jack が「自由の旗印」であり、「この旗が掲げられた無人地や非文明国は女王の名の下にイングランド人のものとなり大英帝国の一部となる」と記されている。図 3–56 はニューギニアに揚げられた「自由と文明」の旗印の挿絵で、図 3–57 は「女王の黒い臣民」と題されたインドの “Hindoo labourers” である。しかし、この教科書は隠しているが、インドの民衆は 1857 年から 1859 年にかけて大英帝国を震撼させた「インド大反乱」（いわゆる「セポイの乱」）を起こしていた。

The Royal Prince Readers（1904 年）も英国刊の教科書ながら、日英同盟（1902 年）直後の親英路線をとる日本では 1907（明治 40）年に文部省の検定に合格し、中等学校に広く流布した。巻 3 には South African Boys という課があり、南アフリカの Cape Colony に住むイギリス人少年が主人公だ。ここの原住民たちは数年前には白人と戦ったが、今では白人に雇われ「大部分が平和に暮らしている」とある。帝国主義戦争として悪名高いボーア戦争（1899～1902 年）が起こったのはこの教科書が出される直前のことだった。現地人は裸で地べたに座り込み、白人がより高い位置から見下ろす構図で描かれている（図 3–58）。

こうした舶来リーダーの教材はしばしば日本の英語教科書に再利用された。たとえば、1916（大正 5）年に検定認可を受けた増田籐之助著 *International Readers 2* 第 31 課の *The Different Race of Mankind* は英国の *Royal Star Readers*（1883 年）の教材をアレンジしたものだが、そこには人種に関する驚くべき記述が続く。まず、例によって白人については手前味噌である。こんな教材で比較表現を学んだらどうなるのだろう。

> This race is at present the most powerful. White men are the best scholars and the best workmen. In their lands the people have more peace, more comfort, and more freedom, than the inhabitants of other lands enjoy.

この教科書は、南太平洋の島々に住む人々が、かつては凶暴な人食い人種だったと書いている。

図 3–60　白人を襲うインディアン像（戦前）
神田乃武著 *New Crown Readers 2*（1923 年）

図 3–61　白人を襲うインディアン像（戦後）
田崎清忠著 *Blue Sky Books 2*（1972 年）

> Once all the people of this race were wild and cruel. They not only killed their enemies, but also sometimes ate their flesh. They were called cannibals. Now many of these islanders are civilized, and some are educated.

最後に、red men と呼ばれたネイティヴ・アメリカン（いわゆるアメリカ・インディアン）が登場する。絶滅に瀕した、きわめて好戦的な人種として描かれ、“The red men are very fond of war. They are constantly fighting with one another.” と述べられている。

こうして、その後もインディアンが白人に襲いかかるという構図がくり返し描かれた。戦前の英語教科書の代表格であった神田乃武の *New Crown Readers 2* の第 6 版（1923 年）では、白人の入植地を襲撃し放火し略奪するインディアンが描かれている（図 3–60）。戦後の 1970 年代になっても、白人入植者にわけもなく襲いかかる挿絵が載せられている教科書もあった（図 3–61）。いずれの場合も、なぜ彼らが白人たちを憎むようになったのかについては一切言及されていない。このころまでのハリウッド西部劇の描き方と同じだ。

明治から 1970 年代前半まで、英語教科書に出てくるアフリカ人や、いわゆるインディアンなどは、独自の文化を持った自立した民族として描かれることはほとんどなく、多くの場合は、(1) 白人のしもべ、(2) 白人による救済の対象、(3) わけもなく白人を襲う野蛮人（図 3–59）としてステレオタイプに描かれてきた。こうした描き方を見ると、筆者は子どものころによく見た「ターザン」

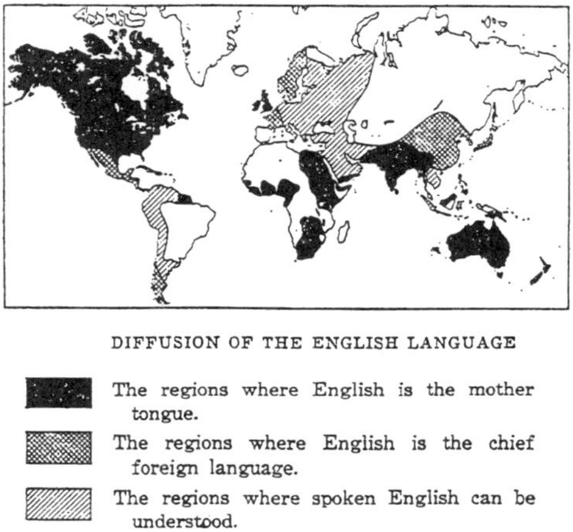

図 3–62　英語はインドやアフリカの「母語」か？
飯島東太郎著 *Companion Readers 5*（1931 年）

や「少年ケニア」を思い出す。当時はこうした見方が普通だったのである。反面で、リビングストーンや スタンレーのような白人が「暗黒大陸の探検家」として英雄的に描かれている教科書が非常に多い。

こんな描き方ばかりされると、子どもたちの関心は少数民族の言語や文化から遠ざかってゆく。そこに「英語は高い文明を伝える、世界中に普及した重要言語なのです」 などと言われると、 もう目には英語と英米人しか見えなくなる。 図 3–62 は 1930 年代の教科書に載った英語の普及図である。 英語はアジア、 アフリカ、 中南米の多くの地域の “mother tongue”（母語）だとするなど、「英語帝国主義」を図像化している。

戦後はどうか。1950 年代を代表する *Standard Jack and Betty 3*（1956 年）には、英語の使用地域を示した挿絵がある。さすがに英語を母語とする地域は大幅に限定されているが、本文の記述には英語一辺倒の言語観がよく示されている。この一文は有名私立高校の入試問題にも出題された。

> Some of them [= languages] are less important, for there are not many people who speak them. English is one of the most important languages because many people use it.

英語は使用人口の多い「重要言語」などという思想にかり立てられて、戦後

（方言札(ﾌﾀﾞ)．W. N. は Welsh Not の略）

図 3–63　ウェールズで使用された方言札
中村敬ほか著 *New Crown English Series 3*（1978 年）

の日本人は「外国語＝英語」だと思い込み、アメリカと軍事同盟を結んで経済力と国際的地位を獲得してきた。その反面で、英語支配のなかで迫害を受けたマイナー民族の言語と文化の存在を忘れてきたのではなかろうか。

しかし 1970 年代後半になると、英語帝国主義の思想から脱し、マイナーな民族にも光を当てる教科書が出されるようになった。*New Crown English Series*（1978 年）はその先鞭をつけた。1984（昭和 59）年版に載った方言札 Welsh Not（図 3–63）は、英語帝国主義の犯罪性を見つめ、言葉の教育を考える上で衝撃的な挿絵だった。こうした試みは徐々に受け入れられ、その後の英語教科書は多文化主義を強めていった。

学校での英語科学習は単なるスキルの習得ではない。「人格の完成」＝人間教育の場である。教科書の題材には様々なイデオロギーが含まれるから、そうした面への目配りも大切であろう。

第 13 節
お国がら

ほたるの光、まどの雪。本章「英語教科書の図像学」の最後にあたり、気分を変えて世界に飛んでみよう。

お国がらとなれば、政治体制の異なる国の方がおもしろい。図 3–64 は文化大革命期の中国の英語教科書から。綴りや音声練習でも、何をどう並べるかで

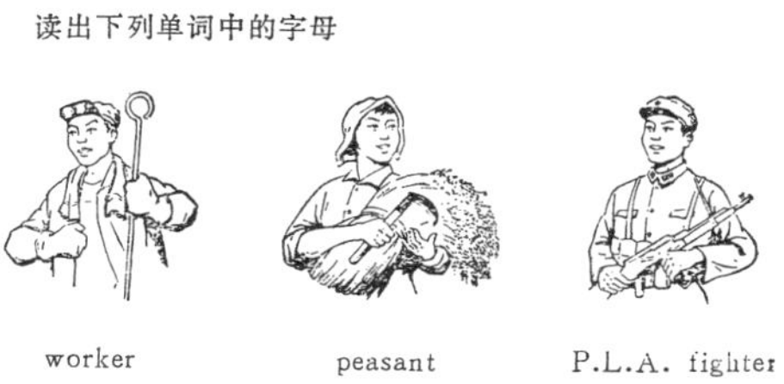

図 3–64　共産党支持基盤の労働者・農民・解放軍兵士で発音を習う
江蘇省中小学教材編写組『英語　第一冊』（1974 年；中国）

図 3–65 「同志諸君！ 紅軍戦士から長征の話を聞こう」
江蘇省中小学教材編写組『英語　第四冊』（1978 年修訂本；中国）

教育的意味が一変する。長母音、短母音、二重母音の 3 語で、労働者・農民・人民解放軍という共産党の権力基盤を教えている。「壁新聞」も登場（図 3–65）。「同志諸君！ 紅軍戦士から長征の話を聞こう」。ただし、これは 1970 年代の教科書。その後は「改革開放の話を聞いてリッチになろう！」となったようだ。

次は社会主義国だった旧東ドイツの教科書。米国の公民権運動を取り上げ、黒人のデモ隊に警官が襲いかかる写真もある。図 3–66 は We Know Our Strength と題された課で、指名解雇撤回のために工場前でピケをはる労働者たち。本文には労使の緊迫したやりとりが書かれている。階級闘争史観で「西側」資本主義国がどんな体制かを教え込む意図が読みとれる。1989 年のベルリンの壁崩壊後は、こんな教材は否定されたことだろう。でも、国家統合後も東部の失業

図 3–66 労働争議を描く社会主義ドイツの教科書
10 学年用 *English for You 4*（1974 年；旧東ドイツ）

図 3–67 建国の父レーニンを讃える旧ソ連の教科書
9〜10 学年用 *English*（1977 年；旧ソ連）

率は西部よりはるかに高く、２級市民扱いに不満も強かった。移民労働者への差別や暴力も続いた。否定された教材のリアリティーを後になって実感することもある。歴史は皮肉だ。

旧ソビエト連邦の教科書にはメーデーや革命記念日の行進風景などとともに、やはり建国の父レーニンが登場（図 3–67）。亡命中のロンドン探訪の史実がこと細かに記されている。教材を読んだあとの討論課題は、レーニンの青年時代、家族構成、亡命生活、ロンドンでの活動、生誕の地といったレーニンづくし。思想内容に分け入らず、聖人崇拝のように扱うやり方はスターリン時代と同じだ。だからソ連は崩壊したのだろう。

代わっては、お隣の韓国。*Nong-ak and Samulnori* と題された伝統芸能の題材が目をひく（図 3–68）。本文には "Especially, folk music expresses the heart and soul of Koreans." とある。植民地支配と朝鮮戦争に傷つき、民族分断が続くこの国では、民族の音楽と芸能には特別の思いがあるのだろう。北の人々もきっと同じだ。

それにしても、この Nong-ak（農楽）には親近感を覚える。日本の田楽のルー

図3–68　民族の伝統芸能を紹介する韓国の教科書
高校用 *English for Everyone*（1996年；韓国）

The Roadside Stalls

図3–69　屋台が親近感をよぶマレーシアの教科書
New English 3 for Malaysian Secondary Schools（1975年；マレーシア）

ツだからか。親近感といえば、図3–69もそう。マレーシアの教科書に載った屋台の風景。こうなると、お「国」がらや「民族」がらを越えて、東アジアの「地域」がらとでもいうべき広いつながりを感じてしまう。

「国家」とは何かを深刻に考えてしまうのが図3–70。中国風の便衣を着て、中国将棋を楽しんでいる。さて、どこの「国」のでしょう？「中華民国二十八年」〔1939年〕に北京で発行とある。調べたら、当時の北京にあったのは「中華民国臨時政府」。日本軍が樹立した華北占領地域の傀儡（かいらい）政権だ（第2章第1節参照）。日本の英語教科書とそっくりな編集ぶりで、中国の題材もちらほら。問題は挿絵の内容。立っている男は愚者（a fool）で、対局終了まで家の火事を知らせないという設定。かくも中国民衆を見くびったために、日本は戦争の泥沼にはまり込んだ。重い一枚だ。

その日本。新聞には英語教材の大広告。駅前には英会話学校。何かに取り憑かれたかのように「英語」に金をつぎこむ。いつからだろう。図3–71は20世紀はじめの教材の裏表紙。「英語を解せざる者は20世紀の人にあらず」。これ

LESSON 2
HOW A FOOL KEPT AN OLD SAYING

図 3–70 中国人「愚者」が登場する日本軍華北占領下の教科書
教育総署編審会『初中英語 第二冊』（1938 年；北京）

英語は二十世紀の世界通語、之を解せざる者は二十世紀の人にあらず。

図 3–71 「英語を解せざる者は 20 世紀の人にあらず」
神田乃武賛助・石川辰之助著『正則独習英語教本』（1906 年）

では、親父もおふくろも人間失格。悪かったな！

その 20 世紀も終わり、21 世紀になったと思ったら、最初の年に「9・11 同時多発テロ」が起こった。「国家」や「民族」を越えた人類共生の時代はいつ来るのだろう。おクニ自慢の郷土料理のように、教科書の「おクニがら」を楽しみ合える日を願いたい。

英学雑談 3

小学校英語教員養成史の謎を追って

教え子から、小学校の教員採用試験に受かりましたとの嬉しいメールが届いた。英語の免許を持っていると小学校教員になるのに有利なご時世のようだ。そんな次第で、十数年前から始めた小学校英語教育史の勉強が役に立ってきた。授業で「小学校用の英語教科書は戦前にはこんなにあったんだよ」と実物を見せると、学生たちは目を丸くする。この瞬間がたまらない。苦労して集めてよかったと実感する。

ところがある日の授業で、「昔は小学校の英語の先生をどこで養成したのですか」と質問された。「養成したのは師範学校だ。そこでは選択科目だったけど、英語を週 3 時間ほど教えていたんだよ」と答えた。すると「週 3 時間の勉強で英語を教える力がついたんですか」とたたみかけてきた。これには参った。この疑問は、実は師範学校の英語教育史を調べていたころからの謎だったからである。

そんなある日、いつものように古書目録をながめていると、「東京府教育会附属小学校英語科教員伝習所規則（明治31年）」という資料に目が釘付けになった。慌てて電話したことは言うまでもない。目録番号を告げ、待つこと 20 秒。長い長い沈黙の時間。「ああ、ございますよ」との声。よかった！

後日、英語教育史学会の例会で T 教授もこの資料に買い注文を出していたことを知った。「今度は僕が勝ちましたね」とニッコリ。T 教授には神戸の古書店に出た超レア物の『英文鑑』をタッチの差でさらわれたことがあったから、おあいこだ。

届いた資料は 1 枚刷りだが、内容は驚くべきものだった。いわば民間団体である東京府教育会が、夜間に毎日 2 時間ずつ 1 年半の講習で小学校英語専科教員の免許状を出す計画が記されていたのである。「小学校の英語教員を養成したのは師範学校だ」などという一面的な回答は、思い込みによる知ったかぶりだったのだ。冷や汗が背中を走った。

さて、そうなると、まず東京府教育会の周辺を洗う必要がある。あれこれ調べると、『東京府教育会沿革史』（1903 年）が T 大学にあることがわかった。貴重書で貸出禁止だったが、知人経由でコピーを入手できた。英語教員伝習所のことも記されていた。

次に、東京都公文書館で関係資料に当たらなければならない。問い合わせると何点かあるという。羽田からの乗り換えで毎月のように利用する JR 浜松町駅のそばに、こんな資料が眠っていたとは。月曜日に年休をとって公文書館へ飛んだ。マイクロフィルムを受け取り、もどかしくページをスクロールする。大写しされた文書が目に飛び込んできた。達意の毛筆による「英語科教員伝習所設置認可」関係資料だ（図 3–72 参照）。

生の資料は気持ちがいい。時代の息づかいを感じる。伝習所の開設期間は、1898（明治 31）年 11 月から 1900（明治 33）年 11 月までの 2 年間。内地雑居が

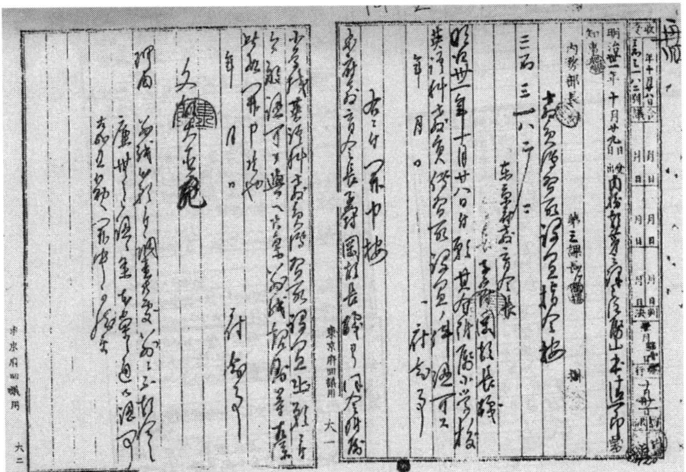

図 3–72　東京府教育会附属小学校英語科教員伝習所の設立認可書（1898 年）
＊東京都公文書館蔵

迫り、英語ブームが起こっていた時期だ。東京府の高等小学校における英語加設率は1900年に全国トップの35.6%だったから、英語教員の供給が追いつかなかったのだろう。府教育会は、師範学校が担う初等教員養成事業を補完・調整する機能を果たしていたようだ。教科書は『ナショナル・リーダー』の3〜5巻や『フランクリン自叙伝』などで、おおむね当時の中学校卒業レベルである。入学資格は現職の小学校教員か高等小学校で英語を修めた小学校教員志望者。仕事を終えての夜間授業はさぞ辛かったのだろう。最初の入学者は60名以上いたが、卒業できたのは第1回が33名、第2回が16名にすぎなかった。講師陣の中には茨木清次郎（後に第四高等学校教授や文部省督学官）や栗原基（後に広島高等師範学校教授）の名前があった。ともに当時は東京帝大英文科の学生で、アルバイトで教えていたのである。なお、この府教育会とは別に、東京府も1887（明治20）年から2年間、英語伝習所を開設していたこともわかった。

資料の戦利品を引っさげて和歌山に戻った。主宰する「和歌山大学教育史研究会」の例会で、自慢げに英語科教員伝習所の話をした。すると音楽教育史のS教授が、「それ知ってる。ずいぶん前に東京府公文書館で音楽科教員伝習所のことを調べたとき、英語科の資料もたくさんあったわよ」とのこと。なんと、彼女は10年も前に東京府教育会教員伝習所のことを調べ、論文も書いていたのだった。

第 4 章
英語教育の忘れられた先駆者たち

明治初期に和歌山藩が実施したプロシア式の軍制改革

第 1 節
移民による移民のための英語教材
——筋師千代市と『英語独案内』——

捕鯨と移民の村から

紀州と英語との出会いは古い。紀伊半島沖を流れる黒潮は多くの海民たちを漂流させ、北米大陸にいざなった。18〜19 世紀に入ると紀州沖にも西洋船が出没するようになった。1791（寛政 3）年 3 月 24 日（旧暦）には、米国商船 Lady Washington 号（図 4–1）と Grace 号が黒潮洗う紀州串本沖の大島に寄港した[1]。これは日本に最初にやってきたアメリカ船であり、ペリー来航による開国の 62 年前である。

和歌山は全国一の移民県であり、なかでも北米移民が多かった。紀州人にとって、海は世界を隔てる障壁ではなく、世界と結ぶ交通路だったのである。そうした紀州の南部に位置する東牟婁郡太地（たいじ）村（現在の太地町）もまた北米移民の村だった。1878（明治 11）年には 111 名が死亡・行方不明となる大遭難によって古式捕鯨が壊滅し、人々は移民を余儀なくされたのである。『和歌山県移民史』によれば、「太地町は古来から熊野における捕鯨の港として聞こえたところであるが、近代は移民の町としても有名である。また多数の移民者が殆どアメリカ合衆国移民である点も、他地方と趣を異にした一特色をなしている」、「全戸数の約六、七割までが移民に関係がある実情」[2] だったのである。

図 4–1　1791 年に紀州に寄港した米国商船 Lady Washington 号
*『和歌山県教育史　通史編 I』（2007 年）より

[1] 佐山和夫（1991）『わが名はケンドリック』講談社
[2] 和歌山県（1957）『和歌山県移民史』p. 198、p. 201

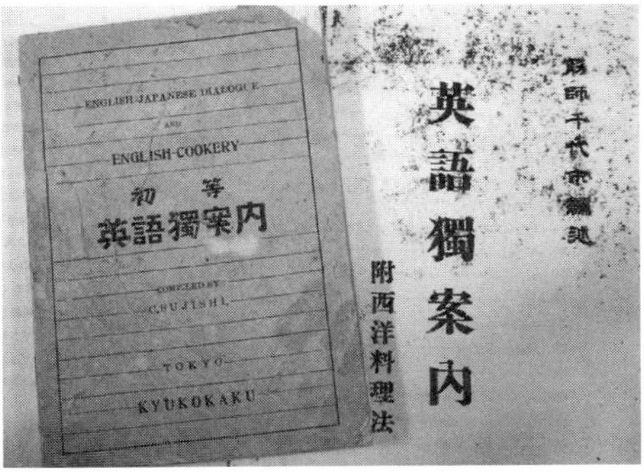

図 4–2　（右）故郷の和歌山県太地村で発行された筋師千代市編述『英語独案内　附西洋料理法』（1901 年）と（左）東京の求光閣版（1906 年）

本説で取り上げる筋師千代市（すじし・ちよいち：1876〜1939）もまた、捕鯨にちなんだ「筋師」の姓を持ちながら、太地村からの初期北米移民の一人だった。『太地町史』は「明治二四年頃、藪内音之助、角川謙二、和田新太郎、筋師千代市、和田小文治、和田五郎市、衣笠米蔵、向井音市、山下忠六、山下菊松の諸氏が率先して渡米したのが、わが郷土のアメリカ移民の草分けであり、先駆者である」と記している。[3]

筋師千代市は 1901（明治 34）年に『英語独(ひとり)案内(あんない) 附(つけたり) 西洋料理法』（図 4–2）を自費出版した。同書は日本英語教育史と移民史の上で注目すべき業績だが、そのユニークな内容と著者の人物像については歴史の闇に包まれていた。いまこそ光を当ててみたい。

明治期和歌山の英語教育

幕末明治初期における英学の最大拠点だった慶應義塾と紀州和歌山との関係は深い。1863〜1882 年の義塾への入塾者は地元の武蔵を除くと紀伊が全国 1 位で、鉄砲州の塾舎内には「紀州塾」まで増築されていた。[4] 紀州出身の松山棟庵、鎌田栄吉、小泉信吉は慶応の塾長を努め、慶応幼稚舎の創設者・和田義郎も和歌山出身である。

---

3 太地町史監修委員会監修（1979）『太地町史』p. 791

4 慶應義塾編（1958）『慶應義塾百年史』上巻、pp. 209–211。なお、紀州の初期の英語教育に関しては佐藤良雄（1968）「和歌山藩と英学」日本英学史研究会『研究報告』第 92 号、池田哲郎（1979）『日本英学風土記』篠崎書林、多田建次（1988）『日本近代学校成立史の研究』玉川大学出版、曽野洋（2003）「旧和歌山藩士族の近代中等教育構想に関する考察（その一）」『和歌山県教育史研究』創刊号などを参照。

こうした華々しい系譜とは別に、紀南の民衆の英語教育には黒潮の香りがする。目の前に太平洋が広がるこの地域では、明治期から漁業、遭難、移住などで外国人との接触が多く、英語を必要とする素地があったのである。たとえば、1886(明治19)年10月には英国船ノルマントン号が紀伊半島の樫野岬沖で沈没し、乗組員14名が太地村に近い串本村に漂着したが、村には英語を解する者が一人もおらず、あたかも「鳥語蛙鳴」を聞くに等しかったという。その反省と折からの英語ブームのなかで、1887(明治20)年1月より串本尋常高等小学校では夜間に壮年者のための英語教育を開始し、のちには正式に英語科を加設した。[5] この他、同年9月には東牟婁郡下里村(現、那智勝浦町)でも戸長や教員有志が同志英学会を組織し、翌10月には新宮(しんぐう)小学校の高等科でも英語教育が開始されている。

下って、1939(昭和14)年度の和歌山県下の小学校高等科における英語の加設率(25.9%)は、大阪、愛知、東京、神奈川、静岡に次いで全国6位だった。[6] 小学校の英語科は一般に都市部での開設が多かったが、和歌山県が高い一因には北米などへの海外移民の多さが関係していると思われる。

なお、紀南地域では1896(明治29)年に県立田辺中学校が設立されるまで、英語を教える中等教育機関は存在しなかった。続く県立新宮中学校の創設は、『英語独案内』の刊行と同じ1901(明治34)年だった。しかも当時の中学校に進学できたのは学力優秀で富裕層出身の男子だけであり、一般庶民にはほど遠い存在だった。

そうした背景の下で、筋師千代市はアメリカでの自らの生活体験を活かし、あとに続く渡航者のための自学自習用の英語教材として『英語独案内』を編述したのである。

では、著者の筋師千代市とはどんな人物なのだろうか。

筋師千代市はどんな人物か

筋師千代市の手がかりを求めて、和歌山県太地町在住のすべての筋師姓宅に電話をかけてみた。受話器の先から断片的な情報が少しずつ集まり、それらをつなぎ合わせた結果、千代市の2男2女のうち次男の筋師清氏(1914年生)が

[5] 串本小学校『串本小学校沿革誌』(同校蔵;稿本)、串本町編(1924)『和歌山県串本町誌』pp. 401–402

[6] 江利川春雄(2006)『近代日本の英語科教育史――職業系諸学校による英語教育の大衆化過程』東信堂、p. 234

兵庫県芦屋市に、次女の長尾千鶴子氏（1916年生）が太地町に健在であることが判明した。2人とも1世紀以上も前の父親の著書『英語独案内』の存在をご存じなく、お送りしたコピーに感激されていた。以下の略年譜は、こうした人たちのご協力と関係資料をもとに作成したものである。

表4-1　筋師千代市　略年譜

年　月　日	年齢	事　項
1876（明治9）年1月10日	0	和歌山県太地村に生まれる。生家は農業と養蚕。
1892（明治25）年4月8日	16	米国カリフォルニア州に渡航（滞米9年間）。
1901（明治34）年ごろ	25	帰国。
1901（明治34）年12月27日	25	『英語独案内　附西洋料理法』を太地村で発行。
1913（大正2）年4月	37	太地信託株式会社設立。
1916（大正5）年5月12日	40	太地水産協同組合設立、会計理事。翌年専務理事。
1917（大正6）年4月24日	41	太地村村会一級議員に当選。
1921（大正10）年4月24日	45	太地村村会一級議員に再選。
1922（大正11）年11月	46	太地漁業株式会社設立、監査役に就任。
1925（大正14）年4月24日	49	太地町町会議員に当選。＊同年4月より町制施行。
1925（大正14）年5月25日	49	和歌山県下最初の冷凍冷蔵庫を建設。
1929（昭和4）年4月24日	53	太地町町会議員に再選（任期は1933年4月まで）。
1930（昭和5）年ごろ	54	町会議員を退職し、2度目の渡米。
1939（昭和14）年6月	63	2度目の渡米より帰国。
1939（昭和14）年8月24日	63	和歌山県太地町で脳溢血により逝去。享年63歳。

筋師千代市は1876（明治9）年1月10日に農業と養蚕業を営む筋師森八・ヤスエ夫妻のもとに生まれた。その2年後に、太地の古式捕鯨に壊滅的な打撃を与えた大遭難が発生した。この問題をめぐって村内の紛争が続いたため教育費が捻出できず、千代市が9歳を迎えた1885（明治18）年4月から3年間にわたって小学校が休校になっている。当時の村内は、幼い千代市が落ち着いて勉

図 4–3　筋師千代市（1876〜1939）
*長尾千鶴子氏提供

学できる雰囲気ではなかったようである。

筋師千代市は満 16 歳 3 ヶ月で北米合衆国に渡航した。外務省の旅券にもとづく『和歌山県移民史』の記述によれば、彼の渡航は 1892（明治 25）年 4 月 8 日、目的は農業、住所は東牟婁郡太地村 3363 番地で、[7] これは『英語独案内』の奥付に記された住所と同じである。当時の渡航者の多くがそうだったように、永住を求めたのではなく「出稼ぎ移民」で、滞米生活は 9 年に及んだ。

北米移民の多くはアメリカ人家庭で食事の準備、掃除、洗濯などの家内労働に従事した。筋師のように、スクール・ボーイ（学僕）として住み込みで仕事をしながら学校に通う苦学生も多くいた。料理の腕しだいではコックとしての働き口もあり、農業などの日雇い労働に従事する者もいた。

筋師は 1901（明治 34）年頃に帰国し、その年の 12 月末には『英語独案内』を故郷の太地村で刊行した。その後は主に実業に従事し、1917（大正 6）年から太地の村会および町会議員を歴任する。町制実施直後の 1925（大正 14）年 5 月には巨費を投じて和歌山県下で最初といわれる冷凍冷蔵庫を建設し、表彰を受けている。1930（昭和 5）年には議員を辞職して 2 度目の渡米をはたす。恐慌下の米国での無理がたたってか、帰国 2 ヶ月後の 1939（昭和 14）年 8 月 24 日に脳溢血により逝去している。享年満 63 歳だった。

このように、筋師は教育関係には従事しなかったために、これまでの英語教育史研究ではその名前が出なかったのである。

[7] 和歌山県（1952）『和歌山県移民史』和歌山県、p. 308

『英語独案内』のユニークさ

筋師千代市編述『英語独案内　附 西洋料理法』は全201ページ、19 cmで、英文タイトルはEnglish-Japanese Dialogue and English-Cookery / Compiled by C. Sujishiである。「独案内（ひとりあんない）」は英語ではself-taughtで、明治期の英語独習書などに広く使われた書名である。発行は1901（明治34）年12月27日、著者兼発行者は筋師千代市（和歌山県東牟婁郡太地村）、印刷所は青山学院実業部（東京都豊多摩郡渋谷村大字青山南町）で、定価の記述はない。

なお、同書は同じ紙型のまま1906（明治39）年には東京の求光閣から『初等英語独案内』と改題して発行され、1916（大正5）年には10版に達するなど好評を博している。さらに、大阪の井上一書堂からも同じ紙型で1907（明治40）年に『英語独案内』として刊行された（ただし、奥付に筋師の氏名はない）。こうして、『英語独案内』は同じ内容のまま3種類も発行されており、一般向けの英語独習書としても広く用いられていたことがわかる。

では、『英語独案内』の内容はどのようなものだったのか。明治期の北米移民史との関わりに焦点を当てて見てみよう。

(1) 緒言

アメリカでの苦労と『英語独案内』の執筆に至った経緯は、「緒言」で次のように記されている。

> 予は米国に滞在せしこと九ヶ年間の長きに至れり。其間家内的労働に或は農業に月日を消費しぬ。然れども渡米最初英語の不通なるを以て日々の困難一方ならず、苦心のあまり両眼より流涙せしことさへある。のみならず自己の目的を達せんには是非とも英語を学ばざるべからずの必要を感じ、依て米国公立小学校へ入学せしも、渡米最初のことにてA. B. C.の文字さへわきまへざる者ゆえに、誠に不自由かつ困難を極めたるを以て暫時にして該学校を廃し、それより労働の休間に夜学校に通ひ、あるいは各学者の著述せし書籍を求めてこれを学びつつ労働に従事せり、または日記帳を求めて日々に用ふる語を書き記し置き、今回これが積りて新たに英語独案内なるものを編輯するに至りぬ。

このように、『英語独案内』はアメリカでの労働と学習を通じて筋師が獲得した生活英語の集大成であり、出版の目的は米国での実生活で使える実用英語を短期間で習得するためであるとしている。

なお筋師の著書の翌年には、サンフランシスコ在住の清水鶴三郎が『米国労働便覧併英語会話』を発行している。緒言には「在留同胞の労働に従事し若しくはせんとする者又は新に渡米して労働せんと欲する本邦人の為に著述せしもの」と書いている。筋師と同じように、同胞のために米国生活に必須の知識と実用的英語を伝授することを目的としている。いずれも、社会教育としての英語教育の歴史を語る希有な文献である。

(2) 単語

筋師の本はアルファベットに始まり、「時及び気候」、「親族之部」、「日用道具之類」など22項目にわたる分野別に単語を対訳形式で載せている。各項目のなかでも、北米での移民生活と密接に関わっている分野は特に詳細である。たとえば、数字110語、食物之部86語、獣及鳥魚類85語、日用道具之類64語などである。これらの単語が豊富なのは、当時の日系移民の代表的な仕事がコックやハウスキーパーだったからである。[8] このことは、後述の「働き口を求めるため新聞紙に広告する文例」にも現れている。

また、「宗教」では21語が採り上げられ、Christ(救主)、Bible(聖書)、Hymn(賛美歌)、Baptize(洗礼)などが含まれている。キリスト教文化についての知識は異文化適応の必須条件だったのだろう。また「軍器」に関しては19語が採り上げられている。本書が出版された1901(明治34年)年は、「戦争と革命の世紀」といわれた20世紀が始まった年であり、列強の帝国主義が熾烈を極めた時期であるから、生活の中に軍器の用語があっても不自然ではなかったのだろう。

(3) 会話

会話編には、筋師のアメリカでの生活を彷彿とさせる以下のような文例が載っている(原文のまま)。

Please tell me every days house work? (毎日家の仕事を話してください)

---

[8] 在米日本人会(1940)『在米日本人史』、Japanese American National Museum (1992) *Issei Pioneers: Hawaii and the Mainland, 1885-1924*、ユウジ・イチオカ著、富田虎男・粂井輝子・篠田左多江訳(1992)『一世——黎明期アメリカ移民の物語り』などを参照。

On Monday washing.（月曜日には洗濯です）
Friday sweep dining room and hall.（金曜日には食堂と廊下の掃除）
Saturday wash front steps and scrape kitchen floor.（土曜日には表の階段と台所を洗ひなさい）

文法やパンクチュエーションの不正確など、耳から覚えた英語の特徴も見られる。他にも、求職面接、条件交渉、仕事遂行、本国送金など、生活と仕事に必要な会話文例が多く採り上げられている。また、“Get some wood.”（薪を少し持って来い）、“Bring some water.”（水を少し持参せよ）、“What shall I do?”（私は何を為しましょうか）などの指示や質問の言葉が多い。また、“If you can't do either of them I will go away.”（若し両方とも叶はぬなれば私は御暇を頂戴ます）、“If you can't raise my wages then please give me two hours rest in the afternoon.”（若し増金が出来なければ午後に二時間の休暇を下さい）といった交渉のための文例も挙げられている。

加えて、“Be afraid of laziness.”（怠惰ることを恐れなさい）、“Thiedes〔Thieves の誤り〕can get no wealth.”（盗人は富者になれない）など、道徳的に戒める言葉が盛り込まれている。日本人移民の多くは、勤勉と誠実な勤務態度で信頼をかちえて白人社会に受け入れられたようである。

（4）手紙、手形、受取証などの書式

書式 22 例のほとんどがビジネス・レターや注文書など、仕事で必要とされるもので、うち 12 例が働き口を求める新聞広告である。スクール・ボーイ（学僕）やコックなどの職を見つけることが死活問題だったのである。

そのあとに、手紙の宛名の書き方や「振出手形之書式」「約束手形之書式」「請取証之書式」「注文書式」が続く。故郷の太地村に宛てた文例（図 4–4）や、銀行に宛てた見本例が載せられている。手形や請求書などを英語で正確に書けることが、米国での生活や日本への送金に必要不可欠だったのである。

（5）日用西洋料理法

本書の最大の特徴は、英語独習書であるにもかかわらず、日本語による日用西洋料理法が附されていることである（図 4–5）。先に述べたように、白人家庭でコックやハウスキーパーとしての職を得るためには、西洋料理が作れることが不可欠だった。アメリカの典型的な家庭料理であるスープ、サラダ、メイン

注 文 書 式　129

ダイジ　ムラ
Taiji mura

マーチ　エイフ
Mar. 8th 1900

ミストル　モリモト
Mr. Morimoto

タイジ　ムラ
Taiji mura

ヒガシ　ムロ　グン
Higashi muro gun

ヂヤー　サー
Dear Sir :—

プリース　センド　ミー　ワン　サック　ライス　ツー　サックス　フラワア　ツー
Please send me one sack rice, 2 sacks flour, 2

サックス　ホヰト　ツー　チーキンス　ワン　ダズン　エグス　ビフオーア　ウイスーデー
sacks wheat 2 chickens, 1 dozen eggs, before Wednesday

エンド　アブレージ
and oblige

リスペクトフールイ
Respectfully

シナザキ
Shiozaki.

注文
米一俵 粉二俵 麥二
俵 鷄二羽 卵二ダズン
右之品水曜日前に御
送り被下度候也
二千九百年
三月八日
太地村
鹽崎拜
東牟婁郡太地村
盛本商店

図 4–4　故郷の太地村に宛てた文例

ディシュ、ソースの作り方、デザートに至るまで、1 冊の料理本に値するほど、それぞれの特徴とレシピが数多く紹介されている。

民衆の自立的教育活動の書

英語を教える中等教育機関がまだ普及していなかった明治 30 年代に、移民たちはどのように英語を身につけたのであろうか。その解答の一端を、筋師千

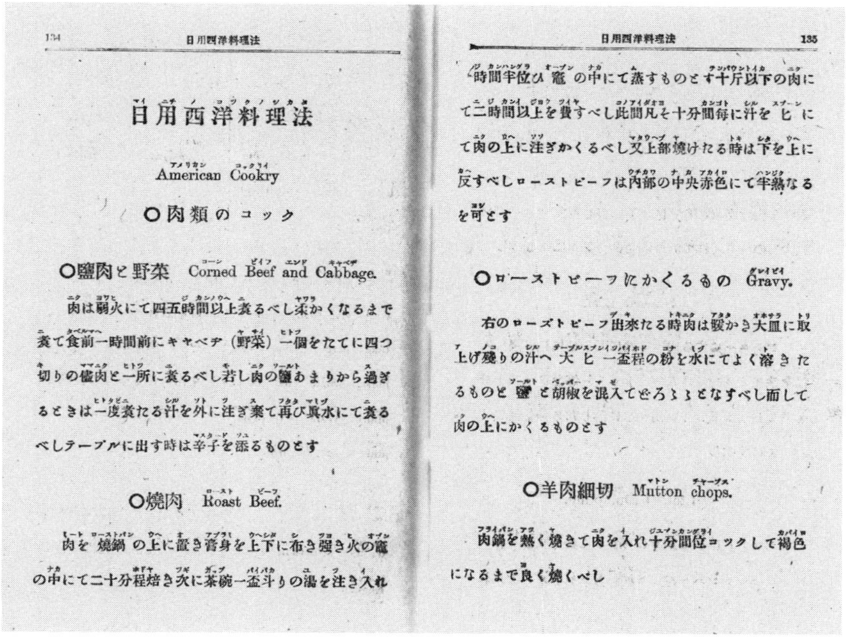
134　日用西洋料理法

日用西洋料理法

American Cookry

○肉類のコック

○鹽肉と野菜　Corned Beef and Cabbage.

肉は弱火にて四五時間以上煮るべし柔かくなるまで煮て食前一時間前にキャベヂ（野菜）一個をたてに四つ切りの儘肉と一所に煮るべし若し肉の鹽あまりから過ぎるときは一度煮たる汁を外に注ぎ棄て再び眞水にて煮るべしテーブルに出す時は辛子を添るものとす

○燒肉　Roast Beef.

肉を燒鍋の上に置き脂身を上下に布き強き火の竈の中にて二十分程焙き次に茶碗一盃斗りの湯を注き入れ

日用西洋料理法　135

時間半位ひ竈の中にて蒸すものとす十斤以下の肉にて二時間以上を費すべし此間凡そ十分間毎に汁を匕にて肉の上に注ぎかくるべし又上部燒けたる時は下を上に反すべしローストビーフは內部の中央赤色にて半熟なるを可とす

○ローストビーフにかくるもの　Gravy.

右のローストビーフ出來たる時肉は暖かき大皿に取上げ殘りの汁へ大匕一盃程の粉を水にてよく溶きたるものと鹽と胡椒を混入てどろどろとなすべし而して肉の上にかくるものとす

○羊肉細切　Mutton chops.

肉鍋を熱く燒きて肉を入れ十分間位コックして褐色になるまで良く燒くべし

図 4–5　附録の日用西洋料理法

代市の『英語独案内』は示している。それは、移民経験者が後進の移民のために書いた、英語と異文化を知るための教育啓蒙書であり、学校教育とは系譜を異にする民衆レベルの自立的で自主的な教育活動の書であるといえよう。

『英語独案内』は単なる英会話書ではなく、実体験にもとづく実用英語百科事典というべき内容である。それは「英単語集」「実用英会話文例集」「英文ビジネスレターの書き方」「手形と受取証の書式」「西洋家庭料理レシピ」といった多面的な構成であり、現代でいえば様々な機能を備えた電子辞書のような存在である。

求職から送金に至るまでの生活英語と、白人家庭で働くための西洋料理法を後進の同胞に伝えることは、異国で生き残り、富を得る方法を伝授することだった。それは一種の実践的な異文化適応トレーニングの書でもある。こうした発想は、西洋文物の摂取に力点を置いていた明治期の学校英語教育には見られない。その点で、『英語独案内』は日本の英語教材史および異文化交流史のなかでも、きわめてユニークな価値をもっている。

第 2 節
幻の英語教授法研究
——杢田與惣之助と『英語教授法集成』

運命的な出会い

思えば運命的な出会いだった。筆者が大学院生だった 1991（平成 3）年 2 月、大阪市の古書店で謄写刷りの大著『英語教授法集成』（1928 年）を手にした（図 4–6）。著者の杢田與惣之助（まつだ・よそのすけ：1882〜1960）についてはまったく知らなかった。調べてもわからない。そうなると、何としても調べてみたくなった。まさか、この杢田與惣之助との出会いが筆者を英語教育史の世界へと導くとは、そのときは思いもしなかった。

幸運は突然やってきた。たまたま仕事で訪れた三省堂大阪支社の K 氏が「杢田という珍しい姓の英語教員を知っている」と言われ、その場で電話をかけてくれた。その相手こそ京都市在住の杢田昌弘氏であり、奥様の杢田愛子さんは與惣之助の次女だったのである。1991（平成 3）年 7 月に訪れた京都で、夫妻からは亡父杢田與惣之助に関するお話をうかがうことができただけでなく、遺稿、履歴関係書類、著書、書簡、ノート等の貴重な資料を拝見することができた。その中に、『英語教授法集成』の誕生の秘密を明らかにする資料が含まれていた。では、杢田與惣之助とはどのような人物で、彼の英語教授法研究とはいかなる内容なのだろうか。

図 4–6 『英語教授法集成』（1928 年）

図 4–7 杢田與惣之助（1882〜1960）

杢田與惣之助はどんな人物か

杢田與惣之助の経歴と業績の全体像がわかるよう、年表形式で足跡をたどってみたい。

表 4-2　杢田與惣之助　略年譜

年　月　日	年齢	事　項
1882（明治 15）年 12 月 11 日	0	杢田五平の四男として滋賀県坂田郡東黒田村に出生
1903（明治 36）年 3 月 24 日	20	滋賀県師範学校卒業。小学校本科正教員免許状受領。
4 月 10 日		滋賀県大津市大津尋常高等小学校訓導・本科正教員。
1904（明治 37）年 4 月 21 日	21	休職を命ぜられ、知事推薦で広島高等師範学校入学。
1907（明治 40）年	24	イェスペルセンの翻訳「外国語の教授法を如何にすべきか」を『教育実験界』第 20 巻 8、10、11 号に連載（ペンネーム「木公生」）。
1908（明治 41）年 3 月 30 日	25	広島高等師範学校本科英語部卒業。師範学校中学校高等女学校修身科英語科体操科教育科教員免許状受領。
4 月 1 日		愛媛県師範学校教諭兼訓導兼舎監に任命される。
1909（明治 42）年	26	『英語教授法綱要』を謄写刷りで配布。
10 月		論文「余が英語教授に於ける経験の一端（Some Observations on the Teaching of English）」（『英語教授』第 2 巻第 5 号所収）
1910（明治 43）年 12 月 24 日	28	福岡県立中学伝習館（現、伝習館高校）教諭。翌年舎監を兼任。
1911（明治 44）年 6 月	28	論文「HOW TO LEARN ENGLISH」（『英語教授』第 4 巻第 4 号所収）。 論文「英語科の理想を論じて同科の設備を要求す」（『教育実験界』第 27 巻第 5 号所収）。

1918 (大正 7) 年 7 月 11 日	35	静岡県立浜松中学校 (現、浜松北高校) 教諭。後に教頭。
1924 (大正 13) 年 4 月 1 日	41	静岡県立浜松第二中学校 (現、浜松西高校) の初代校長。
1926 (大正 15) 年 12 月 20 日	44	翻訳『中小学校　修身教授の理論及実際』(アドラー著、西晋一郎と共訳、大村書店。タイトルを『道徳教育』と改め 1935 年に復刊。)
1927 (昭和 2) 年 10 月 10 日	44	著書『ラグビー学園のアーノルド』イデア書院を刊行。
1928 (昭和 3) 年 1 月 20 日	45	著書『英語教授法集成』刊行。印刷所・開明堂 (浜松)。
1929 (昭和 4) 年 10 月 15 日	46	パンフレット「ENGLISH TEACHING: ITS THEORY AND PRACTICE PART I」刊行。浜松第二中学校内英語教授研究会発行、印刷所・開明堂 (浜松)。
1930 (昭和 5) 年 9 月 11 日	47	滋賀県師範学校校長に就任。
1931 (昭和 6) 年 5 月	48	論文「信念」(滋賀県師範学校附属小学校『道徳教育に関する研究』所収)
1932 (昭和 7) 年 9 月 10 日	49	著書『新教育の哲学的基礎』文泉堂を刊行。
1934 (昭和 9) 年 3 月 31 日	51	岡山県師範学校校長に就任。
1935 (昭和 10) 年 8 月	52	論文「日本中等教育の精神」(日英対訳冊子: 汎太平洋新教育会議の講演記録か)。
11 月		論文「師範学校の英語教育」(広島文理科大学『英語教育』第 1 巻第 3 号所収)
1938 (昭和 13) 年 1 月 25 日	55	編著『時局教育の体現』(岡山県師範学校教育研究会編)。
6 月 5 日		『教育革新の大宗師　トマス・アーノルド』自費刊行。
6 月 25 日		論文『藤樹先生の教』(非売品)〔中江藤樹論〕
1939 (昭和 14) 年 8 月 31 日	56	岡山県師範学校を依願退職。 大津女子実務女学校学監、洛陽女子学園理事に就任。
1946 (昭和 21) 年 9 月	63	滋賀県坂田郡東黒田村大字北方に転居。
1960 (昭和 35) 年 12 月 29 日	78	本籍地滋賀県にて死去 (戒名・真照院釈惣之)。

年譜から明らかなように、杢田與惣之助は滋賀県師範学校を卒業後、小学校訓導（教諭）を経て、地方長官（知事）の推薦で広島高等師範学校（現、広島大学）に3期生として入学し、本科英語部を卒業した。杢田が在学中の滋賀師範の英語は随意科目で、週3時間程度にすぎなかった。中学校の週7時間程度と比べれば不利は歴然としているが、杢田は努力で乗り越えたようである。広島高師の予科では英語が週10時間、本科英語部では英語関係の授業が毎週13〜15時間も課せられた。[9]

杢田は広島高師卒業後ただちに愛媛県師範学校教諭となるが、その時代の論文「余が英語教授に於ける経験の一端（Some Observations on the Teaching of English）」は、彼の英語教育観と実践記録を知る上できわめて興味深い。この中で彼は、週3時間しか英語の時間がとれない師範学校で、時間数で倍する中学生にひけをとらない英語力をつけさせることは可能であるとして、次のような教材と進度で授業を進めた。

一年	熊本謙二郎氏	新英語読本	巻一及巻二の前半
二年	〃	〃	巻二の後半及巻三
三年	〃	〃	巻四
	神田乃武氏	英語中文典	全
四年	熊本謙二郎氏	英語新読本	巻五

しかしてこの他に参考書として、神田氏高等文典、斎藤氏 The First Book of English Grammar を用いしめ。また辞書としては三省堂発行の新訳和英辞典と Chambers の Twentieth Century Dictionary. および英和双解熟語大字彙を指定している。

こうしたハイペースの授業を可能にした一因は、師範学校生の年齢が高かったことに求められよう。師範学校への実際の入学年齢は、1910（明治43）年時点で男子の平均が17.1歳、女子は16.1歳だった（『文部省年報』による）。そうではあっても、中学校の3分の1足らずの総時間数で同等のテキストを仕上げたのだから、杢田は周到な準備と教授法で授業を展開したようだ。

杢田は研究熱心だった。次女の愛子さんによれば、杢田は「たまには子どもと遊ぶこともあったが、いつも書斎にこもって机に向かっていた」。事実、杢田

[9] 広島高等師範学校創立八十周年記念事業会編（1982）『追懐』、p. 147

は道徳や英語教育に関する著書・論文以外にも、校長として自校の教育方針を達意の英文でしたため、Thomas Arnold のたくさんの論文を翻訳し、その評伝を出版している。

『浜松北高等学校八十年史』(1974 年) によれば、岺田は「浜中在職当時毎朝水を被って心身を清めて登校した」という。第一回卒業生の大代守夫は「あのころの厳しさは一生忘れない」と当時の校風を回想している (『産経新聞』1965 年 3 月 16 日付)。他方で、周囲から慕われていたようである。彼の趣味は謡曲だったが、次女の岺田愛子さんによれば、校長時代の「日曜日には毎週のように自宅で謡(うたい)の会を催し、教師たちがよく集まって唸っていた」という。

年譜で示したように、岺田は師範学校や中学校の教員をしながら多くの著書と論文を著している。筆者が確認しただけでも、その数は著書 7、論文 14、翻訳 2、授業資料 1 で、うち英語教育に関する単著は著書 1、論文 4、授業資料 1、翻訳 1 である。このうち、「外国語の教授法を如何にすべきか」(1907 年) はイェスペルセンの名著 *How to Teach a Foreign Language* (英訳版 1904 年) の邦訳であり、抄訳とはいえ同書の翻訳紹介としてはおそらく日本で最初のものであろう。[10]「HOW TO LEARN ENGLISH」(1911 年) もほぼそのまま『英語教授法集成』(1928 年) に付録として付けられている。

岺田が校長を務めた浜松第二中学校には「英語教授研究会」(代表・内藤民三) が組織されており、1929 (昭和 4) 年 10 月には全 13 ページの英文パンフレット「ENGLISH TEACHING: ITS THEORY AND PRACTICE PART I」(非売品) を発行している。その印刷所は『集成』と同じ浜松の株式会社開明堂である。研究会のメンバーは同校の英語教員で、校長の岺田と代表の内藤に加え、K. OTANI (大谷稼苗)、K. TAJIMA、S. SUZUKI、T. KAWASHIMA とカナダ人宣教師 H. H. COATES の名前がある。内容は (1) 我が校の英語教授の目的、(2) 我が校の教授法、(3) 各分科の目的と教授法、(4) 5 年間の英語科課程表、(5) 我が校の英語学習法の 5 部からなる詳細なもので、活版であることから生徒に配布したものと思われる。

---

[10]『教育実験界』の目次には訳者名が「広島高師　木公生」とあるが、これは岺田與惣之助のペンネームである。ちなみに、「木公」とは「岺」の字を上下に分解したもので、「松」にも通じる。なお、イェスペルセンの日本における受容史については、イェスペルセン著・三宅鴻訳 (1981)『言語 ── その本質・発達・起源 ──(上)』(岩波文庫) に収められている三宅鴻の「解説」および宮畑一郎 (1985)『イェスペルセン研究』(こびあん書房) を参照。両書とも岺田のこの抄訳には言及していない。

岺田の多面的な業績のうち、1928（昭和3）年に浜松で刊行された『英語教授法集成』は英語教授法と英語教育全般を包括した書で、岺田の理論と実践の集大成である。詳細に検討してみよう。

『英語教授法集成』

『英語教授法集成』（1928年）は菊版494ページの大冊である。表紙と奥付だけが活版で、背は金押、印刷所は浜松の株式会社開明堂だが、本文は習字の半紙のような薄紙に謄写刷りされ、袋とじで製本されている。筆跡から岺田を含めた6人が筆耕したと推定できるから、前述の浜松第二中学校内英語教授研究会の日本人6名であろう。次女の愛子さんによれば、岺田が校長をつとめた「浜松第二中学校の先生たちが筆耕を引き受けたようで、自分の勉強になるからと喜んで作業を進めたようだ」とのことである。

謄写刷の非売品だから発行部数はきわめて少なかっただろうが、『集成』の名は岡倉由三郎〔寺西武夫代筆〕『英語教育』（岩波講座教育科学、1932年）、寺西武夫『英語教授法』（1933年）、石黒魯平「英語教授」（1933年）、定宗数松『英語教授法概論』（1936年）、定宗数松『英語研究の文献』（1937年）、赤祖父茂徳『英語教授法書誌』（1938年）などの大家たちの著作に登場している。このことからも、岺田のこの書は戦前期の日本の英語教育界に少なからぬ貢献をしたといえよう。このうち、定宗（1937）は『集成』を次のように高く評価している。

> 教授法を歴史的に扱ったものを述べれば、我が国では、現在岡山師範学校長の松（ママ）田與惣之助氏の『英語教授法集成』を先づあげねばならない。之は昭和3年に出来たもので、謄写刷りのものですが、John　Sturmから、Luther等の言語教授に関する主張から数百年に亘るものを網羅している点に於て推奨するに足るものです。（p. 62）

以上を踏まえ、『集成』の内容を検討してみよう。

（1）包括的で歴史的な教授法研究

後に示す目次構成から明らかなように、『集成』は英語教授法のエンサイクロペディアというべき文字どおりの「集成」である。全8章63節で、主な内容は、（1）日本の洋学史と英学史、（2）日本の学校での英語科教育の目的とその歴史、(3) 欧米の学校での外国語科教育の歴史、(4) 欧米における外国語教授法の歴史と現状、(5) 英語科の各分野での教材、教授法、教師、教案、設備等の考察、(6) 英語科と他教科との関係、(7) 英語学習法である。当時、これほど包括的・体系的な英語教育関係書は他に例がない。しかも、各項目の考察において、岺田は内外の学説をきわめて豊富に紹介し、咀嚼した上で自分の見解を提示している。論考は一般論にとどまらず、しばしば学校現場での授業の進め方に関する具体的な方策にまで及んでいる。

『集成』は英語教授法史の本格的な研究としては日本初の業績であろう。定宗数松が高く評価したように、『集成』の第 5 章では実に 27 節 (全 142 ページ) にわたって欧米における外国語教授法を歴史的に紹介し、考察を加えている。岺田は特にイェスペルセンの見解を高く評価しているようであるが、旧教授法を排斥することなく、学ぶべき点は学ぶという姿勢で記述している。

なお、兵庫県御影(みかげ)師範学校教諭の脇屋督も『最新外国語の学習と教授』(1931 年改訂増補版; 初版 1927 年) において、「第三章　新教授法の発達とその批判」、「第四章　欧米に於ける外国語教授法の沿革」、「第五章　各国近世語学習の傾向」の 3 章にわたって 29 の教授法を紹介している。先進的な師範学校では、こうした欧米の教授法研究を進めていたようである。

(2) 英語科教育目的論

第 4 章第 1 節の 13 ページのうち、半分をゲーテ、グアン、イェスペルセン、ホームス、マーセル、ヴィッヂェリーの見解の紹介と考察に当てた後で、岺田自身が自分の見解を次のようにまとめている。

> 外国語の学習は世界の距離を短縮して、甲乙互に手を握らしめるのである。しかして相互相知るを得るの結果は、いわゆる四海をして同胞たらしめ、また世界を平和に導くのである。(中略) 思想上の交通が可能となった暁には、その学習の当人の頭は広くなって来て、快活なる人物となり、宏量なる人間となり、ここに人格を高めることが出来るのである。すなわちまた一つの修徳上の利益を得るのである。(pp. 58〜60)

こうした人格教育的な考えは、修身科と英語科との関係を論じた第 8 章第 2 節でも「英語を学習することは生徒の人類に対する観念を拡張するものにして、自ら人道教育に資する所がある」(p. 444) と表明されている。修身も教えた㮈田與惣之助らしい人間教育的な英語教授目的論である。また、彼の目的論には平和主義的、国際主義的なイェスペルセンの影響が見てとれるし、岡倉由三郎の目的論とも近い。[11]

(3) 発音・音声指導

㮈田の発音および聴方の教授法についての見解を読むと、彼が明治後半からの音声重視の正則英語教授法のうねりを体現していたことがわかる。『集成』では「発音の語学上に如何に重要なる地位を占むべきであるかは明である」(p. 254) として、実に37ページにわたって詳述している。

聴取 (リスニング) に関しては、「語学教授の上に於て聴取力養成といふことは従来あまり注意せられていなかった」と総括した上で、「聴取力養成の根底として吾人は先づ読方の力を養ふことが必要である。しかしながら聴取力はやはり聴方そのものによって養はねばならぬ」との方針を示し、具体的には「斉唱斉読も有効であり、また暗唱を課するのがよい」としている (pp. 298–301)。また、聴き取りの練習は孤立の音から語、句、節、単文、複文へ、内容は具体的なものから抽象的なものへ、速度は緩から急へと進むべきだと具体的に述べている。

なお、㮈田は1909 (明治42) 年の論文「余が英語教授に於ける経験の一端」においても特に入門期における発音教授の重要性を主張し、愛媛県師範学校での教授経験を述べている。それによれば、第2時間目から10時間をかけて発音指導を行い、この間は教科書を用いていない。まず子音のm, p, bから教え、次いで母音を教えた。その際、生徒がmの音を「ム」という仮名に置き換えてしまうのを防ぐために、発音説明図 (口蓋図) を作って口、舌、声帯などの動きを説明し、生徒に筆記させて覚えさせた。

こうした㮈田の教授法は、彼の母校である広島高等師範学校の英語教育方針を踏襲したものだった。1910年前後の「広島高等師範学校の英語教育を特徴づけていたのは、Phonetics (音声学) とDirect method (ダイレクト＝メソッド) であった。(中略) 日本語を通さないで耳から口へと教える工夫が力説されたのである」。[12] 現に、明治末期の広島高師附属中学校では入門期に徹底した発音練習が行われており、子音練習だけで12時間、母音練習に24時間、合計36時

[11] 岡倉由三郎 (1911)『英語教育』博文館 (増補版：研究社、1937年)、p. 39
[12] 広島大学附属中・高校八十年史編纂委員会 (1985)『創立八十年史』、p. 145

間の発音練習の後にようやく読本に入ったという報告もある。[13]

日本における音声重視の英語教授法は、1890年代からの岡倉由三郎や神田乃武などの活動や、1902(明治35)年の文部省夏期講習会における H. Swan によるグアン・メソッドの紹介等を契機に、明治末期には熱心な英語教育者によってかなり広く研究され、実践されていた。たとえば、東京高等師範学校出身の吉田幾次郎は、「まず第一学年の最初の十週間ばかりは no text で、専ら教師の口述法を採り、その間に追々アルファベットや羅馬(ローマ)字を教へて、教科書を使用する土台を作り、第十一週当たりから教科書を使用」するという教授案を公にしている。[14] また、東京高師附属小学校の高等科1年では、「はじめの十三〔時間〕の Preliminary Oral Lesson を授くるには、児童をして教科書を持たしむることなく、全然、口頭と黒板上に於てすべし」[15] としている。このように音声・会話重視の授業が展開された時代背景を考える上で注目されるのが、当時鹿児島県立川内(せんだい)中学校教諭だった長岡擴(ひろむ)の次の一文である。[16]

> 三十年前の日本は唯外国の智識を吸収するに汲々としていたが、今後の日本は西洋文明の精華を輸入すると共に我等の思想を輸出すべき時代である、耳と目を動かすばかりでなく口と手を以て国際競争の場裡に立たねばならん事は今さら申すまでもない。そうするには是非とも話し書く方面から入った語学でなければ会話作文はむろん直読直解の風を養ふ事はむつかしい。

この一文は今日しきりに叫ばれている「発信型」や、「実践的コミュニケーション能力」というスローガンを想起させる。明治末期の日本では、少なくとも東京と広島の高等師範学校出身者を中心とする先進的な英語教師たちの間では、こうした音声重視の入門期指導が一般的な認識になりつつあった。

(4) 語彙・読方・文法指導法

呑田は、発音、綴字、聞方、読方などの教授項目に先立って「語彙」を置い

[13] 丸山英一(1909)「中学初年級英語教授管見」『英語教授』第2巻第4号、p. 35

[14] 吉田幾次郎(1905)「毎時配当神田氏改訂小学英語読本教授案」『教育実験界』第15巻5号～12号に連載

[15] 東京高等師範学校附属小学校(1907)『小学科教授細目』大日本図書、p. 737

[16] 長岡擴(1909)「中学英語教授改良私見」『英語教授』第2巻第4号、p. 24

ている。その中で語彙選定の問題を論じ、「普通の語詞〔語彙〕の数は二千乃至三千で充分である。吾人は未だ具体的に之等二千乃至三千の語詞の表を示すに至らぬのを憾(うら)むのである」(p. 235) と結論づけている。

Palmer の「基本 3000 語表」が発表されたのは 1931 (昭和 6) 年のことであった。海外では 1920 年代以降に Thorndike (1921), Dewey (1923), Horn (1926), Ogden (1930), West (1930), カーネギー報告書 (1935) などが相次いで出された。語彙選定が進むにつれて教科書は刷新され、外国語としての英語教育 (EFL) は質的レベルを上げていった。こうした決定的な意味を持つ語彙選定と語彙指導の重要性について、杢田は一連の研究成果が出される以前から主張していたのである。また、生徒に対する語彙指導の進め方についても、次のように述べている。

> 新しい語は別に単語記入帳を作って、もし訳を付するとすれば訳は紙の裏に書いておいて想起するの便に供し、あるいはカードを作ってこの帳に代用するがよい。(中略) 教室で新語を提示した場合にはよく室内で生徒の頭に入れてしまう覚悟で教へねばならぬ。少くとも一旦は教室内で生徒に覚へしめる必要があると思ふ。(pp. 251〜252)

杢田は岡倉と同様にリーディングを重視している。題材としては「日本普通の生活の上に必須不可欠のものを供給し」「生徒の興味を起す材料から」入り、「文法上の難易によりて先後を定めること」を主張している (pp. 303–306)。その上で、「今後はなる可く文物教授をやる様にせねばならぬ。」(p. 341) と締めくくっている。

文法指導に関しては、「文法を文法として組織的に授けるのは早過ぎてはよくない」として、「中学第三四年位」がよいとしている。

(5) 教科書論

「(1) 諸家の意見」(11 ページ) と「吾人の意見」(4 ページ) の 2 部からなっており、(1) ではイェスペルセン、ブレアル、ブレントン、スイート、崎山元吉、ブリンクリー、外山正一、神田乃武といった内外の先達の見解に評価を加えている。その上で杢田は次のような独自の見解を述べている。

> 読本よりもっと範囲の広い書物を欲するのである。従ってその書物を中心ということを止めて、その書物で教えるといふ様にしたいのである。もし中心という文字を使用するとすればその書中の読むべき部分を中心とするとでもいいたいのである。かくいふのは吾人は統合教授の教科書として左〔下〕の如き条件を充すことを希望するからである。先ず
> (一) 内容上からは、
> 社会的生活上必要なる所有〔「あらゆる」の意味か〕方面の事項を網羅すること。これは学問でいへば自然科学の材料、精神科学の材料のすべてを含むことをいふので、道徳、宗教、法則〔法律か〕、文学、芸術、天文、地理、歴史それらのものをいふのである。時所位の上から最も近いものから漸い遠いものに及ぶように排列されねばならぬ。趣味に富み日常生活に必要のものでなければならぬ。内容上は連絡のある排列をせねばならぬ。(pp. 394–395)

このように、人間形成のために《何を》教えるべきかという題材論を正面から論じている。また、「書物を中心ということを止めて、その書物で教えるといふ様にしたい」という見解も戦後教育を想起させ、先駆的である。

(6) 外国人教師・教授細目

第7章の第13節から17節までは、それぞれ「英語科学級編制論」「英語科教師論」「英語科担任論」「英語科教授細目論」「英語科教案論」で、どれもユニークな論考である。教師論の中には外国人教師の利用法をめぐる次のような指摘がある。杢田は外国人教師をALTとして活用してティームティーチングを実践した先駆者の一人だったようである。

> 我国の教師は外人教師のやる所は全く委ねておいて、何をやっているか一向に関せずといふ風をしていた(中略)外人教師の利用法は大に考究に値すると思ふ。吾人は発音読方教授に於いて外人と日本人と二人して教授して、日本人が発音読み方のやり具合を説明して外人教師に発音せしめ、読方せしめたことがある、すなわちこれは外人教師を一つの器械に使った如き観があるけれども中々に有効である、また日本人で一週間教えた所を外人教師に復習をやらすもよい、その他自由会話、自由作文等の担任、添削等は大にやってもらうべき部分であらふ。(pp. 411–412)

この他、「教授細目は教授の第一歩である」として、教案は「一分の間も徒に時間を費さぬ様にと思へば充分に原稿を作って行ってやる必要がある、すなわち密案の要がある」と述べるなど、岙田の律儀さがよく出ている。

(7) 英語科設備論

岙田の英語教育論の中でも、英語科設備論はとりわけユニークである。彼が最初にこの問題を提起したのは、1911（明治44）年の論文「英語科の理想を論じて同科の設備を要求す」においてである。彼は、英語教授法が大いに進歩したにもかかわらず、英語科の設備があまりにも不完全かつ無関心である現状を批判し、新しい教授法が要求する正しき語感（Sprachgefuhl）を与え、英国米国の文物（Realien）に接触させるためには、それにふさわしい設備が必要であると主張した。『集成』では、(1) 教室、(2) 研究室、(3) 教具について考察している。

専用教室:「英語科専用の特別教室を是非に作りたい」として、その内容は「孤立の一棟」で音的に周囲と遮断されていること、生徒間の余地を充分にあけること、換気、採光、音響に十分留意すること、四周に黒板を置くこと、図画その他の教具が揃っていることである。なお岙田は後に、津田梅子の英学塾を見学した教訓から、英語科の授業定員は14〜15人が理想であると述べている。

研究室: 例えば「(六) 教授上に必要なる図画、実物、標本、模型等を備へ、ことに室内を装飾して、英米人の書斎の如くなし教師生徒共に此室に入れば、自ら英米に在るが如き感の起こる様にすること。なお室内では成るべく英語を話す様にすること」など9項目の要求を掲げている。

教具:「従来は英語科の教具としては唯辞書の二、三冊位があげられていたのであるけれども吾人の意見では理化、博物、図画、地理、歴史、家事音楽、習字に必要とする教具の悉皆(あまねくみな)を要求する」。英語科はその教科の性格上、これらすべての領域をカバーするものであるとしている。

その後も岙田は英語科の設備のあり方に腐心していたようで、論文「師範学校の英語教育」(1936年) でも、師範学校校長としての英語科経営の立場から再びこの問題に言及している。

> 師範学校の英語教師は英語熱を煽るための経営をせねばならぬ。その経営には色々あらうが、とにかく先進的の経営を怠ってはならぬ。
> 英語熱を煽る経営としては吾人は下記の如き経営をすゝめる。
> (一) 英語教室の特設、(二) 英語研究室の特設、(三) 英語同好会の設立、(四) 英語会の開催、(五) 外人との通信交換

衮田は岡山県師範学校の校長をしていたときに、実際にこの理念を実践した。同校には英語研究室等が置かれ、英字新聞の記事や写真が掲示されていたという記録がある。[17] 同校で衮田の教えを受けた宮崎眞佐夫は、当時の様子を筆者に次のように語った (1992 年 9 月 5 日の談話)。

> 英語は全員必修で、英語の専用教室で勉強しました。もっと英語を勉強したい生徒には「英語選択」という授業があり、13 人〜14 人の少人数で勉強していました。また衮田校長は英語研究室を作られ、そこにはたくさんの洋書等がありましたが、師範学校に入るような田舎の子にはこれが物珍しく、生徒も自由に出入りできたので、中に入ってよく先生方と勉強しました。

水田清恵によれば、「師範学校の英語科施設に於ては殆ど是と云って見るべきものが発見されなかった。即ち今回案内されたどの学校〔5 校〕の英語教室もそれが英語教室であると云う様な匂を発するものは少しも見当らなかった」[18] と述べているが、こうした一般の師範学校の中にあって、衮田の設備論とその実践は特記すべきものだったといえよう。

衮田が 1928 (昭和 3) 年に『集成』を刊行した時点に比べ、日本の経済力は飛躍的に高まった。しかし衮田が上で述べた学習条件は、はたしてどれだけ実現されたのだろうか。

(8) 英語科と他の学科との関係

国語、修身、歴史、地理、理科、算術及び商業科、唱歌の各科と英語科との関係を論じている。「必ずや他の諸学科と連結を保って行く要がある。然らず

[17] 衮田與惣之助 (1936)「師範学校の英語教育」、広島文理科大学『英語教育』第 1 巻第 3 号、p. 122
[18] 水田清恵 (1935)「師範学校参観印象記」『英語の研究と教授』第 4 巻第 1 号、p. 20

んば、英語科の進歩を鈍くするのみならず、往々にして害を自家の上に、又他家の上に来す憂がある」からである (p. 433)。この点は、今日でも軽視されている問題ではないだろうか。

(9) 英語学習法

付録として「Some Hints on Learning English ― Hamamatsu Second Middle School」(英文) が付けられている。これは教員や生徒に広く配布されたものと思われる。内容的には、枩田が福岡伝習館中学教諭をしていた 1911 (明治 44) 年の論文「HOW TO LEARN ENGLISH」の中に収められているものとほぼ同じである。同論文で枩田は学習者の視点に立つ "How to Learn English" の重要性を強調している。『集成』では次のように述べている。

> 教師は教授の方法につき苦心するのみならず、生徒の学習の方法につきても注意せねばならぬ。今日我国の教授法は大いに改良せられ、大に進歩してきた。しかし未だ学習の方法につきての研究は左程に出来ておらぬ様である。これは遺憾である。故に吾人は左に中学生徒に示すべき学習法を書いて見たのである。(p. 454)

「Some Hints on Learning English」に従って、彼の 14 箇条にわたる中学生の英語学習法を概観してみよう。

① 英語は発音、綴り、意味、会話、書方、書取、文法、作文といった各構成要素が他と歩調を合わせて向上しない限り熟達しない。

② 音読によって翻訳を介さずに教科書の意味を理解でき、聞き手にわかるように音読でき、教科書の中の英語とほぼ同一の英語を書き、話せるだけの能力の獲得に努力せよ。

③ 1、2、3 学年のうちは予習よりも復習に力点を置き、4、5 学年になったら予習に力点を置け。

④ 予習においては新出語句を同意語や反意語に至るまで下調べせよ。新出の語句や表現および難解な箇所には、＿, 〰, ○, ×などの適当な印を付け、こうした新教材をノートやカードに書き、教科書にはこれらの記号以外は書き込まない。頻繁に復習し、重要部分は暗記に心がけよ。

⑤ 発音は辞書だけを頼ることなく、教師から習え。

⑥ アクセントは辞書でよく調べ、教師に尋ねよ。

⑦ 新語の綴りは一度にたくさん覚えようとせず、一語ずつ記憶せよ。

⑧ 授業の前には、事前の音読が何よりも役に立つ。

⑨ 会話上達のためには教室内外のいついかなる所でも可能な限り英語を話せ。

⑩ 読本を頻繁に写し取り、他人の朗読をディクテーションせよ。

⑪ 文法は例文と共に規則を覚えるようにし、復習に重点を置け。

⑫作文は自由英作につとめ、原文がある場合でもそれにとらわれすぎないように注意せよ。和英辞典は絶対必要なとき以外は使わない方がよい。使う場合でも、英和辞典か英英辞典でその語義と用法を確認しないうちは決して使ってはならない。

⑬5冊のノートを用意せよ。単語用、慣用句と熟語用、文法用、書取と作文用、練習問題用である。教室では自分の理解と教師の説明との違い、および板書に注意してノートをとれ。

⑭ 次の本が生徒の使用に最適である。「神田氏他五名著　新訳和英辞典、イーストレーキ著　熟語辞典、和田垣氏著　英和双解辞典、*Chambers's Twentieth Century Dictionary*、斎藤氏著 *The First Book of English Grammar*、井上十吉氏著　和英大辞典、隈部氏著　実用英文宝鑑」。

同時期の生徒の英語学習法に関する指導方針は、文部省の「中学校に於ける英語教授法調査報告書」(1909年) の第4項に7箇条の「生徒の自習に関する注意」があり、また、広島高等師範学校附属中学校の「通信簿」(1909年) には10ヶ条の「学習ノ心得」がある。[19] それぞれの内容の一部は否田が作成した英語学習法と類似している。したがって、当時の一部の中等学校では英語学習法の指導がなされていたものと考えられるが、否田の学習法指針は他の2者よりもはるかに懇切丁寧であり、独創的なアイディアも多い。教師本位の「英語教授」時代に、早くも否田は生徒本位の英語学習法を提起し、時代を先んじた「英語教育」の思想へと進んでいる (英語学習法については第1章第10節参照)。

以上、『集成』の内容を詳細に検討してきたが、その原稿執筆年代については以下のような謎が浮かび上がってくる。

(1) 参考文献欄では、なぜ岡倉由三郎の『外国語最新教授法』(1906年) が最後で、代表作『英語教育』(1911年) などのその後の文献があがっていないのか。

19 広島大学附属中・高校八十年史編纂委員会 (1985)『創立八十年史』

（2）なぜH. E. Palmerなどの大正期以降の英語教授法改革運動について言及がないのか。

（3）なぜ「第二章　本邦外国語教育の歴史」では1901（明治34）年の中学校令施行規則の記述までしかなく、1912（明治44）年以降の改正内容に言及がないのか。

（4）なぜ近世外国語教授の歴史が1908（明治41）年までの記述で終わっているのか。

（5）なぜ本文が「吾人」などの明治調の古い文体で書かれているのか。

（6）なぜ凡例には「本書は著者がかつて某校〔「我校」を墨で訂正〕の生徒に講義した原稿を基として、これに添削を加えたものである」とあるのか。杢田はいつ、どこで英語教授法を講義し、「生徒に講義した原稿」とはいかなる内容なのか。

以上のような疑問を解くカギが、京都の杢田家に残されていた與惣之助の遺品の中にあった。「英語教授法綱要」と墨書きされた一綴りの講義資料である（図 4–8）。

講義資料『英語教授法綱要』の発見

杢田家に 1 セットだけ残されている『英語教授法綱要』（以下『綱要』と略記）は驚くべき内容だった。明治期の授業で使われたプリントが残っていること自体が希有なことだが、英語教授法に関する謄写刷 84 葉のすべてが揃っていた

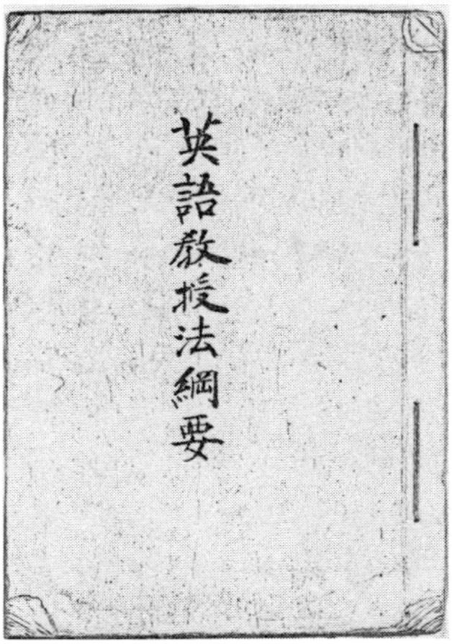

図 4–8　講義資料『英語教授法綱要』（1909 年）

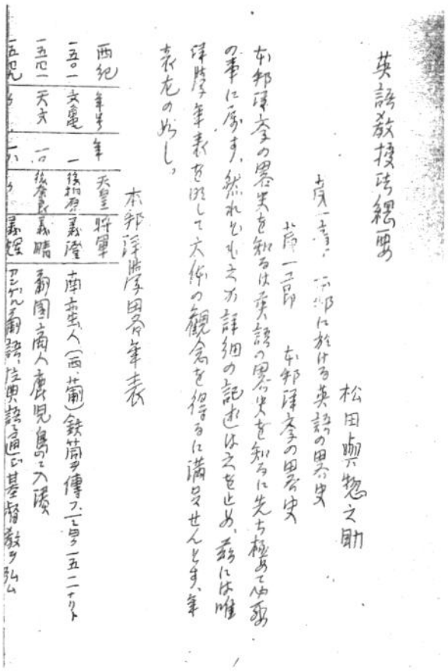

図 4–9　『英語教授法綱要』の冒頭部分

とは奇跡に近い。しかも、これこそが約20年後に刊行された『英語教授法集成』の誕生の秘密を明らかにする第一級の資料だったのである。

まず『綱要』の序言の中で、忢田は執筆の目的と問題意識について次のように述べている。内容は『集成』の助言とほとんど同じである。

> 序言
>
> 外国語教授法を如何にすべきかとの問題は現今我国教育界に於ける諸種の研究問題中至難なるものの一なり。しかしてこれが問題の解決を試むる者決して少数なりといふべからず、しかも諸種研究の結果の報告は、今や甲論乙駁の情態にあり、この間にありて吾人教育の実際家は外国語の実地教授を施さざるべからず、何となれば実地上の必要は到底理論の一致をまつ能(あた)はざればなり、これ吾人がここに一篇の論ある所以(ゆえん)なり、然れどもこれ単に現今学海の諸潮流を示すに止まり未だ大に益するあるに至らず、故にそれが及ばざる所はこれを後日の研究に俟(ま)たんとす。
>
> なお本論は教室筆記の労と時とを省略するの目的に出てたるものにして力(つと)めて概括的ならんことを期したり故に往々にして一読理解し難き点なきにあらず 然れどもこは肉無き骨の常とする所たらずんばあらず
>
> 明治四十二年一月十四日

序言を記した1909（明治42）年1月といえば、忢田與惣之助が26歳で愛媛県師範学校教諭だった時代である。ただし、本文の末尾には（四〇、二、一九）と記されているので、これが「明治40年2月19日」だとすれば、広島高師本科英語部2年在学中となり、内容の一部は学生時代のノートに基づいている可能性がある。とはいえ、本文中には1908（明治41）年7月の「英語教授法調査会調査報告書草案」が記載されており、また第5章第1節で革新派を論じたところにも、雑誌『英語教授』1908年10月号の6ページから採ったと思われる文章が記されているから、『綱要』は1907（明治40）年2月にいったん脱稿した後に補訂されたものかもしれない。

『集成』の凡例には「本書は著者がかつて某校〔「我校」を墨で訂正〕の生徒に講義した原稿を基として、これに添削を加えたもの」と記されているが、忢田が英語教授法の講義[20]を担当できた時期は愛媛県師範学校に在職していた

---

[20] 1907（明治40）年の師範学校規程には「英語は普通の英語を了解するの能を得しめ知識の増進に

1908（明治41）年4月から1910（明治43）年12月の間であり、これは『綱要』の序言の日付の「明治四十二年一月十四日」とも、序言中の「本論は教室筆記の労と時とを省略するの目的に出てたるもの」という記述とも合致する。そうなると、『綱要』は生徒に配布したレジュメであり、他に大部の講義用原稿があったものと思われる。なお、『広島高等師範学校卒業生著作概覧』（1928年）には『英語教授法集成』の刊行について「明治四十三年四月　菊判五〇〇頁　非売品」と記されているから、愛媛師範在職中に英語教授法に関する原稿をまとめていた可能性もある。しかし残念ながら、原稿は枩田家にも保存されていなかった。

枩田が広島高師本科英語部に在籍中の学科課程には1908（明治41）年度より3年の3学期に「普通教育に於ける英語の研究」（週2時間）が加えられており、枩田の『綱要』は明治末期における広島高師での英語教授法教育の内容を窺い知る上で貴重な資料だといえよう。このころ、1906（明治39）年7月には同校で文部省主催の中等教員夏期講習会が開催されており、同月には附属中学校で野上源造が「英語教授法」と題した研究発表を行っている。その翌年には広島高等師範学校教科目研究会が組織され、外国語教授法の研究も進められた。

この明治40年前後は、全国的にも英語教授法に関する研究が急速に進んだ時期だった。広島高師教授だった金子健二は「我国に於ける中等学校の英語科の方針なり教授の方針なりが、明治四十年代前後に於て大きな基礎を造って来た」と述べている。[21] 1906（明治39）年には日本で初めての英語教授専門雑誌 *English Teachers' Magazine*（『英語教授』）が創刊され、1911（明治44）には教授法研究の到達水準を示す岡倉由三郎の『英語教育』が出版された。枩田輿惣之助はまさにこうした飛躍の時期に教授法研究の基盤を固めたのである。

こうした時代背景の中で『綱要』（1909年）が生まれ、これが『英語教授法集成』（1928年）に発展した可能性が高い。その点を明らかにするために、内容構成を比較対照してみよう。

資し兼て小学校に於ける英語教授の方法を会得せしむるを以て要旨とす」として、小学校における英語教授法を教えることが明記されている。

[21] 金子健二（1923）『言葉の研究と言葉の教授』宝文館、pp. 387–388

表 4–3 『英語教授法綱要』と『英語教授法集成』の構成対照表

＊＿＿＿は特に構成、内容に変化が著しいもの。〔　〕は筆者による補充。

『英語教授法綱要』1909（明治 42）年	『英語教授法集成』1928（昭和 3）年
序言	序
目次	〔凡例〕
	〔教授法研究参考書〕
ページ	目次　ページ
第一章　本邦に於ける英語の略史　1	第一章　本邦に於ける外国語の略史　1
第一節　本邦洋学の略史	第一節　本邦洋学略史
第二節　本邦に於ける英語の略史	第二節　本邦に於ける英語の略史
第二章　本邦小学校英語科の略史　9	第二章　本邦普通教育に於ける外国語の歴史　17
	第一節　小学校
	第二節　中学校
第三章　欧米の小学校に於ける外国語科　28	第三章　欧米普通教育に於ける近世外国語　28
英国—独国—米国—白国—蘭国—丁国	第一節　小学校〔米、英、独、仏、べ、蘭、デ〕
	第二節　中学校〔米、英、独、仏、べ、蘭、デ〕
第四章　本邦小学校英語科の目的　48	第四章　本邦普通教育に於ける外国語の地位　48
第一節　近世外国語教授の一般的目的	第一節　近世外国語教授の一般的目的
第二節　本邦に於ける外国語教授の必要	第二節　本邦に於ける外国語教授の必要
第三節　本邦小学校英語科の目的	第三節　本邦普通教育と外国語
第五章　英語教授の方法　38	第五章　欧米に於ける古語及び近世語教授の過去及び現在　83
第一節　欧米に於ける近世外国語教授の諸方法 読書法／文法法／テキスト中心法／暗誦法／グアン法／ベルリッツ法／エナ学校法／発音法／革新派〔以上の９種、ベルリッツ法とエナ学校法は『集成』では「直感式」に区分されている〕	第１節スツルム、〔以下〕エラスムス／アスカム／ルーテル／メランヒトン／モンテーニュ／ミルトン／ラトケ／コメニウス／ロック／ポートロヤリスト／バセドウ／ペスタロッチ／ハミルトン／ジャコトー／第十六、七、八世紀に於ける仏国の近世外国語／第十六、七、八世紀に於ける独国の近世外国語

第三節　英語教授と修身科との関係		第三節　歴史科	
第四節　英語教授と歴史科との関係		第四節　地理科	
第五節　英語教授と地理科との関係		第五節　理科	
第六節　英語教授と理科との関係		第六節　(省略)	
第七節　英語教授と手工図画科との関係		第七節　算術科及商業科	
第八節　英語教授と算術科及商業科との関係		第八節　唱歌科	
第九節　英語教授と唱歌科との関係			
第十節　附説〔『集成』では八章の末尾に同じ記述がある〕			
第七章　参考書 (省略)	142	○学習法 Some Hints on Learning English	455
〔教案例［全19ページ］〕	143	○附録　文部省英語教授法調査会報告書〔「中等学校に於ける英語教授法調査報告」(1907) の全文;『綱要』では第五章第三節の「参考」に収録〕	

*　本文では「本邦に於ける外国語教授法の歴史」となっている。
**　本文では「英語科の各分科の教授」となっている。
***　この文部省「中等学校に於ける英語教授法調査報告」(1907年) は『集成』では「附録」に収録。

このように、『集成』が『綱要』を基礎にして作られたことは内容構成から一目瞭然である。以下に内容上の進化を見てみよう。

(a) 章構成と分量の拡大。『綱要』は6章22節〔7章は本文を欠く〕+教案例だが、『集成』は8章63節+学習法+付録で、節は約3倍になっている。分量を比較すると、『綱要』は約49,000字、『集成』が約187,000字で、『集成』は『綱要』の約3.8倍になる。ちなみに岡倉由三郎の『英語教育』(1911年) は約111,000字で、『集成』はこの約1.7倍になる。

(b) 小学校対象から普通教育に拡大。『綱要』は小学校教員をめざす愛媛師範学校の生徒を対象に作成されたが、『集成』では中学校を含む「普通教育」に拡大されている。

(c) 外国語教授法史の豊富化。外国語教授法各論を述べた5章は著しく充実している。『綱要』では9種の教授法が15ページ程の1節の中で述べられていただけだが、『集成』では27節140ページにわたって詳述されている。『綱要』第5章の「欧米に於ける近世外国語教授の諸方法」で、岺田は教授法をOldと

New に大別し、各教授法の長所と欠点について述べている。また、「本邦に於ける外国語教授法の歴史」も大幅に充実し、時代区分は『綱要』では「読書法時代―文法法時代―新式時代」だったが、『集成』では音声指導の有無による「変則時代―正則時代」になった。

(d) 英語科各分科の教授。『綱要』では1節にすぎなかったが、『集成』では第7章として独立し、大幅に拡充している。各分科の配列も変更されている。

(e)『綱要』には附録として『小学校用文部省英語読本』に準拠した「教案例」が付けられていた。それを見ると、忝田が音声と直解を重視し、4技能の全般にわたる英語力をつけさせようとしていたことがわかる。復習の次に新事項の教授に移り、これを (1) 予備的な会話問答、(2) 中心内容の教授、(3) 練習の順に進めている。(2)「中心内容の教授」は4段階から構成され、① 日本語を媒介とせずに児童に意味を了解させるために、教師はたえず動作を交え、実物（本やペン）を使って繰り返し英文を発話する。② 教師の数回の範唱の後に生徒各自に発音させ、これを批正し、全員で斉唱させる。③ 教師の板書後、生徒に口頭で綴方を練習させ、指頭で机上に練習させる。④ 最後に一種のパターン・プラクティスを行う。教師の問に対して生徒は動作ないし動作を伴った口頭で答える方式で、日本語を介さずに直解力をつけさせようとしている。

英語教育史の中の忝田與惣之助

忝田與惣之助（1882〜1960）は明治末期から昭和戦前期に、英語教育者、英語教授法研究者、道徳教育者、旧制中学校及び師範学校の校長として教育現場の第一線で活躍した。

愛媛県師範学校時代の生徒用配付資料だった『英語教授法綱要』（1909：明治42年）の発見によって、忝田與惣之助の英語教授法研究は、少なくともその基本部分に関する限り、明治末期に位置づけてこそ、その意義と先駆性が正当に評価できることが明らかになった。この時期における英語教授法研究の到達水準を示す指標として、岡倉由三郎の『英語教育』が東の東京高師を代表するものだとすれば、『英語教授法集成』は西の広島高師を代表するものといえよう。

『集成』は英語教育および英語教授法を歴史的に考察している点において、岡倉の『英語教育』にはない特長を持っており、1902（明治35）年の創立間もないころから広島高師の学風の中に英語教育史研究の伝統が脈打っていたことを示している。そしてなによりも、明治末期における日本の英語教授法研究の水準をトータルに理解するためには、岡倉の『英語教育』などとともに、忝田の『英語教授法集成』の理解が不可欠である。さらには、明治末期の日本の英語教授法研究は、岡倉由三郎に代表される中央の学者たちだけでなく、中等教育を担う地方の教員の手からも体系的な教授法書が編めるまでに成熟していたことも忘れてはなるまい。中央の桧舞台で活躍した人々だけではなく、地方の学校現場で地道に努力を重ねてきた桼田のような先達たちの業績と足跡についても、さらなる調査研究が必要なのではないだろうか。

桼田は英語「教授」(teaching) 一辺倒の時代に、生徒の立場に立った英語「学習法」(learning) を教え、両者の有機的結合である「英語教育」を追求した。また、理想的な授業を行うために、英語科用の本格的な設備を要求し、自らそれを実現させた。こうした彼の研究と実践の歩みは、大著『英語教授法集成』(1928 年) の中にすべて刻み込まれている。

桼田は、明治末期に赴任した愛媛県師範学校で、内外の英語教授法理論の研究成果を講義資料『英語教授法綱要』(1909 年) として生徒に伝達した。また、英語の授業が週 3 時間以下という師範学校の厳しい制約を、入念な準備と創意に満ちた授業実践で克服し、その倍以上の時間をかける中学校にひけを取らない総合的な英語力の習得を追求した。

桼田與惣之助の理論と実践は、わずかな授業時間数と劣悪な教育環境の中で、多くの悩みを抱えながら日々授業実践に励んでいる現代の英語教師たちに、少なからぬ示唆を与え続けているのではないだろうか。

第３節
小学校英語教育の先駆者
――石口儀太郎と『新尋一教育の実際』

公立小１年から英語を教える

公立小学校の１・２年生に外国人教師とのティーム・ティーチングで英語を教えていた。平成の話ではない。なんと1920年代の大正時代に、和歌山県師範学校（現、和歌山大学教育学部）の附属小学校で、こんな大胆な実践が行われていたのである。

明治の国家主義と昭和戦前の軍国主義のはざまの大正デモクラシーというエアポケットの中で、自由主義的で児童中心主義的な新教育が開花した。そうした学校としては、1917（大正6）年に澤柳政太郎が設立した成城小学校が名高い。同校では、それまで絶対不可侵とされていた修身を低学年で廃止して芸術教育関係の教科を増やし、１年生から週２時間の英語を加え、[22] 算術は数学に、唱歌は音楽に、図画は美術に教科名を変更した。官公立の小学校においても、実験校的な性格を持つ師範学校附属小学校を中心に、新教育の大胆な実践を試みる学校も少なくなかった。

和歌山県師範附属小学校訓導の石口儀太郎（いしぐち・ぎたろう：1900～1970）の実践もまた、こうした大正新教育の系譜に位置づけられる。石口は同校に在任中の1926（大正15）年６月に自らの実践を集大成した大著『新尋一教育の実際』（図4–10）を刊行した。そこでは、小学校の低学年を対象とした英語教育の驚くべき実践が克明に記録されている。

まずは石口儀太郎のプロフィールから見ていこう。

石口儀太郎はどんな人物か

表4–4から明らかなように、石口儀太郎は1900（明治33）年に和歌山県南部の串本町に生まれ、和歌山県師範学校を卒業し、小学校訓導となった。その後、1923（大正12）年から和歌山県師範学校附属小学校で４年５ヶ月教えた。在任中にはアメリカを視察している。1927（昭和2）年９月からは東京に移り、長ら

---

[22] 野上三枝子（1978）『成城学園初等学校における英語教育の歴史』（教育研究所研究年報　第一集）成城学園

く本郷の誠之(せいし)尋常小学校で教えた。その間に、難関の中等教員免許や最難関の高等教員免許を検定で取得し、在職のまま日本大学法文学部文学科を卒業した。しかし、石口はなぜか誠之小学校の勤務を続け、和歌山に戻って高等女学校の教諭となったのは 1945（昭和 20）年 5 月のことである。戦後、1948（昭和 23）年 4 月の新制高等学校発足と同時に県立桐蔭高等学校に勤務した。その後、県立古座高等学校の第 2 代校長を務め、同校の校歌を作詞した。1970（昭和 45）年に 70 歳で逝去した。

石口は、和歌山県師範附属小に在任中、同校の紀要である『研究』に活発に寄稿している。また、前述のアメリカ視察旅行の報告書である中村嘉壽編『学生の見たるアメリカ』（学生海外見学団発行、1926 年）に「アメリカ旅の印象」（pp. 407–416）を寄せている。

しかし、日本教育史における石口の最大の業績は、主著『新尋一教育の実際』（1926 年）であろう。本書に記された石口の実践は関西における大正自由主義教育の代表例の一つとして、勝田守一と中内敏夫によって岩波新書の『日本の学校』（1964 年）で紹介されるなど、全国的にも高い評価を受けている。

和歌山県師範附属小での英語教育実践

『新尋一教育の実際』は、26 歳の若き石口儀太郎が東京の教育研究会から 1926（大正 15）年 6 月 20 日に発行した菊判、本文 564 ページ、全 14 章の大著である。大正自由主義教育の旗手で東北帝国大学教授だった篠原助市（1876–

図 4–10　『新尋一教育の実際』（1926 年）

図 4–11　和歌山師範附属小在任中の石口儀太郎（1926 年頃）

表 4-4　石口儀太郎　略年譜

年　月　日	年齢	事　項
1900（明治 33）年 2 月 20 日	0	和歌山県串本町和深に生まれる。
1918（大正 7）年 3 月 31 日	18	和歌山県立田辺中学校卒業。
1919（大正 8）年 9 月 30 日	19	和歌山県師範学校本科第二部卒業、小学校本科正教員免許取得。
1919（大正 8）年 9 月 30 日	19	和歌山県西牟婁郡串本尋常高等小学校訓導。
1921（大正 10）年 4 月 1 日	21	串本実業補習学校助教諭併任。
1921（大正 10）年	21	懸賞論文「小学校教育の効果を今一層徹底すべき方案如何」が当選。
1923（大正 12）年 3 月 31 日	23	和歌山県師範学校附属小学校訓導。
1926（大正 15）年 6 月 20 日	26	石口儀太郎著『新尋一教育の実際』（教育研究会）を刊行。
1926（大正 15）年 7 月～9 月	26	学生海外見学団の随員としてアメリカ視察旅行。
1927（昭和 2）年 9 月 5 日	27	東京市横川尋常小学校訓導。
1929（昭和 4）年 4 月 10 日	29	東京市誠之尋常小学校訓導。
1931（昭和 6）年 4 月 25 日	31	中等教員免許（国語・漢文）取得。
1934（昭和 9）年 3 月 31 日	34	日本大学法文学部文学科卒業（誠之尋常小学校在任のまま）。
1938（昭和 13）年 11 月 21 日	38	中等教員免許（修身・教育科）取得。
1939（昭和 14）年 5 月 23 日	39	高等教員免許（国語科）取得。
1945（昭和 20）年 5 月 15 日	45	和歌山県立和歌山高等女学校教諭。
1948（昭和 23）年 4 月 1 日	48	和歌山県立桐蔭高等学校総務（全日制・通信教育課程）。
1949（昭和 24）年 9 月 1 日	49	高等学校一種普通免許（国語）、中学校一種普通免許（国語）取得。
1952（昭和 27）年 4 月 1 日	52	和歌山県立古座高等学校第 2 代校長。
1954（昭和 29）年 11 月	54	和歌山県教育功労賞受賞。
1961（昭和 36）年 3 月 31 日	61	和歌山県立古座高等学校校長を退職。
1970（昭和 45）年 4 月 25 日	70	逝去。

和歌山県立古座高校所蔵の履歴書を基礎に編集・作成。

1957) が「序」を寄せていることからも明らかなように、全編が大正新教育の息吹に満ちている。なお、「尋一」とは尋常小学校一年の意味である。

本書は、「意味深い尋一の教育」にはじまり、数学科、国語科、修身科、体育科、音楽家、英語科、自然科などの各教科別の実践が詳細に報告されている。なにより注目されるのは、第12章の「英語科授業の実際」(pp. 429–469) である。詳細に見ていこう。

和歌山県師範附属小では「英語学友会」を設立し、1924 (大正13) 年10月1日から尋常科の1・2年生 (学齢6・7歳) を対象に英語の授業を開始した。もとより法令上では教科目に英語はない。戦前の小学校での英語教育は尋常科修了後の高等科では認められていたが、それとて大正末期には全国の6〜7%の学校が実施していたにすぎない。ただし、私立の場合には尋常科から英語を課した学校も少なくなく、たとえば1911 (明治44) 年の「私立帝国小学校設立趣旨および校憲」には「一年より英語を課し、六年卒業までには中学校、女学校への入学に便す」ことが謳われている。[23] 公立の尋常小学校で英語を教えていた例は、国際港をかかえる神戸市の小学校などに例外的に見出せるだけである。[24] したがって、和歌山県師範附属小のように、公立校で尋常科の1・2年生に英語を教えた実践は、今のところ全国に例を見ない。

(1) 英語導入の目的

石口は、外国語教授の必要性について次のように述べている。

> ゲーテは「外国語を知らざれば母国語の味はわからぬ」と言った。(中略) すべてが世界的に活躍しなければならない今日なのである。この際私達が痛切に必要を感ずる学科の1つは、外国語の教授と言うことである。(中略) しかも、言語修得期にある記憶力の猛烈な小学時代に。
>
> それは原書を読めるとか、外人と思想を交換し、彼の地の人情風俗を知るためにと言ふ意味からのみではなく寧ろ人間として、人としての資格のためにである。(pp. 429–430)

[23] 奥田真丈監修 (1985)『教科教育百年史 (資料編)』建帛社、p. 80
[24] 神戸小学校開校五十周年記念式典会 (1935)『神戸小学校五十年史』同会発行、p. 935

目先の利益のためではなく、「人間として、人としての資格のために」として人格主義ないし教養主義に立った目的論を主張している点が注目される。

1924（大正13）年9月16日に保護者に出された英語開講の案内状には、早期英語教育の意義が次のように述べられている。今日の小学校英語教育論でもよく主張される見解である。

> 語学というものは耳から聴いて覚えるのが本当であり邦語に訳しないで、直接話し合うことによって学ぶのが最もよいのですが現今の様に中、女学校に入ってから漸く始めるやうでは習うことが忙しくなって中々思うようにに出来ません。加うるに言葉やその発音は幼学年の中に学べば非常に容易によく覚えられるもので中年級になってから習ふことは、語学としては、時期を逸していると言ふことは、心理学上からも確かな事だそうです。（中略）このたび英人イザベラ、ダグラス、ワサ先生の承諾を受けることになりましたのでこの十月から教授を開始したいと存じています。（pp. 430–432）

（2）**授業の実際**

石口らの英語授業の実施状況をまとめると表4–5のようになる。

表4–5.　小学校低学年向け英語授業の実施状況

a) 申し込み人数	1年男48名、1年女43名 2年（A）男女40名、2年（B）男女43名　〈計174名〉
b) 授業日時とクラス編成	月曜・水曜・金曜の午後12:30〜2:00。各クラス30分ずつ 1年男、1・2年女、2年男の3クラス。1クラス平均58名
c) 材料	単語、歌
d) 教具	掛図（尋常小学国語読本教授用、低学年の修身教授用のもの）、単語カード
e) 授業の導入部	まず、児童の家庭生活、学校生活、身体の部分の名称、簡単な日常の作法、平易なあいさつ等から導入

f) 細目の形式	new words, sentences, visible things, remarks, references に分けて週ごとに記入

a) 英語は随意選択科目。前述のように、石口はまず保護者に案内状を出し、英語導入の目的を明らかにした上で参加希望を募っている。申し込み人数は 174 名で、石口が「実に申込殺到」と表現しているように大変な反響だった。

b) 授業時数とクラス編成。毎回 30 分、週 3 回の授業が組まれ、12:30 からが 1 年男子、13:00 からが 1・2 年女子、13:30 からが 2 年男子だった。6〜7 歳の児童が集中できるよう 1 回の授業を短くし、週当たりの回数を増やしているのは妥当である。ひるがえって、2008（平成 20）年度告示の学習指導要領では小学校 5・6 年生の外国語活動が週 1 回（年 35 時間）程度とされており、効果は疑問である。

クラスサイズは、申込み殺到のため 1 クラス平均 58 名にもなった。石口自身「これでは一学級の人員甚だ過多、無理だとは百も承知しながら万難を排して決行する」（p. 432）と述べている。

c) 歌の活用。「耳の練習と発音のけいこには、唱歌が一等ききめ」があるとし、「ことに幼学年児には、かんたんなる動作遊戯などをしながら教授をすすめることは、実に、だいじなこと」で、「これらを暗誦することが自然に英語のもつ調子を会得する助けとなる」としている。こうした視聴覚教材を活用して英語の音やリズムに習熟させていく指導法は今日でも盛んに用いられている。

d) 国語読本教授用の掛図、文字カードや単語カードなどの使用。このような視覚教材は「実物の得られぬ場合や動作によつて表現出来ぬ場合には一層役立つ方法である」と述べ、尋一国語用掛図の使用については、児童らがすでに国語の時間に学習しているので効果的だとしている。さらに、絵を使ってさまざまな遊戯ができるとして、次のような例をあげている（p. 451）。

第一は　名前を言って絵をつかせる。
第二は　絵をみてすぐにその名を言はせる。
第三は　印刷文字と絵とを添はせる。
第四は　絵について短いお話などきかせる。絵をつくって見せる。

第一、第二の遊戯では絵と音声の統合、第三の遊戯では文字と絵の統合、第四の遊戯では文レベルでの読み聞かせを行い、絵をもとにした内容理解を促す

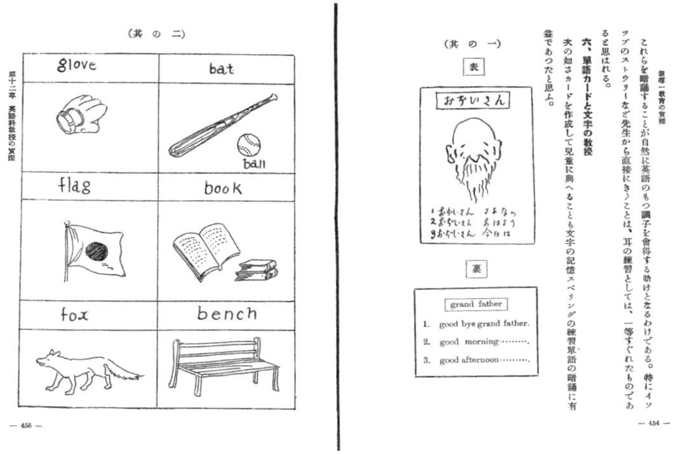
第十二章　英語科教授の實際

（其の二）

— 456 —

これらを暗誦することが自然に英語のもつ調子を會得する助けとなるわけである。特にイソップのストウリーなど先生から直接にきゝことは、耳の練習としては、一等すぐれたものであると思はれる。

六、單語カードと文字の教授

次の如きカードを作成して兒童に與へることも文字の記憶スペリングの練習單語の暗誦に有益であつたと思ふ。

（其の一）

表

裏

— 454 —

図 4–12
単語カードの活用

段階へと進めている。カルタ形式はゲーム性があり、小学校低学年の児童にとってはルールが単純で楽しめるだろう。また、母語を介さずに英語の音声と絵とを即座に結びつける練習としても効果的である。読み聞かせは、英語のリズムやイントネーションを自然に身につけさせる助けとなるばかりではなく、絵のイメージをもとにして、耳で聴いてわかる言葉を拾いあげ、児童が物語の先を推測してゆく能力を引き出していくことができる。いずれの遊戯も、1・2年生という発達段階に即した効果的な活動を段階的に取り入れているといえよう。

e）題材配列への配慮。低学年では児童にとって身近な題材を扱う必要があり、家庭生活、学校生活、身体の部分などから始めることは妥当であろう。

f）言語材料・教材の段階的な配列。週ごとに new words, sentences, visible things, remarks, references に区分して、段階的に進行するよう授業細目を検討している。

なお、石口は各クラスの授業内容を一例ずつ描写している。それらによれば、授業の形態は、「直接その語を話せる外人を教師としてもち日本語に置きかへることなく言語そのままの教授をうける」直接教授法（Direct Method）を重視する石口の考えに従って、イギリス人教師イザベラ・ダグラス・ワサ（Isabella Dauglas Wasa）が中心となり、石口を含む日本人教師が助手を務めるティーム・ティーチングだった。たとえば、第1回目の授業で、外国人教師が “Anyone, come here!” と言っても児童が理解できずにお互いの顔を見合わせている

ワサ先生の英語教授

図4–13 イギリス人教師による小学1・2年生への英語授業

と、助手の日本人教師が「先生が誰かおこしと言っています」と付け加えている。こうした協同授業のスタイルは今日でもよく見られる。

実際の授業の様子を、尋常 2 年男子を例に見てみよう (pp. 435～439)。元気よく英語に取り組む児童の様子がうかがえる。

教師 (おじいさんの図をさして) Who is this?

児童 (一斉に) Grandfather. (教師、板書する。同様に mother, grandmother, sister, brother と板書)

教師 (子どもが元気なので) You are all very clear. とほめる。

教師 (助手を通じて話させる) では今日はこれから、新しいことを勉強しましょう。あなた方は午後のあいさつは知っていますね。今日は朝のあいさつの仕方です。(それなら知ってると言う子どもがいる)

児童 Good morning やろ先生。

教師 Good morning. と発音。板書。鞭でつくと児童らは Good morning, father. と読んでいく。
(にこにこしながら) Say it a little more quickly.

助手 機敏に . . . も少し速く言いなさい。

児童 Good morning, grandfather. Good morning, father. Good morning, grandmother. . . .

助手 先生には。

児童 Good morning, teacher.

指導にあたったワサ先生は、次のように児童を高く評価している (p. 466)。

> わたしの個人的な観察からいたしましても日本の児童は、他の国の児童と同じやうに〔英語を〕受け入れる力と、把捉する力とを持っていることがわかります。私の教授に対してもその自発的な応答ぶりは実に、見上げたものであります。

イザベラ・ダグラス・ワサは教員経験はなかったようで、感想の中で “In coming to Japan I had no intention of teaching English, not being especially trained in this art, the idea never occurred to me.”（pp. 463–465）と述べている。しかし、ニューヨーク市で非英語圏話者に「実物による教授」によって生活英語を教えた教授法の有効性と意義を述べている。なお、彼女は和歌山にかなりの期間住み続け、愛着を持っていたようである。

（3）成果

英語導入の成果はどうだったのだろうか。石口は「ただ今のところでは経過頗（すこぶ）る良好だと認めている。決して不可能ではない」（p. 469）と総括している。10ヶ月間に教えた語彙数は315語だった。現在の中学校3年間の語彙数が週4回（200分）で1,200語程度だから、週3回（90分）だったことを考えると、単純計算で現在の中学生の2倍近いペースで単語を教えている。石口は「10ヶ月間と言つても週三回それも一回三〇分づつの学習であるから延時間にしてみると極めて僅少な時間になるわけであるから（中略）むしろ子供達の記憶力の旺盛なのには驚かされる」（p. 444）と述べている。

さらに、石口は子どもの英語学習の様子について保護者に感想を求めている。ある父親からは「私は尋常一年に自由教育主義は賛同いたしかぬる」という厳しい意見ももらったが、他方で、子どもが英語を習い始めたことを喜ぶ母親からの感想もあった。

> 英語も初めはよく教はるかと案じましたが、少しはわかるやうになりましたか朝早くから喧（やかま）しいくらい英語ばかり申しております。書く事は未だとんと書けませず、また形になりませんが、それは無理もない事と思っています。先日子供二人を連れて電車道へ参りました時ふとポストの横文字を見ましてS一字教へたばかりでポストの発音をだしましたから親心として嬉しく思ひました。（p. 538）

耳から習った英語を口にだす様子は、「聞く→話す→読む→書く」という児童の言語習得の発達段階を示す一例であるといえよう。

(4) 授業実践の特徴

以上を踏まえて石口らの授業実践を総括的に特徴づけると、以下の 10 点が指摘できる。

① 音声重視: ネイティブ·スピーカーによる豊富なインプットを与えている。また、低学年の英語は耳から習い覚えるという目的を明示して授業を計画している。
② 実物や視覚教材による教授の重視: 掛図、絵カードなどを活用している。
③ TPR (Total Physical Response): 教師の言葉に合わせて行動する。"Come here." "Point out mother." など、「話しながら同時にこれと同様の意味の動作を伴って語の意味を直感せしむる」(p. 450)
④「聞く→話す→読む→書く」: 母語習得の順序にのっとり、4 技能を取り入れている。
⑤ 児童の発達段階を考慮: 指導内容、教材、教授方法などで児童の発達段階を考慮に入れて指導計画を立てている。
⑥ T-T (Team Teaching): 外国人教師と日本人教師の役割分担が明確である。授業進行の中心は外国人教師で、日本人が効果的に助手を務めている。
⑦ 直接教授法の採用: 訳読方式を排し、英語を英語で教える直接法を採用している。
⑧ 学習目的の明示:「なぜ英語を学ぶのか?」という目的を児童が自覚できるように提示している。
⑨ 保護者・児童との相互理解: 保護者に案内状やお知らせを配布し、授業参観も実施している。保護者や児童の手紙などからも、石口・保護者・児童間の信頼関係がうかがえる。
⑩ 教育への熱意、児童への愛情、広い見識、教育研究: 私立小学校の英語授業見学、他校へのアンケート、1・2 年児童の外来語の知識調査など、教育へのたゆまぬ研究姿勢が見てとれる。

これらのいくつかは H. E. Palmer のオーラル・ソメッドの特徴と共通している。石口は小学校の英語教育の実情を知るために、大阪の帝塚山学院と東京の成城小学校で外国人教師による英語の授業を見学している。成城小学校に英語科を設置した澤柳政太郎は、Palmer を招いて英語教授研究所を創立した一人であるから、石口はオーラル・メソッドから学んだ可能性がある。

(5) 和歌山師範・女子師範の附属小での英語教育の伝統

男子の和歌山県師範学校のみならず、和歌山県女子師範学校においても附属小学校で英語教育を実践していた。その一端は同附属小学校が1931 (昭和6) 年に刊行した『皇国教育』(湯川弘文社) からも明らかである。同書には同校における英語科の基本方針が「基礎論」「目的論」「方法論」(発音練習・書方・読方・会話及作文・文法) の構成で11ページにわたって詳述されている。このうち、目的論については以下のように記されている。小学校の英語教育でも「読方を中心」とすべきだと述べている点が注目される。

> 英語科の目的はその一般的基礎能力を陶冶して、積極的思想交通の手引きを与へ、かつ母国語のほかに思想交通の形式を知り得て精神作用を錬磨し、もって大国民の社会生活上、発展上、人格拡充完成への基礎を樹立するにあり。その学習の能力は結局正しく思想を理解する方面と、これを正しく発表する方面となり、しかも発音および文字を通して聴き方、読方の理解方面と、話し方、作文の発表方面とのほかに国語学習と同じく基礎としての発音、書方及び正しい理解発表への手段としての文法とを必要とすること勿論である。小学校ではこれらすべての一般的基礎を作るものではあるが、特に読方を中心とし主眼をこれにおいて、ほかをこれに調和さすべきである。(pp. 468–469)

和歌山県師範附属小学校での英語教育は５年ほどで中止され、復活には敗戦を待たなければならなかった。1946 (昭和21) 年２月３日付の『朝日新聞』には次のような記事がある。

> **附属校で英語教育**
> 和歌山師範附属国民校では戦前五年間にわたり英語教育を行い好成績ををさめていたが、誤てる軍国主義のため一時中断されていたところ終戦とともに復活、新学期から目先だけでなく文化的、平和的な人間を作るため一年生から簡単な会話を教へ漸次原書まで読めるよう教育することになった。第一期は会話よりまず耳の訓練、第二期はイソップ物語などの読物をテキストにして子供の興味を盛り教育、大体一週四時間の予定。

こうして敗戦翌年の新学期を起点に、「文化的、平和的な人間を作るため一年生から」週4時間ほど英語を教える実践が再開された。石口らの小学校英語教育に代表される大正デモクラシー下での新教育の実践は、「誤てる軍国主義のため一時中断され」はしたものの、戦後民主主義の体制下で再び花開いたのである。

石口の実践が教えるもの

和歌山県師範学校附属小学校では、1924(大正13)年10月より、尋常科の1年生と2年生174人を対象に、ネイティブスピーカーと日本人教師のティーム・ティーチングで、直接教授法(Direct Method)により週3回30分ずつ英語を教えた。公立の尋常科で、しかも1年生から英語の授業を実践した例は目下のところ全国に例を見ない。その活動は5年ほどであり、成果は十分には検証できないが、和歌山県師範附属小学校における石口儀太郎らの実践が日本の英語教育史のなかで特筆すべき活動であることはまちがいない。

こうした大胆かつ先駆的な実践は、大正自由主義教育が開花した1920代だから可能だった。事実、同校の英語教育はその後の軍国主義・国粋主義の台頭の下で中断を余儀なくされ、それが再開されたのは1946(昭和21)年度からだった。しかし、敗戦直後に各地の公立小学校で実施されていた英語教育は、その後の学習指導要領による画一的な教育政策の下で、次々に中止を余儀なくされていった。

そして2002年度以降、再び公立小学校において英語教育を部分的、なし崩し的に実施する動きが強まり、2008年告示の学習指導要領では5・6年での外国語活動の必修化が打ち出された。これをさらに低学年に下ろすべきだという主張も根強い。しかし、教員の養成と研修、教育課程の確定、教材の整備、教授法の設定、中学校英語との連繋、それらを保障する予算と人員の確保などのさまざまな課題を抱えており、性急な実施は危険であろう。石口の『新尋一教育の実際』は単なる理論書ではなく具体的な実践記録であるから、現在でも特に低学年における英語教育のあり方を検討するための有益な示唆に富んでいる。小学校低学年や幼児に対する英語教育が確かな検証もないまま進められつつあるいま、こうした先駆的な経験から真摯に学ぶべきではないだろうか。

第 4 節
ビジュアル英語教材の白眉
——玉置彌造と『写真で教へる英語』

図書館廃棄資料の中から

2005（平成 17）年 7 月の暑い日だった。勤務先の図書館で旧蔵資料を廃棄するから、必要なものがあったら引き取ってほしいという。ホコリまみれになりながら、廃棄本をかき回しているうちに一冊の英語教材が目にとまった。『標準正音　写真で教へる英語　学校用・家庭用』とある。奥付を見て驚いた。和歌山県有田郡箕島町で 1933（昭和 8）年に刊行したとある。折しも、筆者は『和歌山県教育史』の編纂事業の一環として和歌山における英語教育の歴史を調査していたから、幻の資料の発見に鳥肌が立った。

しかし、廃棄資料だけあって、残されていたのは箱と表紙だけで、肝心の中身がない。全国の主要図書館を網羅する NACSIS Webcat（総合目録データベース検索サービス）で検索しても所蔵する館はない。教材は消耗品と見なされていたから、こういうことがよくある。ところが数日後、日課としている「日本の古本屋」サイトの検索で、ついにこの本がヒットした。その後数年間はまったく出ないから、なんとも幸運なことだった。今回も資料の方から近寄ってきた。いとおしいものだ。

さて、その著者である玉置彌造（たまき・やぞう：1879–1956）は、これまでその生涯も業績も調査・研究されることのない、忘れられた英語教育家だった。しかし、調査の過程で玉置彌造の 3 人のご子息の所在が判明し、貴重な情報と資料をお寄せいただいた。

では、玉置彌造とはいかなる人物で、どんな業績を残したのだろうか。

玉置彌造はどんな人物か

玉置彌造の生涯に関しては、遺族から戸籍謄本にもとづく正確な情報や証言をいただいた。文献資料と合わせて、まとめてみよう。

表4-6 玉置彌造 略年譜

年 月 日	年齢	事 項
1879 (明治12) 年3月29日	0	和歌山県有田郡箕島町に玉置彌兵衛・貞(てい)の次男として出生。 ＊和歌山高等小学校でストライキを実行。和歌山尋常中学校に入学。
1896 (明治29) 年	17	東京の高等商業学校 (一橋大学の前身) 入学。
1899 (明治32) 年頃	20	卒業直前に中退し渡米。滞米22年に及ぶ。 ＊米国ではホテルのボーイ、鉄道建設のためのメキシコ人労働者の周旋、アリゾナ州ジェロームでの経理の仕事などに就く。日本人女性「さと」と写真結婚。長男・譲 (Joe) をもうけるが、夫人とともに風土病 (鉱毒か) で亡くす。ソルトレイクを経てシカゴに長く住む。その後、ニューヨークでNathan Benz商会 (ドイツ系) に奉職。日露戦争 (1904–05) では鉱山従業員に日本への支持と拠金を募る。滞米中に *Elson Encyclopedia* (12巻ほどの百科事典) の編集員になり、日本・東洋に関する項目を担当。
1921 (大正10) 年頃	42	米国より帰国、和歌山県有田郡箕島町に戻る。 ＊和歌山県出身の池永庫(くら)と結婚、辨(べん)、多務(たむ)、静子の2男1女出生。 ＊雑誌や新聞に投稿して文筆活動を展開。帰国後最初に公にした『日米選挙漫談』を尾崎行雄の推薦により浜口内閣の選挙革正審議会に提出。また、尾崎を通じて『英語教授法改善意見』を文部省に提出 (ともに自著『留学二十二年　アメリカを透視す』所収)。 ＊郷里の有田郡箕島町255番地に玉置日米研究社を設立。英語看板や英文説明書の作成、翻訳などの仕事。
1932 (昭和7) 年10月5日	53	玉置彌造著『留学二十二年　アメリカを

		透視す』刊行。発行者・玉置彌造、発売・玉置日米研究社、1932（昭和 7）年 10 月 25 日第 2 版発行、574 p; 20 cm。 ＊日米友好運動を展開。
1933（昭和 8）年 4 月 26 日	54	玉置彌造著『標準正音　写真で教へる英語　学校用・家庭用』を刊行。発行者・玉置彌造、発行所・玉置日米研究社、大売捌店・盛文館（大阪市西区）、1933（昭和 8）年 5 月 16 日第 3 版発行。
1933（昭和 8）年頃	54	東京市九段中坂に転居、玉置英学院を開設。
1945（昭和 20）年 3 月 10 日	65	東京大空襲で自宅焼失。その後、和歌山県箕島町に帰郷。
1946（昭和 21）年頃	66	箕島の小学校で住民・子ども約 50 人に夜 1 時間程度、週 3〜4 回、無料で英会話を指導。
1956（昭和 31）年 8 月 22 日	77	郷里の箕島町で死去。

玉置は尾崎行雄（政治家）、鳩山一郎（文部大臣）、野村吉三郎（駐米大使）、正木ひろし（弁護士）、村田省三（大阪商船取締役・戦時内閣閣僚）らと親交があり、和歌山生まれの世界的な博物学者である南方熊楠とも手紙を交換していたという。また、1930 年代には『実用英語と礼法』や『玉置英和会話百科辞典』などの執筆を進めていたが、刊行には至らなかった。

図 4–14　玉置彌造（1879–1956）

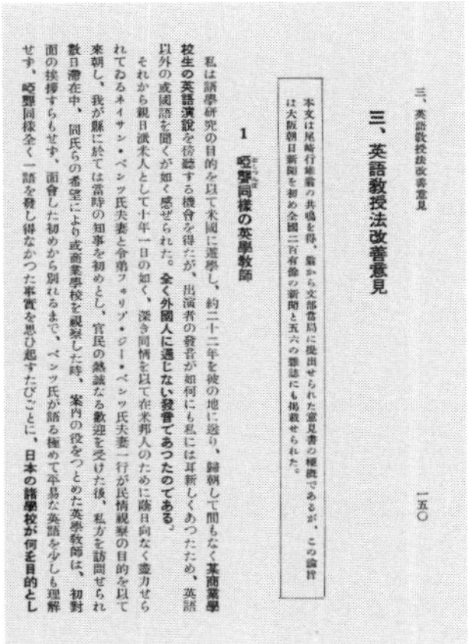

三、英語敎授法改善意見　一五〇

三、英語教授法改善意見

本文は尾崎行雄翁の共鳴を得、翁から文部當局に提出せられた意見書の梗概であるが、この論旨は大阪朝日新聞を初め全國二百有餘の新聞と五六の雜誌にも掲載せられた。

1　唖聾同樣の英學教師

私は語學研究の目的を以て米國に遊學し、約二十二年を彼の地に送り、歸朝して間もなく某商業學校生の英語演說を傍聽する機會を得たが、出演者の發音が如何にも私には耳新しくあつたため、英語以外の或國語を聞くが如く感ぜられた。**全く外國人に通じない發音であつたのである。**

それから親日派米人として十年一日の如く、深き同情を以て在米邦人のために陰日向なく盡力せられてゐるネイサン・ベンツ氏夫妻と令弟フォリブ・ジー・ベンツ氏夫妻一行が民情視察の目的を以て來朝し、我が縣に於ては當時の知事を初めとし、官民の熱誠なる歡迎を受けた後、私方を訪問せられ數日滯在中、同氏らの希望により或商業學校を視察した時、案內の役をつとめた英學教師は、初對面の挨拶すらもせず、面會した初めから別れるまで、ベンツ氏が語る極めて平易な英語を少しも理解せず、**唖聾同樣全く一語を發し得なかつた**事實を思ひ起すたびごとに、**日本の諸學校が何を目的とし**

図 4–15　玉置彌造『留学二十二年　アメリカを透視す』と「英語教授法改善意見」

玉置彌造の英語教育論

玉置の英語教育論は、1932（昭和 7）年に刊行した著書『留学二十二年　アメリカを透視す』（図 4–15）に収められた「英語教授法改善意見」（pp. 150–169）などから窺い知ることができる。「本文は尾崎行雄翁の共鳴を得、翁から文部当局に提出せられた意見書の梗概であるが、この論旨は大阪朝日新聞をはじめ全国二百有余の新聞と五六の雑誌にも掲載された」（p. 150）とある。

論文の末尾には、玉置の英語教育論に賛同する中村巍（元外務政務次官）、上田貞次郎（東京高商教授、東京高商で玉置の同級生）、杉村楚人冠（東京朝日新聞顧問、和歌山出身）、釈瓢齋（大阪朝日新聞論説部長）、広田伝蔵（東京市教育局視学課長）のメッセージが載せられている。こうした政治家、マスコミ、教育関係者のバックアップを受けた玉置の主張の眼目は、彼自身の滞米 22 年の経験に根ざした、「聴く」「話す」を中心とした実践的コミュニケーション力を育成せよということである。その概略は以下のとおり。

- 英語教師はまったく外国人に通じない発音である（「唖聾（おしつんぼ）同様の英語教師」）。
- 中学生の英語教授法を改善するためには、まず高校・専門学校の入学試験法を「聴く」「話す」も取り入れた実用本位に改善せよ。
- アクセントの筆答試験をやめよ。口頭にて練習すべき発音を頭で覚えさせる愚である。

・目で見て理解する「眼語教授法」を根本的に改め、英語を聴いて理解し、口で意志表示できるようにせよ。
・生徒は教師の実力を吟味し、本物の教師につけ。
・英文学を研究するよりもまず実用英語を研究せよ。
・文法は意思表示の自由を拘束する。これに拘泥せず、文字の usage を研究し、適所に適語を用いて自由に意思表示せよ。

いずれの主張も、今日のコミュニケーション重視派の主張に通じるものであり、外国語としての英語（EFL）の学習環境に必ずしも適用できない面もあろう。当時は、1927（昭和2）年の藤村作による英語科廃止論を契機として、学校の英語科教育の非実用性が厳しく糾問されていた。そうした時代の雰囲気の中にあって、学校での英語教授法、英語教員、入試問題への批判を含む玉置の実用主義的な主張は、英語科教育への不満を強めていた世論に受容されやすかったと思われる。この点も現在と類似している。ただし、やがて1930年代後半以降になると、英語そのものを敵視する風潮が強まるのであるが。

『写真で教へる英語』の面白さ

上記の英語教育理念を実地に移すべく、玉置は独自に考案した英語教材を1933（昭和8）年に自ら刊行した。『標準正音　写真で教へる英語　学校用・家庭用』である。この本は、ほぼB4の大版で、「身体」「動物」などのテーマ別に、写真・挿絵381種を見せながら計3,285の語句を覚えさせようとする独創的な英語教材である（図4–16）。同年4月26日に初版を発行し、1ヶ月足らずの5月16日には第3版が発行されているから、好評だったようである。ただし、教材として消耗品扱いされたためか、遺憾ながら国立国会図書館を含め、全国の主要図書館には所蔵されていないようである。

画像を駆使した英語教材としては、Walter Rippmann著『新案　英語絵単語』（1909年）や高野鷹二著『中等英語読本参考図鑑』（1928年）などがあるが、玉置の『写真で教へる英語』の方がはるかに本格的である。また、玉置の先駆性は、豊富な写真・画像のみならず、長年のアメリカ生活で体得した「標準正音」を忠実に仮名で表記している点にもみられる。R音を「ラリルレロ」、L音を「らりるれろ」と区別し、アクセントの部分を太字にするなどの工夫をしている。

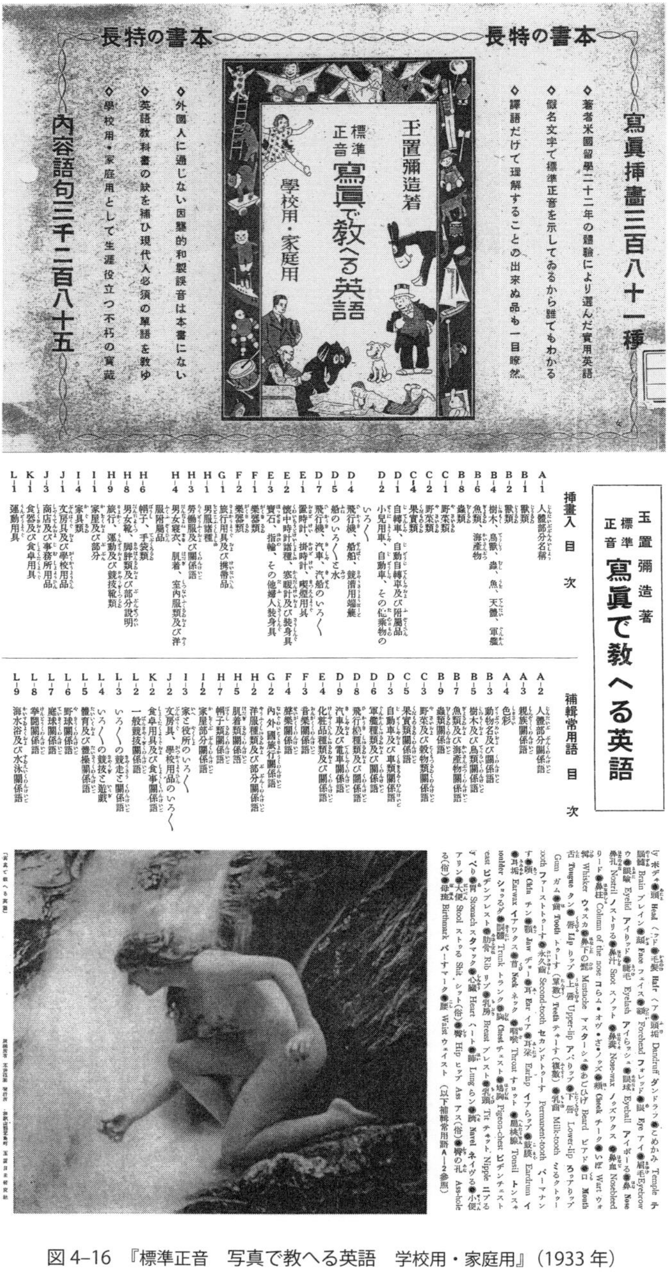

図 4–16 『標準正音　写真で教へる英語　学校用・家庭用』(1933 年)

（例）　Stadium ステイディアム　　Lion らイアン　　Ivory アイヴァリ
　　　　Lemon れマン　　Musical-society ミューズィカるササイアティ

なお、玉置は本書の刊行に先立ち、実子の辨が2歳のときから写真、人物、植物、鉱石見本、地球儀、器具などを使った英語教育を実行していた。玉置辨の回想によれば、書籍は『字源』や明治初期の英語辞書などが与えられ、文法や読本は使用せず、英語についての説明は発音についてだけで、たとえばHujisanではなくFujisannであると何度もリピートさせられたという。小学校入学後は、たまに *Japan Times* 日曜版の漫画を見せて説明を求められたが、英語よりも漢字を学習するように言われたという。

『写真で教へる英語』は小学校でも使用されたようで、和歌山県北部の粉河（こかわ）小学校は今でも同書を所蔵している。また、有田市箕島在住の石井和夫（1932年生）は、同書を手にしたときの感想を次のように述べている（私信；2006年4月）。

> 私がこのテキストを見たのは、小学校3年生（昭和15年）か4年生のころだったと思います。テキストの中でオートバイに乗っている若い人の姿を見て、カッコいいなと思い、大人になったら自分も乗ってみたいなと皆で話したのを覚えています。このテキストを見た時には英語（ことば）よりも皆が写真に興味を持って色々話したことを覚えています。今改めて、玉置氏のこのテキストが小学校時代の思い出として強く印象に残っているということは、指導や、教材に興味をもたせることについて、このテキストのもつ意義が如何に大きかったかを物語るものと思っています。

大判の鮮明な画像を通じて外国語や異文化への興味をかき立て、子どもの学習動機を高めた様子がうかがえる。

市井の英語教育者

玉置彌造は郷里の和歌山県有田郡箕島町で玉置日米研究社を主宰し、1933（昭和8）年には同地でビジュアル英語教材の白眉と評すべき『標準正音　写真で教へる英語　学校用・家庭用』を刊行するとともに、尾崎行雄や鳩山一郎を含む幅広い人脈を活かして文部省に独自の「英語教授法改善意見」を提出するなど、注目すべき活動を展開していた。

全国一の移民県である紀州和歌山の風土に育まれた玉置彌造は、22年もの長きにわたりアメリカで活動した。そこでの経験と英語力を活かすべく、帰国後は郷里で活動し、後に東京九段に「玉置英学院」を開設した。本章第1節で述べた筋師千代市と同様に、玉置は公的な学校では教えなかったために、これまでほとんど記録に残されることはなかった。しかし、近代日本の英語教育は、彼らのような「赤ヒゲ先生」とも言うべき市井(しせい)の人々によっても担われていたのである。そうした史実の発掘と評価もまた英学史・英語教育史研究の使命であろう。

玉置は敗戦直後の英会話ブームにわき立つ1946（昭和21）年ごろ、箕島小学校の一室を借りて夜間に週3〜4回、無報酬で英語を教えた。近隣の町村からも約50人が集まり、盛況だったという。そこで学んだある女性（1928年生）は、いまでも玉置をありありと覚えているという。

> 授業は会話中心で、板書をノートに写しました。玉置先生は和服姿でステッキをついて来られ、帰りにはステッキを振り上げてBye-bye！とおっしゃってお帰りでした。

英学雑談 4

心に残る本はハウツーものの対極——研究社と私

正規軍に挑みかかるパルチザン部隊のような痛快な雑誌。これが『現代英語教育』の第一印象だった。それまで研究社といえば「英語界の三越デパート」といった敷居の高いイメージだったが、1990 年代初めに手にしたこの雑誌はちがった。特集「広域採択制を注視せよ！」では、元教科書販売員のマル秘発言を、戦前の左翼雑誌のような伏せ字（××××）入りで載せたり（1992 年 7 月号）、カリスマ予備校講師だった伊藤和夫の追悼特集を組んだり（1997 年 5 月号）と、勇猛果敢なパルチザンぶりを発揮してくれた。

私の最初の寄稿は、1994 年 2 月号の「日本の英語教科書は韓国・朝鮮をどう扱ってきたか」で、「英語教育と韓国・朝鮮」などという特集の大胆さに感激し、一気に書いた。もっと強烈だったのは、阪神大震災の直後に出された 1995 年 3 月号の特集「『英語帝国主義』を考える」だ。これには「英語帝国主義の図像学」（本書第 3 章第 12 節）を寄稿したが、忘れられない思い出がある。復興ボランティアとして神戸に行っていた教え子が、地元紙を届けてくれた。見ると、同号の特集が写真入りで紹介されていたのだ。それまでは内心、「英語教師向けの雑誌に〈英語帝国主義〉はキツすぎるだろう」と思っていたが、反響の大きさに驚くとともに、タブーに挑戦し続ける若き津田正編集長の心意気とセンスに惚れ込んでしまった。

こうした縁で、『現代英語教育』には 1998 年 4 月号から 12 回にわたって「英語教科書の図像学」（本書第 3 章）を連載した。挿絵を手がかりに明治以降の英語教科書を読み解くという独創的な企画だった。とはいえ、毎号のネタ探しはたいへんで、全国の古本屋から英語教科書を買い漁った。原稿料の数倍は投資したと思う（笑）。これが報われた。集めた教科書を足がかりに、約 5,700 冊を網羅する「明治以降外国語教科書データベース」を作り始めたところ、科研費が当たり、インターネットと CD-ROM 版で公開できた。おまけに 2003 年度日本英学史学会奨励賞までいただいたのである。

すぐれた編集者は執筆者の名コーチである。研究社編集部からのゲラには、いつも詳細なコメントが添えられ、その鋭さと博識に助けられた。長距離電話で 3 時間以上話したこともあった。受話器の向こうから日本英語界の裏情報が次々に飛び出してくるから、面白くてやめられない。午前零時をまわり、終電を口実に電話を切ったのだが、本当はトイレの我慢が限界にきていた。

あるとき『現代英語教育』編集部から奇妙な執筆依頼が来た。1999 年 3 月号の特集は「21 世紀英語教育への遺言」だから、お前も遺言を書けという。「オレはまだ死なないぞ」と思ったが、まさか雑誌休刊の「遺言」だったとは。

書籍の思い出もつきない。真っ先に浮かぶのは敗戦直後に出た『新英語教育講座』の第 6 巻（1949 年）に載った福原麟太郎の「英語辞書の話」である。大学院の指導教官に一読を勧められたのだが、*P.O.D*（*Pocket Oxford Dictionary.* 初版 1924 年）をはじめとする英語辞書の魅力を、これほど熱く語った文章を他に知らない。福原は「私は、日本の或いは世界中の、誰よりも、この *P.O.D* を度々ひいているだろうと思う。全く良い辞書である」と書いている。まねして戦前版の *P.O.D* を買ってきたが、なるほど味がある。福原が紹介している他の辞書も古本屋をまわって買いそろえた。辞書とは、かくも妖しい魅力を放つものかと感じ入った。昨今の電子辞書は確かに便利だが、Fowler 兄弟による初期の *P.O.D* や、学習英和の金字塔である岩崎民平の『簡約英和辞典』（研究社、初版 1941 年）のような名品からは職人の息づかいが伝わってくる。時がたっても古伊万里のような味わいがある。

英学史・英語教育史を専攻するようになると、100 年に及ぶ研究社の出版物がみな宝の山に見えてきた。なによりも重宝なのが『英語青年』巻末の「片々録」である。個人の転居先から結婚相手まで書いてあり、明治以降の英語界の動向が DVD のように記録されている。主要なものだけでも編集して本にならないか。なお、『英語青年』の編集長を 40 年務めた喜安璡太郎（1876–1955）は、晩年に英学界の動向や思い出を 10 年連載した。それをまとめたのが『湖畔通信・鵠沼（くげぬま）通信』（1972 年）で、英語界の生き字引による第一級の英学史文献であり、読み物としてもすこぶる面白い。

研究社から出た英学史の座右の書は、ほかに 3 つある。まずは竹村覚『日本英学発達史』(1933)。古書店でアンカット版を見つけたから、ペーパーナイフで切り進みながら味読した。竹村の情熱ほとばしる文章がいい。とりわけ、薄幸のシェークスピア学者・河島敬蔵の人と業績を描いた部分は、何度読み返しても胸が熱くなる。刊行当時の竹村は 30 歳の中学教師。その原稿を菊判 372 ページの上製本で刊行した研究社も偉いし、岡倉賞を授与した学界も偉かった。

勝俣銓吉郎『日本英学小史』(1936 年) は 51 ページの小冊ながら、巨匠による逸品である。同書を収めた研究社「英語教育叢書」(全 31 巻、1935–37 年) は、この種の叢書の最初ながら、水準の高さに圧倒される。その後の英語教育界はどこまで進歩したのだろうか。

そうした疑念を抱きながら全 4 巻の『日本の英学 100 年』(1968–69 年) をひもとくと、先人たちの偉業にエリを正したくなる。明治以降の英学の歩みを集約したこの大著は、大学紛争のまっただ中で刊行された。並大抵の苦労ではなかっただろう。日本の英語界をリードしてきた研究社の意地と誇りが伝わってくる。

こうして振り返ると、心に残る本はみなハウツーものの対極にある。すぐ役に立つ本は、すぐ役に立たなくなる。研究社 100 年の歴史は、そう教えてくれる。

主要参考文献

＊英語教科書類は除いた。

【全体に関して】

赤祖父茂徳（1938）『英語教授法書誌』英語教授研究所

池田哲郎（1979）『日本英学風土記』篠崎書林

伊村元道（2003）『日本の英語教育 200 年』大修館書店

伊村元道・若林俊輔（1980）『英語教育の歩み』（英語教育シリーズ・4）中教出版

江利川春雄（2006）『近代日本の英語科教育史——職業系諸学校による英語教育の大衆化過程』東信堂

大村喜吉・高梨健吉（1975）『日本の英語教育史』大修館書店

大村喜吉・高梨健吉・出来成訓（1980）『英語教育史資料』（全 5 巻）東京法令出版

小篠敏明・江利川春雄編著（2004）『英語教科書の歴史的研究』辞游社

川澄哲夫編（1978）『資料日本英学史 2　英語教育論争史』大修館書店

教科書研究センター編（1984）『旧制中等学校　教科内容の変遷』ぎょうせい

斎藤兆史（2003）『日本人に一番合った英語学習法』祥伝社（祥伝社黄金文庫版 2006 年）

斎藤兆史（2007）『日本人と英語——もうひとつの英語百年史』研究社

櫻井役（1936）『日本英語教育史稿』敞文館〔復刻版：文化評論出版、1970 年〕

Smith, P. A. *et al.* (ed.)（1985）*English Teachers' Magazine*（『英語教授』）〔復刻版〕全 5 巻＋別巻解説編、名著普及会

高梨健吉（1985a）『文明開化の英語』中公文庫

高梨健吉（1985b）『英語の先生、昔と今』日本図書ライブ

高梨健吉（1996）『日本英学史考』東京法令出版

出来成訓（1994）『日本英語教育史考』東京法令出版

日本英学史学会編（1976）『英語事始』エンサイクロペディアブリタニカ

日本の英学 100 年編集部編（1968・69）『日本の英学 100 年』（全 4 巻）研究社

庭野吉弘（2008）『日本英学史叙説——英語の受容から教育へ』研究社

堀口俊一ほか（1986）『日本の英語教科書のあゆみ』（実践・英語教育体系 22）開隆堂
若林俊輔編（1980）『昭和 50 年の英語教育』大修館書店

【データベース】

外国語教育史料デジタル画像データベース作成委員会（代表・江利川春雄）「明治以降外国語教育史料デジタル画像データベース」
http://www.wakayama-u.ac.jp/~erikawa/database2/
外国語教科書データベース作成委員会（代表・江利川春雄）「明治以降外国語教科書データベース」http://www.wakayama-u.ac.jp/~erikawa/
国立公文書館アジア歴史資料センター　http://www.jacar.go.jp/
国立国会図書館「近代デジタルライブラリー」
http://kindai.ndl.go.jp/index.html

【第 1 章　英語教育の歴史から学ぶ】

赤尾好夫追憶録刊行委員会編（1987）『追憶　赤尾好夫』旺文社
伊村元道（2007）「英語教育半世紀」『日本英語教育史研究』第 22 号、日本英語教育史学会
江利川春雄（2007）「格差社会の英語教育」（英語教育時評）『英語教育』2007 年 5 月号、大修館書店
大内義徳（1995）「戦後の沖縄における英語教育」『日本英語教育史研究』第 10 号
大庭定男（2007）「ジャワ敗戦抑留下、将兵への初等英語講座」『日本英語教育史研究』第 22 号
川島幸希（2000）『英語教師 夏目漱石』新潮社
宜野座嗣剛（1984）『戦後沖縄教育史』沖縄時事出版
隈部直光（1995）「若林さんと私」『私家版英語教育ジャーナル——若林俊輔教授退官記念論文集』若林俊輔教授退官記念論文集編集委員会
研究社社史編集室編（2007）『研究社百年の歩み』研究社
斉田智里ほか（2003）「高校入学時の英語能力値の年次推移」*STEP BULLETIN* Vol. 15、日本英語検定協会

斎藤貴男（2004）『教育改革と新自由主義』子どもの未来社
佐々木達夫（1969）『百年目の英語教師たち』明治図書
JACET 英語教育実態調査研究会（1987）『21 世紀に向けての英語教育』（『英語教育』別冊）、大修館書店
宍戸良平（1949）「英語教育関係法規及びコース・オブ・スタディーについて」『新英語教育講座』第 1 巻、研究社
渋谷新平編（1918）『英語の学び方』大阪屋号書店
清水昭三（2007）『芥川龍之介の夢——「海軍機関学校」若い英語教官の日』原書房
菅原亮芳編（2008）『受験・進学・学校——近代日本教育雑誌にみる情報の研究』学文社
祐本寿男（1956）「一中学教師の十年」『英語教育』1956 年 1 月号、大修館書店
蒼丘書林編（1980）『回想　教壇上の文学者』蒼丘書林
第一外国語学校・村井知至編（1925）『英語研究苦心談——十六大家講演集』文化生活研究会
田中菊雄（1938）『英語学習法』研究社出版（1948 年新版、1965 年改訂版）
田中菊雄（1940）『英語研究者の為に』北光書房（1948 年改版：星書房、1955 年第三版：三笠書房、1992 年：講談社学術文庫）
田中菊雄（1960）『わたしの英語遍歴——一英語教師のたどれる道』研究社出版
田中菊雄（1963）「故小酒井五一郎さんと私」『小酒井五一郎追悼録』研究社（非売品）
鳥居次好（1972）「英語教育時評」『英語教育』1972 年 5 月号、開隆堂
中島直忠編（1999）『戦前・戦後高等教育機関の英語入試問題の分析』広島大学大学教育研究センター
中村敬・峯村勝（2004）『幻の英語教材——英語教科書、その政治性と題材論』三元社
ヴァイツゼッカー述・永井清彦訳（1986）『荒れ野の 40 年』岩波書店
福沢諭吉（1885）「脱亜論」『福沢諭吉全集』第 10 巻、岩波書店
松岡藤太郎（1932）「英語教授と入学試験問題」『英語英文学論叢』第 1 巻第 2

号、広島文理科大学内英語英文学論叢編輯室
松川昇太郎（1973）「湘南中学の英語教育――回想」神奈川県高等学校教科研究会英語部会『英語教育研究』第 8 号
松島駿二郎（2002）『異国船漂着物語――難破者と、彼らを救った浜辺の住民たちの交流秘話』JTB
水野稚（2008）「経団連と『英語が使える』日本人」『英語教育』2008 年 4 月号、大修館書店
吉村宰ほか（2005）「大学入試センター試験既出問題を利用した共通受験者計画による英語学力の経年変化の調査」『日本テスト学会誌』Vol. 1, No. 1
若林俊輔（2002）「『わが国の英語教育について語ること』のむずかしさについて」隈部直光教授古希記念論集編集委員会編『21 世紀の英語教育への提言と指針――隈部直光教授古希記念論集』開拓社

【第 2 章　英語教科書の歴史から学ぶ】

Swinton, W.,（1880）*Studies in English Literature*. New York : American Book Company
Underwood, F. H.,（1871・72）*A Hand-book of English Literature*. Boston: Lee and Shepard
Wunderlich, H. J.,（1952）*The Japanese Textbook Problem and Solution: 1945–46*. Stanford University（博士論文）
有海久門（1938）『リーダーに現れたる英詩の研究』有朋堂
池谷敏雄（1969）『英語教師四十年』評論社
石渡延男編（1995）『平和教育実践資料集』エムティ出版
岩本努（2007）「墨ぬり英語教科書からわかることは？」歴史教育者協議会編『学校史でまなぶ日本近現代史』地歴社
江利川春雄（1990）「敗戦直後の英語教科書の題材と時代背景」神戸大学大学院英語教育研究会『KELT』第 6 号
江利川春雄（1997）「新制中学校成立期の英語教師問題」『KELT』第 12 号
江利川春雄（2005）「英語『戦略計画』の批判的考察」『中部地区英語教育学会紀要』第 34 号
大沢正道（1971）『大杉栄研究』法政大学出版局

岡本有里（1992）「中学校の英語教科書にみられる文学作品の変遷」神戸大学大学院英語教育研究会『KELT』第 8 号
蠣瀬彦蔵（1940）「高等小学校用新文部省英語読本編纂趣旨」『文部時評』1940 年 6 月号（のちに小学校教材研究会編『小学校教材研究』第 8 号、目黒書店、1940 年に転載）
加藤市太郎（1940）『文部省小学新英語読本　第一学年用学習書』教養社
神奈川県英語教育研究所（1948）『新英語教育指針』日本教育研究会
菅道子（2002）「終戦直後における音楽教科書の『墨塗り』措置――『儀式唱歌』の取扱いを中心に」『和歌山大学教育学部紀要・教育科学』第 52 集
熊本謙二郎・喜安璡進太郎共編（1912）『ナショナル第四読本研究』長風社（のちに研究社）
黒澤一晃（1999）「戦時下の英語教育――神戸での一体験」『日本英語教育史研究』第 14 号
現代英語教育編集部（1994）「目で見る英語教育」『現代英語教育』1994 年 3 月臨時増刊号、研究社出版
小塚三郎（1964）『夜学の歴史――日本近代夜間教育史論』東洋館出版
駒込武（1989）「日中戦争期文部省と興亜院の日本語教育政策構想――その組織と事業」『東京大学教育学部紀要』第 29 巻
駒込武（1996）『植民地帝国日本の文化統合』岩波書店
齋藤一（2006）『帝国日本の英文学』人文書院
宍戸良平（1948）「英語教育関係法規およびコース・オブ・スタディーについて」『新英語教育講座』第 1 巻、研究社
鈴木孝夫（1999）『日本人はなぜ英語ができないか』岩波新書
大学英語教育学会九州・沖縄支部プロジェクトチーム（1997）『このままでよいか大学英語教育』松伯社
大学英語教科書協会（1998）『大学英語教科書目録』1998 年度版、同協会
高梨健吉・出来成訓監修（1992・1993）『英語教科書名著選集』（全 29 巻・別巻 1）大空社
中等学校教科書株式会社編（1943）『外国語科指導書　中等学校第一学年用』中等学校教科書株式会社
中等学校教科書株式会社編（1944）『英語編纂趣意書〈高等女学校第 1・2 学年

用〉』中等学校教科書株式会社
中等学校教科書株式会社編（1944）『英語編纂趣意書〈中学校第 1・2 学年用〉』中等学校教科書株式会社
東京書籍株式会社附設教科書図書館東書文庫編（1979〜82）『東書文庫所蔵教科用図書目録』東京書籍
鳥居美和子（1967・1985）『明治以降教科書総合目録Ⅰ・Ⅱ』小宮山書店
長崎栄三（2000）「中等数学第一類・第二類の墨塗りと暫定教科書——終戦直後の中学校数学教育」『東京学芸大学　学芸大数学教育研究』11 号
中村紀久二監修（1984）『文部省著作　戦後教科書』大空社
中村紀久二編（1985）『墨塗り教科書　解題・削除指示資料集』芳文閣出版部
中村紀久二編（1997）『教科書の編纂・発行等教科書制度の変遷に関する調査研究』（平成 7 年度〜平成 8 年度科学研究費補助金（基盤研究 B（1））研究成果報告書）
中村敬・峯村勝（2004）『幻の英語教材——英語教材、その政治性と題材論』三元社
林勲編（1942）『昭和十八年度中等学校青年学校教科用図書総目録（付国民学校高等科用）』日本出版配給株式会社
原仙作（1933）『英文標準問題精講』歐文社（旺文社）　＊以後、各版を使用
文教部編審官室編（1937）『教科書審査報告書』康徳二年（復刻：「満洲国」教育史研究会監修『「満洲・満洲国」教育資料集成』第 9 巻、エムティ出版）
星山三郎（1983）「難産短命だった戦時日本的英語教科書編集回顧録」語学教育研究所編『ことばと教育と時代』開拓社
堀川敦厚（1992）『JACK AND BETTY あの日あの頃』（JACK AND BETTY 復刻版付録ブックレット）、開隆堂
三石初雄（1990）「戦時理科教科書の戦後直後における削除修正過程」『日本理科教育学会研究紀要』第 31 巻
南精一（1991）「英語教科書に現れた英詩について——明治・大正期を中心として」『日本英語教育史研究』第 6 号
南精一（1993）「英語教科書に現れた英詩について——昭和・平成期を中心として」『日本英語教育史研究』第 8 号
文部省（1947）『学習指導要領　英語編（試案）』　＊以後、各版を使用

文部省教育調査局編（1949）『教育要覧』時事通信社
文部省大学学術局（1959）『昭和34年度大学入学者選抜試験問題作成の参考資料――学力検査問題作成の手びき』文部省
文部省調査局（1948）『学校教員調査報告――学校教員の総括』文部省調査局
文部省調査普及局（1949）『新制中学校実施の現状』刀江書院
山内啓子（1993）「高等学校の英語教科書に現れた文学教材」伊原巧ほか編『英語科授業学の諸相――青木庸效教授還暦記念論文集』三省堂
吉田裕久（2001）『戦後初期国語教科書史研究』風間書房
読売新聞戦後史班編（1982）『昭和戦後史　教育のあゆみ』読売新聞社

【第３章　英語教科書の図像学】
岩尾龍太郎（1994）『ロビンソンの砦』青土社
英語教授研究所（1931）*The Bulletin* 1931年3月号
江利川春雄（1992）「戦後の英語教科書にみる異文化理解の変遷」『日本英語教育史研究』第7号
川戸道昭（2005）「日本で最初にシンデレラを描いた人物」『東日本英学史研究』第4号、日本英学史学会東日本支部
鈴木孝夫（1996）『教養としての言語学』岩波新書
立花隆（1991）『サル学の現在』平凡社（文春文庫版1996年）
田崎清忠（1969）「視覚・映像論から見た教科書挿絵の機能」『英語教育』1969年8月号、大修館書店
中村敬（1993）『外国語教育とイデオロギー――反＝英語教育論』近代文芸社

【第４章　英語教育の忘れられた先駆者たち】
Issei Oral History Project, The（1983）*The Issei, Portrait of a Pioneer.* The Issei Oral History Project, Inc.
Japanese American National Museum（1992）*Issei Pioneers: Hawaii and the Mainland, 1885–1924*
Japanese American National Museum, The（1993）*Encyclopedia of Japanese American History: An A-to-Z Reference from 1868 to the Present, Updated Edition*

石口儀太郎（1926）『新尋一教育の実際』教育研究会
石黒魯平（1933）「英語教授」城戸幡太郎編『教育学辞典』岩波書店
稲生淳（1998）「米国商船レディ・ワシントン号の紀伊大島寄港とその歴史的背景」熊野地方史研究会『熊野誌』第 44 号
エスペルゼン原著・前田太郎訳述（1913）『エスペルゼン教授 語学教授法新論』東亜堂書房
江利川春雄（1992）「小学校用国定英語教科書の成立と変遷」神戸大学大学院英語教育研究会『KELT』第 8 号
岡倉由三郎（1907）「英語教授法（小学校に於ける）」『教育大辞書』同文館
岡倉由三郎（1911）『英語教育』博文館（増補版：研究社、1937）
岡倉由三郎（1932）『英語教育』（岩波講座教育科学）〔寺西武夫代筆〕岩波書店
奥田真丈監修（1985）『教科教育百年史（資料編）』建帛社
垣田直巳監修・松畑熙一編（1983）『早期英語教育』大修館書店
勝田守一・中内敏夫（1964）『日本の学校』岩波新書
金子健二（1923）『言葉の研究と言葉の教授』東京宝文館
川崎源（1976）『滋賀大学教育学部百年沿革史』滋賀大学
串本小学校『串本小学校沿革誌』（稿本；同校蔵）
串本町編（1924）『和歌山県串本町誌』串本町（和歌山県）
倉長真（1969）「松島剛年譜」日本英学史学会『英学史研究』改題第 1 号
慶應義塾編（1958）『慶應義塾百年史』上巻、慶應義塾
神戸小学校開校五十周年記念式典会（1935）『神戸小学校五十年史』同会
小林康伸（1999）『教授者からみた日本語と英語』関西図書出版
在米日本人会（1940）『在米日本人史』在米日本人会
櫻庭信之（1949）「小学校の英語」『新英語教育講座』第 5 巻、研究社
佐藤良雄（1968）「和歌山藩と英学」日本英学史研究会『研究報告』第 92 号
定宗数松（1936）『英語教授法概論』（英語教育叢書）研究社
佐山和夫（1991）『わが名はケンドリック』講談社
滋賀県師範学校（1935）『滋賀師範 60 年史』滋賀県師範学校
静岡県立浜松北高等学校（1974）『浜松北高等学校八十年史』静岡県立浜松北高等学校
静岡県立浜松西高等学校（1991）『学習の手引き』静岡県立浜松西高等学校

清水鶴三郎（1902）『米国労働便覧』博文館（『日系移民資料集　北米編』第7巻、日本図書センター、1991復刻）
清水貞助（1983）「福島中学校の英語教育が能率をあげた理由」語学教育研究所編『ことばと教育と現代』開拓社
曽野洋（2001）「明治前期の中等教育改革から学ぶこと」『三田教育会報』第25号
曽野洋（2003）「旧和歌山藩士族の近代中等教育構想に関する考察（その一）」『和歌山県教育史研究』創刊号
太地町史監修委員会（1979）『太地町史』太地町役場
竹村覚（1933）『日本英学発達史』研究社
多田建次（1988）『日本近代学校成立史の研究』玉川大学出版
寺西武夫（1933）『英語教授法』英語英文学講座刊行会
東京高等師範学校附属小学校（1907）『小学科教授細目』大日本図書
長岡擴（1909）「中学英語教授改良私見」『英語教授』第2巻第4号
中村嘉壽編（1926）『学生の見たるアメリカ』学生海外見学団
日本英学史学会編（1969）『英学史研究』改題第1号
野上三枝子（1978）『成城学園初等学校における英語教育の歴史』（教育研究所研究年報　第一集）成城学園
東悦子（2005）「移民用英語教材――筋師千代市『英語獨案内』――再考」『紀州経済史文化史研究所紀要』第25号
広島高等師範学校創立八十周年記念事業会編（1982）『追懐　広島高等師範学校創立80周年記念』同事業会
広島大学附属中・高等学校八十年誌編纂委員会編（1985）『創立八十年史』同記念事業会
福岡県立伝習館高等学校（1969）『七十五周年記念誌』、非売品
丸山英一（1909）「中学初年級英語教授管見」『英語教授』第2巻第4号
水田清恵（1935）「師範学校参観印象記」『英語の研究と教授』第4巻第1号
山出泰助（1997）「初めて日本に来たアメリカ船レディ・ワシントン号の来航」熊野地方史研究会『熊野誌』第43号
ユウジ・イチオカ著、富田虎男・粂井輝子・篠田左多江訳（1992）『一世――黎明期アメリカ移民の物語』刀水書房

吉田幾次郎（1905）「毎時配当神田氏改訂小学英語読本教授案」『教育実験界』第 15 巻 5 号〜12 号に連載
和歌山県（1957）『和歌山県移民史』和歌山県
和歌山県教育史編纂委員会編『和歌山県教育史　第一巻　通史編Ⅰ』和歌山県教育委員会
和歌山県師範学校附属小学校『和歌山県師範学校附属小学校沿革史』（稿本）
和歌山県女子師範学校附属小学校（大石喜三郎）編（1931）『皇国教育』湯川弘文社
和歌山県立古座高等学校編纂委員会（1989）『古座高校七十年史』第一法規出版
和中開校百年桐蔭三十周年記念誌編集委員会（1978）『和中開校百年桐蔭三十周年記念誌』和歌山県立桐蔭高等学校
脇屋督（1931）『最新　外国語の学習と教授』（改訂増補版）青々書院

初出一覧

原題と掲載誌は以下のとおりである。いずれも加除・修正を加えた。

【第 1 章　英語教育の歴史から学ぶ】

「英語教育の歴史から学ぶ」『新英語教育』2004 年 10 月号〜2005 年 9 月号（12 回連載）、三友社出版

第 7 節のみ「英語教育史から見た入試英語問題」『英語青年』2006 年 4 月号、研究社

英学雑談 1　「私の『忘れられないあの 1 時間目』」『英語教育』2001 年 4 月号、大修館書店

【第 2 章　英語教科書の歴史から学ぶ】

第 1 節　「英語教科書の変遷史」『英語教育』1999 年 1 月号、大修館書店

第 2 節　「英語教科書『定番教材』の研究」『英語教育』1997 年 10 月号、大修館書店

第 3 節　「教科書にみる文学作品の変遷史」『英語教育』1998 年 5 月号、大修館書店、および「英語教科書から消えた文学」『英語教育』2004 年 10 月増刊号、大修館書店から再構成。

第 4〜5 節　(1)「『墨ぬり』英語教科書の実証的研究」『和歌山大学教育学部紀要・人文科学』第 56 集、2006 年（共著者の磯辺ゆかり氏の了解を得て改稿し収録)、(2)「敗戦直後の「墨ぬり」英語教科書」『中部地区英語教育学会紀要』第 28 号、1999 年、(3)「戦時下の準国定英語教科書とその墨ぬり版 (1) (2)」『鈴鹿工業高等専門学校紀要』第 27 巻第 1 号・第 2 号、1994 年、(4)「敗戦占領下の暫定英語教科書」『日本英語教育史研究』第 9 号、1994 年から再構成。

第 6 節　「英語教科書の 50 年」『英語教育 Fifty』（創刊 50 周年記念別冊）2002 年 5 月、大修館書店、および「墨塗り英語教科書と戦後の教材・題材史」『英語教育』2006 年 12 月号、大修館書店から再構成。

英学雑談 2　「昭和 20 年 8 月の海軍英語教育」『英語青年』2002 年 9 月号、研究社

【第３章　英語教科書の図像学】

「英語教科書の図像学」『現代英語教育』1997年4月号〜1998年3月号（12回連載）、研究社出版

第12節のみ「英語帝国主義の図像学――教科書の挿絵の分析を通して」『現代英語教育』1995年3月号、研究社出版

英学雑談３　「小学校英語教員養成史の謎を追って」『東日本英学史研究』第4号、2005年

【第４章　英語教育の忘れられた先駆者たち】

第１節　「紀州太地村で刊行された移民用英語教材――筋師千代市『英語獨案内』の文化史的価値」『紀州経済史文化史研究所紀要』第24号、2003年（共著者の東悦子氏の了解を得て改稿し収録）

第２節　「岙田與惣之助の英語教授法研究（序説）」神戸大学英語教育研究会『KELT』第7号、1991年、および「英語科授業史における岙田與惣之助」伊原巧ほか編著『英語科授業学の諸相』三省堂、1993年から再構成。

第３節　「和歌山師範附属小学校における低学年の英語教育――1920年代における石口儀太郎の実践を中心に」『紀州経済史文化史研究所紀要』第25号、2005年（共著者の東悦子氏の了解を得て改稿し収録）

第４節　「玉置彌造の英語教育論と『写真で教へる英語』」『東日本英学史研究』第6号、2007年

英学雑談４　「心に残る本はハウツーものの対極――研究社と私」『研究社百年の歩み』研究社、2007年

あとがき

本書は、これまで約20年にわたって研究・執筆してきた日本人と英語との関わりに関する論考を一本にまとめたものである。どこからでも気楽にお読みいただき、日本の英語教育史がどれほど面白いか、また今日的な教訓や示唆に富んでいるかを知っていただければ幸いである。

本書のもとになった論考の多くは英語教育関係の雑誌に寄稿したものである。英語教育史という日頃なじみのないテーマの文章を、疲れて職員室にもどった先生たちや、英語教育に関心を寄せる一般の人々にも面白く読んでもらいたい。そんな思いで読みやすく書くように努め、図版も多くした。

ただし、他人の研究の安易な受け売りはしていない。ほとんどが自分で発掘し、自分の目で確かめた史資料にもとづいて執筆したつもりである。とりわけ幕末・明治からの英語教育の証言者である英語教科書については全国の古書店から収集し、本書でも活用した。集めた英語教科書や各種教材はおそらく3,000冊は超えていると思うが、その一部は科学研究費の助成を受け、同学の士とともに「明治以降外国語教科書データベース」(2003年)、「明治以降外国語教育史料デジタル画像データベース」(2006年)としてインターネット上およびCD-ROM版やDVD-ROM版として公開してきた。本書とともに活用を願ってやまない。

なお、筆者の英語教育史に関する研究のうち職業系の諸学校に関する論考は前著『近代日本の英語科教育史——職業系諸学校による英語教育の大衆化過程』(東信堂、2006年)に収めた。併せてお読みいただければ幸いである。

折しも2008年は、1808(文化5)年のフェートン号事件を起点とする日本の英学・英語教育の200年にあたる。これを記念して、日本英学史学会と日本英語教育史学会の初めての合同大会が、フェートン号事件と英語学習の揺籃の地である長崎において開催される。このような記念すべき年に、1907(明治40)

年の創業以来100年にわたって日本の英語教育を支えてきた研究社から本書を出版できることは、筆者にとってこの上ない喜びである。本書の企画から刊行にいたるまで献身的にお世話いただいた編集部の佐藤陽二氏に深く感謝したい。とりわけ、当初お送りした原稿が500ページ近い分量に達し、急遽これを300ページ以下に圧縮して差し替えるなど、ご迷惑をお掛けしてしまったことをお詫びしたい。また、『現代英語教育』と『英語青年』の編集長だった津田正氏には本書に収録された多くの論考を両誌に掲載いただき、たえず有益かつ刺激に満ちた意見をお寄せいただいた。併せてお礼を申し上げたい。

本書のもとになった論考は、両誌以外にも『英語教育』(大修館書店)や『新英語教育』(三友社出版)に掲載いただいたものも多い。いつも締切に苦しみながらも、英語教育史の深さと楽しさを再発見する機会を与えてくださった各編集部に感謝したい。

最後に、日本英語教育史学会の諸先輩と同学の士からは、筆者がまだ大学院生だった1990(平成2)年に月例研究会に初参加して以来、たえず温かい指導をいただいた。その兄弟学会である日本英学史学会からの学恩とともに、心から感謝したい。

近年、矢継ぎ早に出される英語教育改革方針なるものの多くは、歴史と現実を踏まえていないがために、空虚な「思いつき」の域を出ていない。それに振り回されて、教員と子どもが疲弊している。かつても同じことがくり返された。同じ轍を踏まないために、歴史から学び、先人の知恵と元気をもらおう。本書がそのための一助となれば、それに勝る喜びはない。

2008年8月

江利川　春雄

索　引

【著者略歴】
江利川 春雄（えりかわ・はるお）
1956 年　埼玉県に生まれる
1984 年　大阪市立大学経済学部卒業（近代日本経済史専攻）
1992 年　神戸大学大学院教育学研究科修士課程修了（英語教育専攻）
現　　在　和歌山大学教育学部教授・博士（教育学）
日本英語教育史学会副会長、神戸英語教育学会副会長、和歌山英語教育研究会会長など。

【主要著書等】
『近代日本の英語科教育史 ── 職業系諸学校による英語教育の大衆化過程』（東信堂、2006 年　＊日本英学史学会豊田實賞受賞）
「明治以降外国語教育史料デジタル画像データベース（DVD-ROM 版・インターネット版）」（作成代表、2006 年度科研研究成果）
『英語教科書の歴史的研究』（辞游社、2004 年、共編著）
「明治以降外国語教科書データベース（CD-ROM 版・インターネット版）」（作成代表、2001–02 年度科研研究成果　＊日本英学史学会奨励賞受賞）
『英語科授業学の今日的課題』（金星堂、1997 年、共編著）
『英語科授業学の諸相』（三省堂、1993 年、共編著）など。
2005 年度より『英語教育』（大修館書店）に「英語教育時評」をリレー連載。

日本人は英語をどう学んできたか
——英語教育の社会文化史

A Socio-Cultural History of English Language Education in Japan

●2008年11月1日初版発行●
●2009年12月1日２刷発行●

●著者●
江利川春雄

KENKYUSHA
〈検印省略〉

●発行者●
関戸　雅男

●発行所●
株式会社　研究社
〒102-8152　東京都千代田区富士見2-11-3
電話　営業03-3288-7777（代）　編集03-3288-7711（代）
振替　00150-9-26710
http://www.kenkyusha.co.jp/

●印刷所●
研究社印刷株式会社

●装丁●
寺澤　彰二

●本文レイアウト●
mute beat

ISBN978-4-327-41068-1　C1082　Printed in Japan